Teoria Crítica

Coleção Estudos
Dirigida por J. Guinsburg

Equipe de realização – Tradução: Hilde Cohn; Revisão: Geraldo Gerson de Souza; Produção: Ricardo W. Neves e Sergio Kon.

Max Horkheimer

TEORIA CRÍTICA

UMA DOCUMENTAÇÃO

TOMO I

 PERSPECTIVA

Título do original em alemão:
Kritische Theorie – Band I

© S. Fischer Verlag GmbH Frankfurt am Main, 1968

Dados Internacionais de Catalogação na Publicação (CIP)
(Câmara Brasileira do Livro, SP, Brasil)

Horkheimer, Max
    Teoria crítica: uma documentação / Max Horkheimer ; tradução
Hilde Cohn. – São Paulo : Perspectiva, 2015. – 264p. (Estudos ;
77 / dirigida por J. Guinsburg)

    Publicado t. 1.
    6ª reimpressão da 1ª edição de 1999
    ISBN 978-85-273-0038-4

    1. Conhecimento – Teoria 2. Filosofia – Século 20. 3. Filosofia
alemã I. Título. II. Série.

90-1195   CDD-121-190-193

Índices para catálogo sistemático:

1. Filosofia : Século 20   190
2. Filosofia alemã   193
3. Filósofos alemães   193
4. Teoria crítica : Filosofia 121

1ª edição –6ª reimpressão
[PPD]

Direitos reservados em língua portuguesa à
EDITORA PERSPECTIVA LTDA.

Av. Brigadeiro Luís Antônio, 3025
01401-000 São Paulo SP Brasil
Telefax: (011) 3885-8388
www.editoraperspectiva.com.br

2019

*Em memória de Lisel Paxmann e dos outros estudantes
de todos os países, que perderam a vida na luta contra o terror.*

Sumário

Introdução – *Olgária Chain Féres Matos* XIII

Prefácio para a Reedição   1

1. Observações sobre Ciência e Crise   7

2. História e Psicologia 13

3. Materialismo e Metafísica 31

4. Materialismo e Moral 59

5. Do Problema da Previsão nas Ciências Sociais 89

6. Da Discussão do Racionalismo na Filosofia Contemporânea . 95

7. Sobre o Problema da Verdade 139

8. Autoridade e Família 175

    Cultura 175

    Autoridade 191

    Família 213

Introdução

> *O ensaio não compartilha a regra do jogo da ciência e da teoria organizada segundo as quais, como diz Espinosa, a ordem das coisas seria a mesma que a das idéias. Já que a ordem sem lacunas dos conceitos não se identifica com o ente, o ensaio não almeja uma construção fechada, dedutiva ou indutiva. Ele se revolta, em primeiro lugar, contra a doutrina, arraigada desde Platão, segundo a qual o mutável, o efêmero, não seria digno da Filosofia; revolta-se contra essa antiga injustiça cometida contra o transitório, pela qual ele é mais uma vez condenado, no plano do conceito (...). A objeção contra ele, de que seria fragmentário e acidental, postula a totalidade como um dado e, em conseqüência de sujeito e objeto; comporta-se como se dispusesse do todo. Mas o ensaio não quer captar o eterno nem destilá-lo do transitório; prefere perenizar o transitório. A sua fraqueza testemunha a própria não-identidade que ele deve expressar (...). Naquilo que é enfaticamente ensaio, o pensamento se libera da idéia tradicional de verdade.*
>
> Adorno.

O ensaio como forma de exposição, bem como a preferência por aforismos e artigos de circunstância, é um procedimento comum daqueles autores que se convencionou associar à Escola de Frankfurt e à "Teoria Crítica da Sociedade". Horkheimer, Benjamin, Adorno e também Marcuse participam dessa perspectiva que, de Montaigne ao

Romantismo, desconfia do sentido definitivo ou único das coisas, da verdade uma e una, na ciência e na história. Frente à lógica do incontrovertido e da crença em uma objetividade na compreensão das obras de pensamento, os autores frankfurtianos reconhecem o heterogêneo, o dissonante, o fragmentário, o descontínuo como diagnóstico da própria Filosofia e um método para interrogar o presente. Esse "nomadismo" é crítico e convida, antes de mais nada, ao deciframento de sua inconclusão. Esta delicada "arte do equívoco" utiliza palavras ao revés, de maneira a criar a dúvida sobre o que se quer dizer: "o todo é o falso, o todo é o verdadeiro", e também "verdadeiro é tão-somente o pensamento que não se compreende a si mesmo" – são formulações que alertam contra a lógica do Sistema, o pensamento da Totalidade e sua convicção no Absoluto. Nossos autores dialogam com a tradição filosófica que de Parmênides e Platão até o neopositivismo contemporâneo submete o pensamento à lei da binaridade metaforizada pelo círculo, que consolida a separação entre o centro e a periferia, o ser e o parecer, a idéia e a matéria, o fundo e a forma, o interior e o exterior, estabelecendo uma hierarquia pela valorização metafísica, religiosa e moral do centro. Esta atitude tem por conseqüência a desvalorização ontológica do periférico entendido como o imperfeito e o falso. Em contrapartida, os frankfurtianos reabilitam o que na história da filosofia foi preterido, como inessencial, ao rodapé. O ensaio como método tem uma dupla utilidade: permite um ingresso original nos textos teóricos, como os de Descartes, Hegel, Marx ou Kierkegaard, e uma nova maneira de se situar no mundo presente.

Recordemos que a *Zeitschrift für Sozialforschung* – a *Revista para a Pesquisa Social*, "órgão", por assim dizer, da Teoria Crítica, entre os anos de 1932 a 1941 – da Alemanha ao exílio americano devido à ascensão de Hitler ao poder, se constitui por alguns poucos ensaios e inúmeras resenhas que tratavam das diversas publicações concernentes a todos os ramos do conhecimento referentes às ciências humanas. Sua vocação interdisciplinar não é arbitrária, pois o pensamento crítico incorpora reflexões que iluminam a gênese do irracional, os aspectos noturnos da *Aufklärung* e a tendência à *dominação* nas experiências políticas. A Escola de Frankfurt pertence a um período histórico que acreditou na proximidade da revolução proletária, tendo assistido à Revolução bolchevique de 1917, a duas insurreições operárias na Alemanha – a proclamação da República em novembro de 1918 e a de 1923, os levantes operários na Polônia e outros países: Seu horizonte teórico imediato conviveu ao lado de obras como *História e Consciência de Classe*, de G. Lukács e de Karl Korsch, *Marxismo e Filosofia*. Acreditava-se na transformação iminente da teoria em práxis, na unidade entre o pensamento do intelectual radical e a práxis do sujeito revolucionário. Estas duas obras foram de grande impacto no marxismo do período, pois significaram uma alternativa ao leninismo e sua versão fisicalista da história e sua conseqüente naturaliza-

INTRODUÇÃO

ção mecanicista. Ao hegelianizar o marxismo, isto é, ao refilosofá-lo, afastando-o do marxismo ciência-naturalista, estes autores recolocam no centro de suas análises o conceito de fetichismo, tal como elaborado em *O Capital*. Lukács chama a atenção para um aspecto essencial da *dialética*, abandonado no cientificismo marxista: a espacialização da duração, a queda da qualidade em quantidade e a deterioração da qualidade dialética do vivido no mundo do Capital. Quanto a Korsch, trata a fetichização das organizações dos trabalhadores, especialmente a do Partido Comunista Alemão, que em seu processo de bolchevização obliterou a originalidade da experiência política do proletariado alemão luxemburguista e consiliar, plasmando a criatividade social dos trabalhadores em rígidas determinações políticas extrínsecas àquelas organizações, segundo uma dominação hierárquica entre cúpula e base, da qual está excluída a consciência política não obstante atribuindo à base o ativismo militante. Autonomia e autodeterminação desaparecem das organizações políticas dos trabalhadores.

Do ponto de vista da história da cultura, duas obras são significativas: *Comunidade e Sociedade* de Tönnies – na qual se trata da dissolução das relações de comunidade, com a perda do sentimento de pertencer a um destino comum e a uma localidade que enraízava os homens pelo parentesco e consangüinidade: tais laços de solidariedade eram organicamente determinados pela vizinhança, que cede lugar à sociedade, onde relações impessoais determinam uma solidariedade mecânica, mediada pelas instituições sociais. Também Weber, com seu trabalho *Economia e Sociedade* daria aos frankfurtianos um conceito fundamental: o de racionalização das relações entre os homens, no sentido da crescente formalização da razão na sociedade, onde aspectos quantitativos se substituem aos qualitativos sob a hegemonia do princípio da equivalência entre coisas e coisas, homens e coisas.

Em termos frankfurtianos a formalização da razão é homóloga à conversão da *natureza* em algo abstrato, apto a ser captado pelo *número*, isto é, quantificada. A este fenômeno, Weber denominou *Entzauberung der Welt* (desencantamento do mundo). À formalização da razão corresponde uma natureza abstrata, pois à identidade de um Sujeito cognoscente é correlata a identidade e a permanência do mundo.

A identidade é a forma específica que a ideologia toma na modernidade. Em seu ensaio "Teoria Tradicional e Teoria Crítica" (1937) – considerado o "manifesto" da Escola de Frankfurt, Horkheimer indica como paradigma do pensamento identitário a filosofia cartesiana. Os ensaios da década de 30, diversos em seus problemas, como "Materialismo e Moral", "Egoísmo e Movimento de Emancipação", "Montaigne e a Função do Ceticismo" ou "Sobre o Problema da Verdade", apresentam, não obstante, uma preocupação comum: a análise da racionalidade que habita o materialismo de Marx e o de sua posteridade. Esta crítica da razão já presente nestes ensaios se afasta do materialismo mecanicista do marxismo da época, marxismo con-

XVI TEORIA CRÍTICA

fiante na noção de progresso e que confunde progresso nos desenvolvimentos da ciência e da técnica com o desenvolvimento da humanidade enquanto tal, ocultando as regressões da sociedade, procedimento este que impossibilita compreender as periódicas recaídas na barbárie, como os fascismos, o stalinismo, frutos do mesmo impulso onipotente de dominação da natureza e dos homens, impulso que trata o homem como "o melhor capital".

Os ensaios de Horkheimer da década de 30 abordam esta questão no horizonte de uma "teoria do conhecimento". Interrogam as condições de possibilidade de uma "teoria materialista da história". Para isso, o conceito de crítica deve ser considerado segundo as indicações de Horkheimer em "Teoria Tradicional e Teoria Crítica": "esta palavra deve ser compreendida aqui no sentido da crítica dialética da economia política mais do que no sentido idealista da razão pura". A Teoria Crítica é, pois, tributária de Kant e suas três críticas – *Crítica da Razão Pura, Crítica da Razão Prática* e a *Crítica do Juízo*, de Hegel e sua crítica dialética ao Entendimento (*Verstand*) kantiano, instância classificatória e lógica tanto na *Fenomenologia do Espírito* quanto na *Lógica*, e de Marx e suas inúmeras críticas: *Crítica à Filosofia do Direito de Hegel, Contribuição à Crítica da Economia Política, A Sagrada Família* ou *Crítica da Crítica Crítica, Contribuição à Crítica da Economia Política, O Capital, Crítica da Economia Política.*

Mas a *Teoria Crítica* de Horkheimer tem ainda um outro aliado intelectual: Schopenhauer e seu "pessimismo conseqüencial". No prefácio de 1968 à reedição dos trabalhos da década de 30 intitulado *Teoria Crítica*, Horkheimer afirma: "sempre estive familiarizado com o pessimismo metafísico, elemento central para todo o pensamento verdadeiramente materialista". Esta afirmação nos oferece uma importante via de acesso à compreensão dos ensaios ora publicados em português, bem como para o desenvolvimento ulterior da Teoria Crítica.

Se na década de 30, Horkheimer milita intelectualmente a favor da Revolução e escreve no prefácio já citado que "acreditava que uma sociedade melhor e mais justa só poderia advir da Revolução pois naquela época não ousávamos pensar na guerra" – é porque o tributo a Marx, apesar das distâncias já apontadas com relação ao marxismo, é certo. Nos anos de exílio vai se configurando o tom das obras da década de 40, como a *Dialética do Iluminismo* na qual há o eclipsamento do tema da luta de classes e a substituição da crítica à economia política pela crítica à civilização técnica. O conceito de Dominação não se confunde com o de exploração. O fenômeno da "servidão voluntária" leva à necessidade de assimilar toda a tradição filosófica que desconfia da noção de progresso. Leitores de Nietzsche, os frankfurtianos suspeitam da "luzes" da Razão, reconhecem que a origem da moral é extramoral, a origem da razão extra-epistemológica. Leitores de Freud,

INTRODUÇÃO

XVII

aprenderam a diferenciar liberação psíquica de liberação política. Leitores de Heidegger, de quem também tanto discordam, diferenciam o ôntico e o ontológico – encontrado no fenômeno da alienação não apenas a perda dos produtos objetivados da subjetividade humana na criatividade social, mas sobretudo o fechamento do indivíduo no espaço e no tempo, confinamento que é perda da possibilidade de transcendência. Porque, segundo Heidegger, a existência não é só o "estar-no-mundo" (*Dasein*), mas também e ao mesmo tempo "estar-além-do-mundo", a existência apontando sempre para um além-do-tempo presente. No período em questão, Horkheimer e Adorno centram o problema da emergência do irracional nas relações entre o homem e a natureza, na separação entre o eu e o mundo e o projeto de índole cartesiana de dominação conceitual do homem sobre uma natureza despojada de seus aspectos míticos, místicos, sagrados e proféticos sendo, então, poder sobre uma natureza abstrata, formalizada, desencantada. O desencantamento do mundo (já analisado por Weber na racionalidade formalizadora) abre o caminho à neutralização do real, à dessacralização da vida, à lei do mais forte, ao genocídio. Mundo desencantado, real monótono, repetitivo, causal é também mundo da "banalização do Mal", da "volatização da Culpa".

Quanto aos escritos de Horkheimer da década de 60 e início de 70, voltam-se para a análise da "sociedade da total-administração" (*Verwaltete Gesellschaft*), como se apresenta nos ensaios contidos em *Sociedade em Transição* como "Marx Hoje" e "Mundo Administrado?". O diagnóstico do presente é o desaparecimento da noção de indivíduo (em sentido kantiano e schopenhaueriano) e do pensamento crítico – de onde um mundo sem oposição, sem contradição, mundo administrado ou unidimensional. Mundo Totalitário é aquele no qual racionalidade técnica e racionalidade dos fins se confundem, Estado e sociedade civil coincidem como Vontade homogênea e una. O indivíduo – cujos valores de liberdade, igualdade, fraternidade, e o de *autonomia*, havia sido considerado por Kant como resistência contra o mundo histórico, isto é, aquele que é "mau, temporal", está em processo de extinção sem que os valores a eles associados tenham podido realizar-se. Estes valores podem se resumir na afirmação de Kant retomada por Horkheimer no ensaio "Kant e o Iluminismo": tudo o que pode ser comparado pode ser trocado e tem um preço. Aquilo que não pode ser comparado, não tem preço, mas dignidade. Da "Teoria Crítica Ontem" à "Teoria Crítica Hoje", a noção de práxis é questionada: segundo Horkheimer, as insuficiências da teoria – o fato de o pensamento dialético não ter sido "suficientemente negativo", recaindo na crença burguesa no progresso – transmitiram-se à prática e fazem do pensamento-hoje em dissolução no mundo pragmático, tecnológico, anticrítico e inimigo do pensamento, um lugar de resistência. Também a grande influência de Schopenhauer na formação do pensamento de Horkheimer reaparecerá na obra do último período. É ele o antídoto contra todo pensamento teleológico que, na formulação hegeliana ou marxista, confia no desenlace feliz da "razão na História", seja pela realização do Absoluto, seja pelo advento da Sociedade sem Classes. Por sua compreensão da história como movimento cego, Schopenhauer mostra o antifinalismo e a contingência daquilo que depende dos desejos humanos, onde não está garantido nenhum desfecho da racionalidade como algo interno à própria razão.

Este ponto de vista já se encontrava indicado nos ensaios que constituem esta presente coletânea. A Teoria Crítica procura analisar a noção de materialismo e de dialética, seja nos ensaios dedicados a Montaigne, Bergson ou Hegel. A tese fundamental da Teoria Crítica nesse período e que se manteria como referência estável nas análises posteriores, tanto na política quanto na ciência e na filosofia da história – é a crítica ao *princípio de identidade*. Foi Hegel que concluiu, segundo Horkheimer, a tarefa iniciada por Descartes com o dualismo sujeito-objeto e a supremacia do sujeito no processo de conhecimento. Em seu ensaio "Hegel e a Metafísica" (1932), Horkheimer diz que na filosofia idealista alemã, de Kant a Hegel, "a tese da identidade do sujeito e do objeto aparece como o pressuposição necessária da existência da verdade", o que significa que "o sujeito conhecendo-se a si mesmo deve, segundo a concepção idealista, pensar-se a si mesmo como idêntico ao Absoluto: ele deve ser infinito". Horkheimer pensa em uma dialética que reverta seu destino identitário, liberando a negatividade que se subsume no hegelianismo na "racionalização filosófica do sofrimento", fazendo do "calvário do Espírito" o caminho mesmo da história, passando por cima do sofrimento do indivíduo singular para, ao fim, o particular repousar tranqüilamente no universal. Assim, a não-identidade é o *telos* da identificação. Isto não significa uma recaída no Irracionalismo que, de alguma forma, realizou uma crítica do princípio de identificação. De alguma forma, porque recusar a ilusão da identidade entre o real e o racional, do singular e do universal, tende a supervalorizar seu pólo sacrificado: a singularidade. A Teoria Crítica recusa esta alternativa enfrentando, porém, sua eventualidade. Mas a Teoria Crítica se refere, não sem firmeza, a uma forma de *racionalismo*, o que se atesta pela freqüente presença do conceito de Razão nas obras mais célebres da Escola. A tese maior do irracionalismo e no plano conceitual da *Lebensphilosophie* (*Filosofia da Vida*) e Bergson é, segundo Horkheimer, "que o pensamento tem por efeito matar seu objeto", de tal forma que a Razão seria mortífera para a Vida. Horkheimer reconhece o mérito da *Lebensphilosophie* por ter mostrado o papel insustentável do racionalismo da Identidade: "a metafísica da Vida", escreve Horkheimer, "e as tendências que a ela se aparentam na filosofia e na psicologia tiveram razão com respeito ao mito racionalista". Assim, o pensamento analítico faz da ordenação, da decomposição, da medida a única forma do pensar competente. Com isto, coisifica a existência, dissolvendo o tempo da cons-

INTRODUÇÃO   XIX

ciência, do fluir imanente, em cronômetro. A crítica à racionalidade abstrata e calculadora é o ponto forte da *Lebensphilosophie*. Porém, ao recusar esta figura da razão, superestima a *intuição*, a *sensação*. Conseqüentemente "o racionalismo e o irracionalismo anulam reciprocamente sua pretensão metafísica". Quer dizer, a "auto-imersão", sem pensamento, no objeto" é tão vã quanto a "imersão abstrata do objeto no sujeito".

Em seu ensaio sobre "A Querela do Positivismo na Filosofia do Presente", e em "O Último Ataque à Metafísica" (1937), Horkheimer se detém mais abertamente à crítica ao dualismo cartesiano, a forma por excelência do "pensamento tradicional", pensamento que encontra seu pleno desenvolvimento na filosofia de Kant, neste aspecto agora criticado. A cisão sujeito e objeto, pensamento e extensão – terá por resultado "uma relação cindida com a verdade" tão insustentável quanto a identidade formal. A crítica à identidade é crítica do "princípio de razão suficiente".

Destas restrições ao racionalismo, deve-se enunciar uma filosofia da história e uma concepção materialista que não aceite o dogma do dado ou do fato e cujo conteúdo histórico ainda está por ser elaborado. Nada mais garante a harmonia da razão com o *dado* porque o objeto não é correlato do sujeito. É preciso construir a objetividade crítica para realizar a objetividade social. Deste ponto-de-vista, os estudos reunidos por Horkheimer em "Autoridade e Família" são significativos. O conceito de autoridade é tomado em sua tensão interna, não se confundindo com o de autoritarismo: "ela (a autoridade) designa a aptidão, consciente ou inconsciente, de se integrar ou de se submeter, a faculdade de aprovar a situação presente enquanto tal, em pensamento ou ação, de viver na dependência de ordens impostas e de vontades externas". Na família, porém, ao mesmo tempo em que o princípio da autoridade paterna se estabelecia com base no provedor econômico, na submissão da mulher e crianças destituídas de direitos econômicos e sexuais, a autoridade tinha outro sentido: o da *auctoritas*, "ser autor de algo", responder por aquilo que depende de nós, mas de maneira alguma significa "possuir poder" (cf. Arendt, Hannah, "O que é autoridade?", in *Entre o Passado e o Futuro*, ed. Perspectiva, 1988). Assim, o pai também era o provedor moral, aquele que dava a palavra responsável. Em termos histórico-sociais, a "dialética da família" manifestava que a mãe, confinada, por assim dizer, ao espaço doméstico, podia fantasiar sonhos utópicos com seu filho, amor que acompanhava a criança na vida adulta e que a defendia da identificação com o mundo das instituições sociais, pois na família estava preservada a individualidade: "a família não é tão-somente a forma retributiva do vivo, mas uma maneira de enfrentar em comum e solidariamente a morte". Relações complexas na família e na autoridade revelam, à luz da dissolução do indivíduo – seja por sua imersão na Totalidade hegeliana, ou na sociedade "totalmente administrada (marxista ou pós-indus-

XX TEORIA CRÍTICA

trial), o espaço de presevação da autonomia. Hoje, o pai obedece fora de casa, reina dentro da casa segundo uma "racionalidade irracional": a "reificação na economia tem a pura função de uma grandeza econômica, do patrimônio, ou de um trabalho manual ou intelectual requerido tecnicamente (...). Ao contrário do que passa na vida pública, na família, onde as relações não são mediadas pelo mercado e os indivíduos não se contrapõem como concorrentes econômicos, o homem sempre preservou a possibilidade de agir não apenas como função, mas também como homem (...). Deste ponto de vista, a família não conduz à autoridade burguesa, mas ao prenúncio de uma condição humana melhor" ("Autoridade e Família"). Não por acaso, Horkheimer recorda o significado que Hegel atribuiu na *Fenomenologia do Espírito* à figura de Antígona, enquanto princípio do amor que nasce e se desenvolve no âmbito familiar, irredutível à autoridade da *polis*. Horkheimer vê, em particular na mulher, o símbolo do amor e do conflito com a autoridade pública. Representa o elemento não utilitário no totalitarismo da sociedade que se funda e é governada pelas leis do mercado. As últimas palavras de Antígona na tragédia de Sófocles deverão ser repensadas: "Se assim agrada aos deuses, confessemos que, já que sofremos, erramos". Com isto, nota Horkheimer, Antígona renuncia a qualquer resistência, acolhendo o princípio do mundo masculino-burguês: "quem é atingido pela má-sorte também é culpado" ("Autoridade e Família"). Na perspectiva da Teoria Crítica, Antígona deverá, ao contrário, abandonar sua disponibilidade ao amor apenas na forma do luto pela morte do irmão para firmar a supremacia do princípio da solidariedade e do amor, o princípio anti-autoritário por excelência. Aqui a presença de Schopenhauer: o que une os homens é o desamparo, o que os separa, os fanatismos de onde um apelo à comiseração. O que interessa a Horkheimer e marca sua concepção materialista da história é a consciência schopenhaueriana da história entendida como um rodar cego, como repetição de decepções. Para compreender este ciclo permanente da história, Horkheimer analisará o "ascetismo do mundo interior" no ensaio "Egoísmo e Movimento de Emancipação" (1936). A ética burguesa do trabalho fundada na renúncia ao prazer destrói a essência mesma da individualidade, preparando seu aniquilamento, seja na idéia de povo (Revolução Francesa), Partido (Revolução Russa) ou Nação (Nacional-Socialismo). Segue-se assim a reabilitação do hedonismo: "contra a ética da auto-abnegação, a dignidade do Egoísmo". Schopenhauer representa o espaço de uma abertura em virtude da fenda sempre presente no jogo trágico entre o querer-viver e sua irrealização, entre o desejo e seu fracasso ou sua pseudo-satisfação. O desejo é "ponto cego", "luz negra", arbitrariedade e violência na história.

Neste horizonte, revisitar o materialismo é refletir acerca das relações entre a teoria e a práxis, buscando uma racionalidade a ser construída na História. Há, nos ensaios da década de 30, a noção, que

INTRODUÇÃO XXI

ressurgiria na década de 70, de que existe "um sofrimento da natureza circundante" que afasta Horkheimer da idéia de Marx de um metabolismo entre o homem e a natureza, que nos *Manuscritos Econômico-Filosóficos* se traduz na "naturalização do homem e no humanismo da natureza". Deste ponto de vista, a própria Revolução é insuficiente para redimir as relações do homem com a natureza: "toda natureza começaria por se lastimar se lhe fosse dada a palavra", escreveu Benjamin. A *injustiça* é intrínseca às relações do *homem* com a *natureza*, injustiça esta que se prolonga na *História*. O *pessimismo* como instrumento de emancipação do próprio materialismo, se nutre aqui da tradição do materialismo antigo, mais do que do progressismo de Marx, e suas ressonâncias se encontram na leitura que Horkheimer faz do pensamento de Schopenhauer: por seu antifinalismo histórico, faz pensar em Epicuro e Lucrécio. Em *De Rerum Natura*, Lucrécio escreve que a natureza não designa nada senão os acasos da matéria. Àquela noção platônica e aristotélica de um *telos* imanente à natureza, que lhe daria a destinação de realizar *por natureza* a virtude e a perfeição, se substitui o *clínamen*, que faz com que o sábio se liberte da ilusão de que possa existir uma natureza. O *clínamen* é essa instância fortuita em um mundo propriamente fortuito: o próprio determinismo é fruto provisório que o acaso das declinações (*clínamen*) dos átomos torna possível. Não existe nenhuma regra a propor em um mundo sem lei, nenhuma recomendação a fazer aos desejos dos homens que não são nem naturais, nem necessários, nem inúteis mais apenas fortuitos e, com isto, nem previsíveis nem modificáveis. Mundo "barroco" se diria hoje, tal qual Gracián o concebe na obra *El Heroe*: o jogador tem que escolher o momento para desfazer-se de cartas ruins. O que está imposto ao homem é o acaso, o que ele pode lhe opor é o artifício. Deve-se responder ao acaso com o máximo de artifício. É esta a arte de se mover no instável, no frágil, no provisório. Inverte-se, pois, a formulação de Cesar: "vim, vi e venci". Primeiro venci, isto é, aproveitei a oportunidade; depois vi, isto é, refleti, para finalmente se dizer "vim", isto é, após ter refletido, decidi vir para vencer. O cálculo é sempre posterior ao aproveitamento da *ocasião*. Se fosse anterior, a *ocasião* não seria aproveitada. O acaso não prescreve leis precisas ao querer. O domínio das aparências e das ocasiões prescinde de todo cálculo. Mundo sem finalidade imanente é mundo do acaso. A razão é excluída do mundo em benefício do acaso; mas por sua vez, o *acaso* constitui uma razão: a *rerum natura*. Que se recorde Schopenhauer que, em *O Mundo como Vontade e Representação*, escreve que "o homem é um relógio que uma vez montado, funciona sem saber por quê".

O acaso (ou o *clínamen*) rompendo com a cadeia causal, devolve ao presente seus direitos e ao futuro sua liberdade: "o futuro nem é inteiramente meu nem inteiramente não meu", escreveu Epicuro; nada está escrito: "certas coisas são produzidas pela necessidade, outras pelo acaso, outras enfim por nós mesmos". O *acaso* retira todo fundamento à ação, pois em um mundo regido por ele, toda e qualquer escolha se equivale, anulando-a. Este pessimismo marca a filosofia da história da Teoria Crítica de Horkheimer, e é aquilo que conduz ao "totalmente outro". *Sehnsucht nach dem ganz Anderen* aponta para uma redefinição do conceito de Razão e Revolução, no qual a teologia, tal qual se apresenta também na primeira tese "Sobre o Conceito de História" de Benjamin tem função essencial. Se a teologia é o auxiliar do materialismo histórico, é porque a violência é histórica, e a redenção messiânica. Não existem leis na História, ou um curso esperado dos acontecimentos, tão-somente a *redenção* de tudo que é histórico, mau, temporal. A Revolução é o "inteiramente outro" que rompe com a lógica da ciência e da técnica, com uma natureza convertida em objeto a ser explorado produtivamente. Revolução, para Horkheimer viria, nos últimos ensaios, a significar Redenção. Seu sentido etimológico é significativo: "recomprar aquilo que era nosso", aquilo de que fomos levados a nos privar, aquilo que alienamos. E no sentido teológico, ligado ao direito e ao costume antigos, é o Redentor, aquele que remete a nós nossos débitos, os nossos pecados e que os cancela – o que é o prenúncio da felicidade. O Apocalipse diz: "primeiro o Messias virá para salvar os justos. Em seguida salvará também os pecadores. Todos serão salvos". Tal é o instante último de uma Revolução desontologizada do sofrimento e de toda violência. Ela requer "sair para fora da história" e de suas leis, porque "a explicação do mundo como Nada ou como Totalidade é mitológica" e as vias *garantidas* à redenção não passam de "práticas mágicas sublimadas".

Olgária Chain Féres Matos

Prefácio para a Reedição

O motivo de minha hesitação em reeditar mais uma vez os ensaios do há muito esgotado *Zeitschrift für Sozialforschung* (*Jornal de Pesquisa Social*) se deve, em grande parte, à convicção de que um autor só deveria publicar reflexões que ele pudesse endossar sem reservas. Esses meus ensaios filósoficos, reeditados aqui, não apenas exigiriam, hoje, uma formulação mais exata, mas também estão permeados de representações econômicas e políticas que já não têm valor imediato: sua correta relação com o presente exige uma reflexão diferenciada. Para isso, são úteis meus trabalhos posteriores. Se, apesar dessas considerações, concordei com a reedição, foi na esperança de que aquelas pessoas empenhadas em adquirir conhecimento e que a pediam há tanto tempo, conscientes da discrepância, irão contribuir para evitar esta calamidade. Tirar conseqüências da teoria crítica para atuar politicamente é o anseio daqueles que pensam com seriedade; no entanto, não existe uma receita geral, salvo a necessidade de compreender a própria responsabilidade. Aplicar irrefletida e dogmaticamente a teoria à prática da realidade histórica mudada só poderia acelerar o processo que ela deveria denunciar. Nisto concordam aqueles que se sentem seriamente comprometidos com a teoria crítica, e também Adorno, que a formulou comigo.

Na primeira metade do século, era uma expectativa plausível a revolta proletária nos países europeus atingidos pela crise e pela inflação. Que, no começo dos anos trinta, os operários unidos, aliados aos intelectuais, poderiam ter evitado o Nacional-Socialismo não constituía uma vã especulação. No início da barbárie nazista, e muito mais ainda durante a época do horror de seu domínio, o sentimento liberal se identificava com a sublevação contra forças sociais internas e externas que, em parte, haviam suscitado e, em parte, promovido, ou pelo menos tolerado a ascensão dos futuros assassinos. O Fascismo tornou-se respeitável. Estados industrialmente avançados, os chamados países desenvolvidos – para não mencionar a Rússia stalinista – não lutavam contra a Alemanha por causa do terror de Hitler, que admitiam ser uma questão interna, mas por motivos de poder político. Nisto a política alemã e estrangeira harmonizava-se com a estratégia do Leste, e por isso o ódio ao fascismo se identifica com o ódio aos grupos dominantes em geral.

Desde os anos subseqüentes à Segunda Guerra Mundial, a idéia da miséria progressiva dos operários, da qual, segundo Marx, deveria emergir a revolta, a revolução, como transição para o império da liberdade, tornou-se, durante longos períodos, abstrata e ilusória, pelo menos tão antiquada quanto as ideologias detestadas pela juventude. As condições de existência do trabalhador, assim como do funcionário, na época do *Manifesto Comunista*, resultado de inaudita repressão, constituem atualmente motivos de organização sindical, de discussão de grupos dominantes na economia e na política. Há muito o anseio revolucionário do proletariado passou a ser atividade imanente da sociedade, justificada pela realidade. O proletariado está integrado, pelo menos segundo a consciência subjetiva.

A doutrina de Marx e Engels, que continua imprescindível para o entendimento da dinâmica social, já não é suficiente para explicar o desenvolvimento interno e as relações externas das nações. A exigência aparentemente opositiva, de relacionar conceitos agressivos como dominação de classes e imperialismo somente a países capitalistas e não em igual medida aos supostamente comunistas, não se encontra em menor contradição com os impulsos que desde sempre e ainda me dominam, do que os correspondentes preconceitos dos outros. O Socialismo, a idéia de uma democracia realizada conceitualmente, há muito se deturpou nos países do "Diamat" (Materialismo Dialético), para transformar-se em instrumento de manipulação, tal como a palavra cristã nos sangrentos séculos da cristandade. Ainda que a condenação da fatídica campanha asiática dos Estados Unidos contradiga a teoria crítica, ela permanece conformista na Europa, a menos que também os ataques inimaginavelmente cruéis desfechados pelas potências antagônicas se incluam na tomada de consciência.

Os temas do mundo são complexos. São determinados por fatores de diferentes lados. Ao estudar um problema, deve-se examiná-lo de diferentes lados; não se pode olhá-lo de um único lado. Pessoas... que correm para um determinado lugar, sem perguntar pelas circunstâncias dadas, que não vêem a totalidade da situação (a história e a condição global atual), que tampouco avançam até o cerne da situação (suas características e sua relação íntima com outras circunstâncias), e, em vez disso, vaidosamente tomam decisões e dão ordens, com certeza irão fracassar.

Quem insiste em tal necessidade de pensamento político não é por acaso um parlamentar democrático, mas Mao Tsé-Tung, no seu período

PREFÁCIO PARA A REEDIÇÃO

mais ativo, e se refere à expressão de Lenin: "Se se quiser conhecer realmente um objeto, deve-se compreender e estudar todos os seus lados, todas as suas relações e suas 'mediações' "[1]. Uma concordância cega com os nacionalismos que se servem de *slogans* marxistas não excede em nada a firmação do poder do adversário.

O terror com que se consuma a corrida a um mundo racionalizado, automatizado e administrado, incluindo revoltas de oficiais e infiltrações em países disputados, como também a defesa contra elas, se insere na luta dos blocos na época da assimilação técnica internacional. A época tende à liquidação de tudo o que se relacionava com a autonomia, embora relativa, do indivíduo. No liberalismo, o cidadão podia, dentro de determinados limites, desenvolver suas potencialidades; em certo sentido, seu destino era o resultado de seus próprios atos. Estender tal possibilidade a todos era a reivindicação da liberdade e da justiça. No fluir da sociedade, a ascensão de um costume ser paga com a diminuição de outrem; a regulamentação centralizada da vida, a administração planificadora de cada pormenor, a chamada racionalidade estrita, se evidencia como um compromisso histórico. Já na época do Nacional–Socialismo ficou visível que o governo totalitário não era um mero acaso, mas um sintoma do caminho da sociedade. Aperfeiçoamento da técnica, ampliação dos transportes e das comunicações, aumento populacional levam a uma organização rígida. A resistência, por desesperada que seja, está pois contida, ela mesma, no fluxo dos eventos que deveria alterar. Enunciar o notório e, desse modo, talvez ajudar a evitar um novo terror continua, não obstante, sendo o direito da pessoa enquanto viva.

Não poucos dos meus impulsos são os mesmos da juventude atual: anseio pelo melhor, por uma sociedade justa, relutância na aceitação do existente. Compartilho também dos escrúpulos contra a forma de educação nas escolas, no ensino superior e nas universidades. A diferença reside na conduta frente à violência, que na sua impotência faz arranjos com os antagonistas. A bem da verdade, a mim me parece porém imprescindível frisar, abertamente, que a problemática democracia, apesar de todas as suas falhas, sempre é melhor que a ditadura, a que levaria hoje a subversão. Embora partidária da Revolução Russa, Rosa Luxemburgo, que muitos estudantes admiram, há cinqüenta anos atrás já dizia que "a eliminação da democracia em geral... propugnada por Trotski e Lenin" era um remédio muito pior "do que o mal que isso supostamente deveria curar"[2]. Proteger, preservar, ampliar, se possível, a limitada e efêmera liberdade do indivíduo cons-

---

1. *Das rote Buch. Worte des Vorsitzenden Mao Tse-Tung*, editado por T. Grimm, Frankfurt am Main, pp. 100 e s.

2. Rosa Luxemburgo, *Die russische Revolution*, Frankfurt am Main, 1963, p. 69.

ciente das crescentes ameaças a ela é muito mais urgente que negá-la abstratamente ou, pior ainda, pô-la em perigo mediante ações desesperadas. Nos países totalitários, a juventude se bate justamente por esta autonomia que, nos países não-totalitários, se encontra sob permanente ameaça. Ajudar o avanço da burocracia totalitária da esquerda, quaisquer que sejam os argumentos empregados, é pseudo-revolucionário; a inclinação para o terrorismo de direita é pseudo-conservador. Como prova a história recente, ambas as tendências são mais semelhantes entre si do que as idéias que elas invocam. Por outro lado, o verdadeiro conservantismo, que leva realmente a sério a tradição cultural, não simplesmente por negá-la mas por anulá-la, está mais próximo da mentalidade revolucionária do que do radicalismo de direita que lhe prepara o fim.

Este livro é uma documentação. Renegar a filosofia idealista e, juntamente com o materialismo histórico, visar o término da pré-história da humanidade me parecia uma alternativa teórica perante a resignação diante da temerosa corrida rumo a um mundo administrado. O pessimismo metafísico, momento implícito em todo pensamento genuinamente materialista, me foi familiar desde sempre. À obra de Schopenhauer devo meu primeiro contato com a filosofia; a relação com a doutrina de Hegel e de Marx, o desejo de compreender e de mudar a realidade social não resgataram, apesar do contraste político, minha experiência com a sua filosofia. A sociedade melhor, a sociedade justa, é uma meta que se mistura com a idéia de culpa. Desde o fim da guerra, porém, a meta mudou. A sociedade se encontra em nova fase. Característicos da estrutura da camada superior já não são os capitalistas concorrentes, mas o empresariado, as associações, os comitês; a situação material dos dependentes suscita tendências políticas e psicológicas diferentes das do antigo proletariado. Indivíduo e classe tornam-se integrados. É direito e obrigação de cada ser pensante medir pelo seu próprio conceito o chamado mundo livre, encará-lo criticamente e, apesar disso, firmar-se em suas idéias, defendê-las contra fascismos hitleristas, stalinistas ou de outra espécie. Não obstante o funesto potencial, apesar de toda a injustiça tanto no seu interior como no seu exterior, ela ainda representa uma ilha, no espaço e no tempo, cujo desaparecimento no oceano da força ditatorial significaria também o fim da cultura à qual a teoria crítica ainda pertence. Assumir minha posição frente a tal experiência em relação aos ensaios é um motivo para sua reedição.

Da edição encarregou-se o Dr. Alfred Schmidt. No seu posfácio, expôs as idéias pelas quais se deixou guiar em seu trabalho. Os artigos, salvo correções estilísticas e com exceção de alguns cortes, são publicados na versão original. Com exceção da introdução a "Autoridade e Família", esses trabalhos foram publicados no *Zeitschrift für Sozialforschung*, primeiro em Leipzig, depois em Paris. Mesmo depois que o Instituto, pela mediação de Nicholas Murray Butler, se uniu à

PREFÁCIO PARA A REEDIÇÃO

Columbia University de Nova York, onde também foi escrita a maioria dos ensaios, o periódico ficou com Alcan. Foi publicado essencialmente em alemão. Estávamos convictos de que a língua alemã estaria em melhores mãos no pequeno círculo do Instituto do que no Terceiro Reich. No momento da eclosão da guerra com a França fiz ver à editora, por escrito, que provavelmente não mais se poderia esperar que o periódico continuasse a ser publicado no país; recebi como resposta que Jean Giraudoux, então ministro da Cultura, considerava uma honra a continuação da publicação. Somente após a queda de Paris, alguns fascículos apareceram em Nova York, em língua inglesa.

O último parágrafo do último artigo do periódico se refere à sociedade dentro do Nacional-Socialismo. Diz ele:

> O sistema de racionalidade técnica como fundamentação da lei e prática legal aboliu todo sistema de preservação dos direitos individuais e fez da lei e da prática legal um instrumento de impiedosa dominação e supressão, no interesse daqueles que controlam as principais alavancas econômicas e políticas do poder social. Jamais o processo de alienação da lei e da moral chegou tão longe como nesta sociedade, que supostamente completou a integração desses conceitos.

Otto Kirchheimer, autor dessas linhas, morreu, e o periódico não existe mais. Parece-me da maior importância que essas frases sejam válidas somente para o passado e não para o futuro.

Abril de 1968.

Max Horkheimer

1. Observações sobre Ciência e Crise

(1932)

1. Na teoria marxista da sociedade, a ciência está incluída entre as forças humanas produtivas. Como condição da mobilidade média do pensamento, que evoluiu com ela nos últimos séculos, além do mais na forma de conhecimentos simples sobre a natureza e o mundo humano, aos quais mesmo nos países desenvolvidos têm acesso os membros das classes mais baixas, e não em última instância como parte do poder espiritual dos cientistas, cujas descobertas influem decisivamente na forma da vida social, ela possibilita o sistema industrial moderno. Na medida em que se apresenta como um meio de gerar valores sociais, quer dizer, formulada em métodos de produção, também representa um meio de produção.

2. O fato de a ciência como força produtiva e meio de produção cooperar para o processo de vida da sociedade não justifica, de forma alguma, uma teoria pragmática do conhecimento. Na medida em que a fecundidade de um conhecimento desempenha um papel no tocante à sua enunciação da verdade, cabe entender, no caso, uma fecundidade imanente da ciência, e não uma conformidade a considerações extrínsecas. O exame da veracidade de um juízo é algo diferente do exame de sua importância vital. Em nenhum caso os interesses sociais têm de decidir sobre uma verdade, mas valem os critérios desenvolvidos em conexão com o progresso teórico. Sem dúvida, a própria ciência se modifica no processo histórico, mas a referência a isso nunca pode valer como argumento para a aplicação de outros critérios de verdade que não aqueles que correspondem ao nível de conhecimento no grau de desenvolvimento alcançado. Ainda que a ciência esteja

TEORIA CRÍTICA

compreendida na dinâmica histórica, ela não deve ser destituída do seu caráter próprio e utilitariamente mal interpretada. Decerto, as razões que condicionam a recusa da teoria pragmatista do conhecimento e do relativismo em geral não conduzem de modo algum à separação positivista entre teoria e prática. De um lado, não são independentes dos homens nem direção nem métodos da teoria, nem o seu objeto, a realidade mesma; de outro lado, a ciência é um fator do processo histórico. A separação entre teoria e prática é, ela própria, um fenômeno histórico.

3. Na crise econômica geral, a ciência aparece como um dos múltiplos elementos da riqueza social que não cumprem seu destino. Hoje ela ultrapassa de longe o nível de bens de épocas anteriores. Há sobre a terra mais matérias-primas, mais máquinas, maior força de trabalho adestrada e melhores métodos de produção do que antes, mas não beneficia correspondentemente aos homens. A sociedade, na sua forma hodierna, mostra-se incapaz de fazer uso real das forças que se desenvolveram dentro dela, e da riqueza produzida no seu âmbito. As descobertas científicas compartilham o destino das forças produtivas e dos meios de produção de outro tipo: a medida de sua aplicação está em grave discrepância com seu alto grau de desenvolvimento e com as reais necessidades da humanidade; isso impede também seu futuro desenvolvimento quantitativo e qualitativo. Como demonstram crises anteriores, o equilíbrio econômico só se restabelecerá após a destruição, em escala considerável, de valores humanos e materiais.

4. É próprio da mistificação das causas da crise contemporânea responsabilizar por ela justamente aquelas forças que lutam por uma melhor estruturação das condições humanas, sobretudo o próprio pensamento racional e científico. Tenta-se renunciar a seu fomento e cultivo no indivíduo em favor da formação do "psíquico", e desacreditar como instância decisiva a razão crítica, na medida em que não é necessária profissionalmente à indústria. Mediante a teoria de que a razão é apenas um instrumento útil para os fins da vida diária, que deve emudecer, entretanto, frente aos grandes problemas e ceder lugar às forças mais substanciais da alma, estamo-nos desviando de uma preocupação teórica com a sociedade como um todo. Parte da luta da metafísica moderna contra o cientificismo é um reflexo dessas correntes sociais mais amplas.

5. De fato, a ciência das décadas anteriores à guerra mostra uma série de deficiências que, todavia, não resultam do exagero, mas antes do estrangulamento da sua racionalidade, condicionado pelo crescente endurecimento das condições humanas. A tarefa, despreocupada com considerações extracientíficas, de assinalar fatos e determinar as regularidades reinantes entre elas fora formulada, originariamente, como uma meta parcial do processo burguês de emancipação, em discussão crítica com os entraves escolásticos à pesquisa. Na segunda metade do século XIX, porém, esta definição já havia perdido seu

OBSERVAÇÕES SOBRE CIÊNCIA E CRISE

sentido progressista e, ao contrário, provou ser um instrumento de limitação do processo científico, transformando-se num mero registro, classificação e generalização de fenômenos, despreocupado com a distinção entre o desimportante e o essencial. Na medida em que o interesse por uma sociedade melhor, que ainda predominava no Iluminismo, foi substituído pelo empenho em consolidar a eternidade do presente, um elemento obstrutivo e desorganizador se apoderou da ciência. Se os resultados científicos tiveram aplicação útil na indústria, ao menos parcialmente, por outro lado ela fracassava exatamente diante do problema do processo social global, que antes da guerra já dominava a realidade através das crises cada vez mais acentuadas e das lutas sociais daí resultantes. Correspondia ao método orientado para o ser e não para o vir-a-ser considerar a forma da sociedade vigente como um mecanismo de repetidas ocorrências iguais, que, embora pudesse sofrer perturbações temporárias durante um período mais curto ou mais longo, não exigiria, em todo caso, nenhum outro comportamento científico que não o de uma eventual explicação de uma máquina complicada. Mas a realidade social, o desenvolvimento dos homens historicamente atuantes, contém uma estrutura cuja compreensão requer a imagem teórica de decorrências radicalmente transformadoras e revolucionadoras de todas as condições culturais, estrutura que de modo nenhum pode ser dominada pelo procedimento das ciências naturais mais antigas, orientado para o registro de ocorrências repetidas. O fato de ter a ciência se fechado contra um tratamento adequado dos problemas relacionados com o processo social causou uma trivialização de método e de conteúdo, que não se exprime tão-somente no afrouxamento das relações dinâmicas entre os diversos campos de matérias, mas se faz sentir, sob as formas mais diversas, no âmbito das disciplinas. Em conseqüência deste isolamento, podem continuar a ter importância uma série de conceitos não-esclarecidos, fixos e fetichistas, ao passo que estes poderiam ser esclarecidos mediante sua inclusão na dinâmica dos fatos. São exemplos disso: o conceito de consciência em si como pretenso pai da ciência; além disso, o indivíduo e sua razão, geradora ela própria do mundo; a eterna lei natural que domina todo evento; a imutável relação entre sujeito e objeto; a rígida diferença entre espírito e natureza, alma e corpo e outras tantas formulações categoriais. A raiz dessas falhas, porém, não reside absolutamente na ciência em si, mas nas condições sociais que impedem o seu desenvolvimento e que acabaram conflitando com os elementos racionais imanentes à ciência.

6. Mais ou menos desde a passagem do século aponta-se, na ciência e na filosofia, para a deficiência e inadequação dos métodos puramente mecanicistas. Esta crítica suscitou discussões de princípio, relativas a importantes fundamentos da pesquisa, de modo que hoje se pode falar também de uma crise interna da ciência. Soma-se a ela o descontentamento extrínseco com a ciência como um dos muitos

meios de produção que não soube realizar as expectativas que dela se tinham no sentido de mitigar a calamidade geral. Se particularmente a nova física superou, em ampla medida, as imperfeições da maneira tradicional de observar dentro da sua própria especialidade e submeteu a uma revisão os fundamentos teóricos do conhecimento, então é mérito da metafísica do pós-guerra, sobretudo de Max Scheler, ter de novo chamado a atenção da ciência em geral para uma série de matérias e ter aberto, em alguns pontos, o caminho para um modo de observação menos obstruído pelo estreitamento visual convencional. Principalmente, a descrição de importantes fenômenos psíquicos, mais a representação de tipos sociais de caráter e a instituição de uma sociologia do conhecimento atuaram de modo bastante frutífero. Contudo, sem mencionar que as tentativas metafísicas apresentaram como realidade concreta quase sempre "a vida", ou seja, ainda uma essência mítica e não a sociedade real e viva na sua evolução histórica, elas se comportaram frente à ciência não como forças propulsoras, mas como forças meramente negativas. Em vez de mostrar as limitações que sofre a ciência por causa de suas restrições classistas e finalmente rompê-las, elas identificavam a ciência, em certo sentido insuficiente, da época passada com a racionalidade em geral, negavam o próprio pensamento crítico e se abandonavam tanto a matérias escolhidas arbitrariamente quanto a uma metodologia desembaraçada da ciência. Nasceu uma antropologia filosófica que, se sentindo independente, estabeleceu como absolutos certos traços no homem, e à razão crítica contrapôs a intuição certa de uma visão genial e que se julgava acima da sujeição a critérios científicos. Com isso, esta metafísica se desvia das causas da crise social e desvaloriza até os meios de investigá-la. Cria uma confusão especial, quando hipostasia o indivíduo encarado abstratamente e, assim, minimiza a importância de um entendimento teórico dos processos sociais.

7. Não é somente a metafísica que é ideológica, mas também a própria ciência que ela critica, na medida em que conserva uma feição inibitiva do esclarecimento das causas efetivas da crise. Isto não significa, de modo algum, que seus próprios representantes não estivessem interessados na verdade pura. Todas as formas de comportamento humano que escondem a verdadeira natureza da sociedade edificada sobre contradições são ideológicas, e a verificação de que atos de fé filosóficos, morais e religiosos, teorias científicas, normas jurídicas e instituições culturais exercem esta função não diz respeito absolutamente ao caráter de seus autores, mas ao papel objetivo que aqueles atos assumem na sociedade. Opiniões em princípio corretas, obras teóricas e estéticas de alta qualidade indiscutível podem atuar ideologicamente em certas concatenações, e muitas ilusões nada têm de ideologia. As aparências ideológicas, nos membros de uma sociedade, surgem precisamente em virtude de sua posição econômica; somente quando as circunstâncias atingiram um ponto tal e os contrastes

de interesses alcançaram uma agudeza tal que até uma visão mediana pode penetrar a aparência, é que se costuma constituir um aparato ideológico próprio com tendências autoconscientes. Numa sociedade ameaçada pelas tensões a ela imanentes, crescem as energias orientadas para a salvaguarda da ideologia e são afinal redobrados os meios de preservá-la pela força. Quanto mais o Império Romano era ameaçado por tendências explosivas, mais brutalmente tentavam os imperadores renovar o velho culto do Estado e, assim, restaurar o minado sentimento de unidade. As épocas que se seguiram às perseguições cristãs e ao ocaso do império estão cheias de outros terríveis exemplos destas decorrências regularmente repetidas. Na ciência de um tal período, o elemento ideológico costuma aparecer menos no que ela contém de falsos juízos do que na sua falta de clareza, na sua perplexidade, na sua linguagem esotérica, na sua colocação dos problemas, em seus métodos, na direção das suas análises e, sobretudo, naquilo que ela finge não ver.

8. Atualmente, o laboratório de ciência apresenta um retrato da economia contraditória. Esta é altamente monopolística e mundialmente desorganizada e caótica, mais rica do que nunca e, ainda assim, incapaz de remediar a miséria. Também na ciência surge uma dupla contradição. Em primeiro lugar, vale como princípio que cada um dos seus passos tem uma base de conhecimento, mas o passo mais importante, ou seja, a definição da sua tarefa, carece de fundamentação teórica e parece entregue à arbitrariedade. Em segundo lugar, a ciência está empenhada no conhecimento de relações abrangentes; porém, é incapaz de compreender na sua vivência real a relação abrangente de que depende sua própria existência e a direção do seu trabalho, isto é, a sociedade. Ambos os momentos estão estritamente ligados. No fato de iluminar todo o processo da vida social está contida a descoberta da lei que se impõe na aparente arbitrariedade tanto dos empreendimentos científicos quanto dos outros; pois também a ciência, segundo a envergadura e a direção dos seus trabalhos, é determinada não só pelas tendências que lhe são próprias, mas também, no fundo, pelas necessidades sociais da vida. A dispersão e o desperdício de energias intelectuais que marcaram, apesar desta regularidade, o caminho da ciência no último século e sempre foram criticados pelos filósofos desta época, certamente não podem, tanto quanto a função ideológica da ciência, ser dominados por mero conhecimento teórico, mas tão-somente pela alteração das suas condições reais na práxis histórica.

9. A teoria da conexão entre a desordem cultural e as condições econômicas e os confrontos de interesses daí resultantes nada informa sobre o grau de realidade ou sobre a hierarquia dos bens materiais e espirituais. Ela se opõe, é claro, ao ponto de vista idealista de que o mundo deveria ser encarado como produto e expressão de um espírito absoluto, pois ela não considera o espírito como um ente separável e inde-

pendente da existência histórica. Mas, se o idealismo for visualizado, não pelo ângulo desta metafísica duvidosa, porém muito mais pelo esforço de realmente fazer desabrochar as potencialidades espirituais do homem, então a teoria materialista de dependência do ideal corresponde melhor a este conceito da filosofia clássica alemã do que a uma grande parcela da metafísica moderna; pois a tentativa de conhecer as causas sociais da atrofia e destruição da vida humana e de realmente subordinar a economia aos homens, é mais adequada àquela aspiração do que à afirmação dogmática de uma prioridade do espiritual independente do curso da história.

10. Por mais que se fale com razão de uma crise da ciência, ela não pode separar-se da crise geral. O processo histórico trouxe consigo um aprisionamento da ciência como força produtiva, que atua em suas partes, conforme seu conteúdo e forma, sua matéria e método. Além disso, a ciência como meio de produção não está sendo devidamente aplicada. A compreensão da crise da ciência depende da teoria correta sobre a situação social atual; pois a ciência como função social reflete no presente as contradições da sociedade.

2. História e Psicologia[1]

(1932)

Muito se tem discutido, nas últimas décadas, sobre a relação entre história e psicologia. Os Senhores, porém, não esperam de mim nem um relato sobre as discussões, em parte famosas, conduzidas na literatura, tampouco um desenvolvimento sistemático dos diversos aspectos que este problema hoje oferece. Tentarei apenas a caracterização do papel que cabe à psicologia no âmbito de uma teoria de história adequada ao nível das ciências sociais. Para tanto, é mister esclarecer o conceito de história empregado daqui. Ocorre, na filosofia, que a validade de diversos significados de história, que são agregados a propósitos intelectuais heterogêneos, dificulta o entendimento de cada problema individual.

Especialmente, dois conceitos de história diferentes na sua lógica são opostos entre si. O primeiro origina-se dos sistemas reportados a Kant e que, nas últimas décadas do século XIX, se constituíram como reação contra tendências materialistas na ciência e na sociedade. O caráter comum de sua doutrina residia na descoberta do significado de natureza, arte, história, não através de um aprofundamento imediato e direto nestas matérias, mas mediante uma análise do conhecimento relativo a elas. Da visão básica desta filosofia, a de que o mundo tem uma origem subjetiva, resultou a atribuição das particularidades dos campos existenciais aos diversos hábitos funcionais do sujeito cognoscitivo. O que é a natureza segundo a sua essência dever-se-ia esclarecer através

---

1. Conferência proferida na Sociedade Kant, em Frankfurt am Main.

da dedução sistemática dos métodos constitutivos da ciência natural, e do mesmo modo explicar, a partir de uma exposição dos métodos históricos, o que significa história. Assim, o conceito de história desta filosofia é sempre orientado pelo *factum* da ciência histórica; em princípio ela não pode se conduzir frente à historiografia de forma crítica, mas somente de modo apologético, numa época em que esta, com seus métodos e concepções, está atrasada em relação ao nível geral do conhecimento.

A filosofia que fundamenta o outro conceito de história não é tão modesta diante das ciências existentes. É parte do esforço atual para tornar independente de critérios científicos a decisão sobre as chamadas questões conceituais e para situar a filosofia em geral além da pesquisa empírica. Em contraposição ao citado conceito da teoria do conhecimento, não se deve mais tornar inteligíveis os diversos campos existenciais por intermédio das ciências, mas pela sua raiz indivisível, o "ser" primitivo, ao qual a nossa época reclama a descoberta de um novo acesso. Principalmente da escola fenomenológica, cuja doutrina era a princípio totalmente não-histórica, resultou um novo conceito de "historicidade". Se Scheler, que especialmente nos últimos anos de sua vida tentou harmonizar a teoria não-dialética do ser difundida pela fenomenologia com o fato da história em transformação, vira nisso substancialmente a história social e política, já para Heidegger a historicidade significa um modo de acontecer do "ser" em cujo "aqui" (*Da*) do existir a filosofia deve reconhecer o homem (*Daisen*, ser ou estar-aqui). Apenas a partir desta maneira originária de acontecer deve a história ganhar sentido como tema histórico. Portanto, nas discussões fundamentais, parece adequado hoje partir deste significado.

No entanto, para o tema a ser tratado aqui, não deixa de ser problemático tomar por base o conceito de historicidade interior como sendo o conceito de história da ciência tradicional. Já que a filosofia existencial, de acordo com a tradição fenomenológica, procura tornar-se independente dos resultados da pesquisa nos diversos campos, já que ela está decidida a recomeçar desde o começo e ambiciona redefinir o sentido de existir sem considerar a posição da pesquisa atual, seu projeto ainda parece estreito demais para a nossa problemática. Segundo a concepção de que a história deve ser compreendida, primeiramente, a partir da historicidade interior do existir, o entrelaçamento do existir com o processo histórico real deveria ser apenas superficial e ilusório. Mas o ocupar-se com a história externa leva tão bem à compreensão do respectivo existir, quanto a análise das respectivas existências condiciona o entendimento da história. O existir está ligado indissoluvelmente à história exterior e, portanto, sua análise não poderá descobrir qualquer razão que, como tal motivada em si mesma, não deixe de ser independente de toda determinação exterior. Neste caso, a história real, com suas múltiplas estruturas a transcender o indivíduo, não é apenas algo derivado, secundário e objetivado, como o quer a filosofia da existên-

HISTÓRIA E PSICOLOGIA   15

cia. Desse modo, a doutrina do existir se torna a doutrina do homem, da mesma forma que todo tipo de antropologia filosófica oriunda de uma ontologia apesar de tudo estática se converte na psicologia dos homens que vivem dentro de uma determinada época histórica.

As dificuldades encontradas no uso dos mencionados conceitos históricos se vêem, neste contexto, aumentadas ainda mais pela sua relação negativa com a psicologia. Acabo de chamar a atenção para a tendência da fenomenologia atual a transferir a missão da psicologia para uma ontologia independente de critérios científicos. A posição do kantismo com respeito à nossa indagação pouco mudou desde a afirmação de Fichte de que a psicologia "não é nada"[2]. Rickert, o teórico do neokantismo, considera as esperanças "que se colocam numa promoção da ciência histórica através da psicologia ou, melhor ainda, do psicologismo" como o testemunho de um pensamento "ao qual a essência lógica da história continuou totalmente estranha"[3]. Por conseguinte, em vez de usar o conceito de história da filosofia atual, quero partir de uma filosofia histórica familiar aos Senhores, ou seja, a hegeliana. Depois de um esboço de sua relação com a psicologia, determinaremos com algum detalhe o papel da psicologia no conceito econômico de história. Espero que a discussão do problema com base nesta teoria estimule também aqueles entre os senhores a quem os problemas históricos aparecem sob o aspecto de uma filosofia subjetivista.

A consideração filosófica tem de lidar com a compreensão da estrutura dinâmica e homogênea na confusa multiplicidade dos eventos. Segundo Hegel, esta tarefa é impossível sem um conhecimento exato da idéia e de seus elementos, conhecimento oriundo da lógica dialética; pois considerar filosoficamente a história não é outra coisa senão empregar, no mundo humano, a convicção do poder da idéia de se impor à realidade e nela se desenvolver. Neste caso, o filósofo da história recebe da história empírica não só a matéria-prima, mas também componentes já de todo formados da sua construção histórica. Da mesma forma que, segundo Hegel, o cientista natural fornece ao filósofo natural não uma simples enumeração dos fatos, mas se adianta grandemente a ele e lhe prepara o caminho através da formulação teórica do seu conhecimento, assim também a história da filosofia histórica, além do conhecimento dos fatos concretos, oferece definições categoriais tão essenciais quanto as relações causais, os períodos, a divisão dos homens historicamente atuantes em raças, tribos e nações. Mas os períodos ganham sentido real somente quando os entendemos como épocas da idéia em evolução; somente quando a nação histórico-mundial se revela co-

---

2. J.G. Fichte, *Werke*, editadas por F. Medicus, tomo III, Leipzig, 1910, p. 589.

3. H. Rickert, *Die Grenzen der naturwissenschaftlichen Begriffsbildung*, Tübingen, 1913, 2ª ed., p. 487.

TEORIA CRÍTICA

mo portadora de um princípio sempre renovado, próprio e mais adequado à idéia, ela se transforma, de um mero conceito de ordem, numa realidade significativa; e seu espírito, o espírito do povo, muda de um aglomerado de particularidades para um poder metafísico, e a luta entre as nações, em vez de escaramuças lamentáveis com êxito fortuito, passa a ser a justiça do mundo que se exerce nos contrastes.

Hegel leva bastante a sério essa combinação de história empírica e filosofia da história. Ele não quer interpretar *a posteriori* a história empírica de um ponto de vista extrínseco a ela, ou medi-la por uma escala que lhe é estranha; antes, seu conceito de razão é tão pouco abstrato que, por exemplo, o sentido do elemento da liberdade, tal como aparece na lógica, só é totalmente determinável pela liberdade cívica no Estado, a qual o historiador identifica. Somente quando se sabe que na lógica se trata da mesma liberdade que existia numa única das dinastias tirânicas orientais e em algumas dos gregos e, portanto, está em contradição com a escravidão, é que se pode entender a liberdade. O sistema hegeliano é realmente um círculo; segundo ele, os pensamentos mais abstratos da lógica estão concluídos somente quando é terminado o tempo, quando todo o essencial que o futuro possa conter já está antecipado na determinação da essência no presente. Por isso, o término da fé no presente e o desejo de alterá-lo radicalmente deviam necessariamente anular como sistema o sistema hegeliano, que, pelo menos na sua forma tardia, era decididamente coeso, e isso dentro de um novo sentido, inconciliável com seus próprios princípios.

Mudou, assim, também a importância da psicologia para o conhecimento da história. Para Hegel, os impulsos e as paixões humanas são, como para qualquer iluminista francês, o motor imediato da história. Os homens são impulsionados à ação pelos seus interesses, e tanto quanto a massa têm os grandes homens pouca "consciência da idéia em geral"[4]. Importam-se, antes, com seus fins políticos e outros; são determinados por seus impulsos. Mas reconstituir a estrutura psíquica de tais pessoas, segundo Hegel, em contraposição ao Iluminismo, não é importante, é até subalterno; pois o poder real que se impõe na história não é compreensível basicamente nem pela psique individual, nem pela psique das massas. Hegel ensina que os heróis se nutrem "de uma fonte cujo conteúdo está oculto e não alcança uma existência atual", se nutrem "de um espírito interior, ainda subterrâneo, que bate contra o mundo exterior como contra uma casca e o quebra, porque ele é um núcleo diferente do núcleo desta casca"[5]. Com esses termos ele não designa de modo algum o inconsciente da psicologia moderna, mas a própria idéia, ou seja, aquele *telos* imanente da história, compreendido não pela psico-

---

4. Hegel, "Vorlesungen über die Philosophie der Geschich e", *Samtliche Werke*, Glockner, tomo XI, Stuttgart, 1928, p. 60.

5. *Ibid.*

HISTÓRIA E PSICOLOGIA

logia mas pela filosofia; ela faz com que os resultados não sejam, em cada caso, simples resultantes, mas testemunhos dados pelo poder da razão, e que o conhecimento histórico não constitua na mera comprovação e definição mais ampla possível de fatos, mas seja o conhecimento de Deus.

Após o desmoronamento do sistema hegeliano, a concepção liberal do mundo assume parcialmente o domínio. Ela repudiou ao mesmo tempo a fé no poder de uma idéia historicamente atuante e a teoria da propagação das estruturas dinâmicas na história e estabeleceu que os indivíduos que perseguem seus interesses são as últimas unidades independentes no processo histórico. O análogo conceito de história do liberalismo é na sua essência psicológico. Os indivíduos, com os eternos impulsos firmemente arraigados na sua natureza, não são mais apenas os atores imediatos da história, mas também as últimas instâncias para a teoria do acontecer na realidade social. O problema de saber como a sociedade como um todo pode existir apesar deste fundamento caótico, ou melhor, como sua vida está prejudicada em escala crescente por este fundamento, o liberalismo ainda não o conseguiu solucionar. A fé messiânica do século XVIII de que os impulsos dos indivíduos, após a remoção das barreiras feudais, deveriam conjugar-se em prol da unidade da cultura transformou-se, com o liberalismo do século XIX, no dogma da harmonia dos interesses.

Por outro lado, Marx e Engels assumiram a dialética num sentido materialista. Mantiveram a convicção hegeliana da existência de estruturas e tendências supra-individuais e dinâmicas na evolução histórica, descartando, entretanto, a fé num poder espiritual independente, que atuaria na história. Segundo eles, a história não tem fundamento, e nada é expresso nela que possa ser interpretado como sentido contínuo, como poder homogêneo, como razão motivante, como *telos* imanente. A confiança na existência de tal núcleo é, segundo eles, apenas um acessório de falsa filosofia idealista. O pensamento e, por conseguinte, também os conceitos e as idéias são atributos funcionais do homem e não uma força independente. Na história não há uma idéia contínua, voltada para si mesma, pois não existe um espírito independente do homem. Os homens com sua consciência são transitórios, apesar de todo o seu saber, sua memória, sua tradição e espontaneidade, sua cultura e seu espírito; nada existe que não nasça e morra.

No entanto, Marx nem por isso chega a uma teoria psicologista da história. Segundo ele, os homens historicamente atuantes, em nenhuma parte, se tornam inteligíveis apenas graças ao seu interior, ou seja, graças à sua natureza ou a uma razão existencial encontrável dentro deles próprios; eles estão muito mais atrelados a formulações históricas que possuem sua própria dinâmica. Metodologicamente, nisso Marx seguiu Hegel. Este afirma que cada grande época histórica obedece a princípios estruturais próprios: os fundamentos das constituições dos povos mudam de acordo com sua lei interior, as nações estão opostas nas lutas

18 TEORIA CRÍTICA

da história mundial e sofrem seu destino sem que a causa deva ser buscada na psique do indivíduo ou talvez de uma pluralidade de indivíduos. Todavia, enquanto a articulação desta dialética se torna em Hegel compreensiva a partir da lógica do intelecto absoluto, a partir da metafísica, segundo Marx nenhum conhecimento lógico prescrito da história fornece a chave para a sua compreensão. Antes, a teoria correta emerge da observação dos homens que vivem sob condições definidas e que conservam sua vida com o auxílio de determinadas ferramentas. A normalidade discernível na história não é uma construção *a priori*, nem uma enumeração de fatos por um sujeito cognoscitivo que se julga independente; ela é produzida pelo pensamento abrangido pela prática histórica como reflexo da estrutura dinâmica da história.

O conceito econômico ou materialista de história, que se fundamentava nesta colocação, demonstra ser ao mesmo tempo contradição e continuação da filosofia hegeliana. Neste, a história é representada, essencialmente, como luta dos impérios históricos mundiais pelo poder. Assim, o que importa tanto aos indivíduos quanto aos povos e Estados é o poder e não o espírito. Todavia, o desfecho das lutas, apesar desta falta de consciência, não prescinde do sentido espiritual. Por isso, Hegel considera a história mundial um tribunal universal, porque, na sua opinião, sempre assume o poder aquela nação cuja constituição interna representa uma forma mais concreta de liberdade do que a do país vencido. A medida da evolução das nações "para a imagem e a verdade da razão"[6] decide sobre sua vitória. Mas Hegel não esclarece se esta progressão nas ações de combate, correspondente à lógica do espírito absoluto, se impõe de fato; se, em outras palavras, o povo cuja nação forma uma representação mais adequada da idéia e de seus elementos dispõe também da melhor estratégia, das armas superiores; isto aparece, porém, como um acaso da história mundial, como uma das harmonias preestabelecidas que fazem parte necessariamente da filosofia idealista. Na medida em que a pesquisa científica das séries conciliatórias de condições pode estabelecer relações históricas conhecidas em vez do paralelismo meramente afirmado, torna-se supérfluo o mito da astúcia da razão e, com isso, também a peça metafísica principal dessa filosofia da história. Então, chegamos a saber as verdadeiras causas por que formas diferenciadas de sociedade e de Estado tomaram o lugar das menos evoluídas, isto é, segundo Hegel, as causas do progresso na consciência da liberdade. O conhecimento das verdadeiras relações destrona o intelecto como poder autônomo formador da história e estabelece como motor da história a dialética entre as formas sociais antiquadas e as diversas forças humanas que crescem na disputa com a natureza.

O conceito econômico de história arremata esta mudança da metafísica para a teoria científica. Segundo ele, a manutenção e a reno-

---

6. Hegel, *Grundlinien der Philosophie des Rechts*, § 360.

HISTÓRIA E PSICOLOGIA

vação da vida social impingem aos homens, a cada vez, uma determinada ordem social de grupamento. Esta, que condiciona não só as instituições políticas e jurídicas, mas também as ordens mais altas da cultura, é prescrita aos homens pelas diversas funções que devem ser cumpridas no quadro do processo econômico, tal como corresponde às capacidades humanas dentro de um período determinado. O fato, por exemplo, de na Roma antiga a sociedade estar subdividida em homens livres e escravos, na Idade Média em senhores feudais e servos, e no sistema industrial em empresários e operários, tanto quanto a diferenciação dessas circunstâncias dentro dos Estados, além do fracionamento em nações e das oposições entre grupos nacionais do poder – tudo isso não é explicável nem pela boa nem pela má vontade, nem por um princípio espiritual homogêneo, mas pelas exigências do processo material de vida, nos seus diversos níveis estruturais. Conforme tenha evoluído, com base no nível da evolução humana, a técnica de suas ferramentas e de sua cooperação, ou seja, segundo o modo do processo de produção, constituem-se igualmente as relações de dependência e o aparato político-jurídico ligado a isso. Se do crescimento das capacidades produtivas humanas fosse possível surgir uma nova forma de produção, que pudesse prover melhor à comunidade do que a antiga, a existência da estrutura social atual, com suas instituições correspondentes e as disposições humanas firmes, impede, antes de tudo, que ela se propague como dominante. Daí resultam as tensões sociais, que se expressam nas lutas históricas e formam como que o tema fundamental da história mundial.

Quando o antagonismo entre as forças humanas crescentes e a estrutura social, que neste contexto mostra ser o motor da história, substitui as análises concretas como esquema de construção universal, ou quando ele é alçado a um poder necessário à formação do futuro, então o conceito de história ora esboçado pode converter-se numa metafísica dogmática definitiva. No entanto, se esta é válida como teoria correta do decurso da história que conhecemos, que depende sem dúvida da problemática teórico-cognitiva da teoria em geral, então ela constitui uma formulação da experiência histórica que corresponde ao conhecimento atual. Quando tentamos estabelecer sua relação com a psicologia, torna-se claro desde logo que ela, em contraste com o conceito liberal, não é psicológica. Essa devia explicar adequadamente a história a partir do concurso dos indivíduos considerados isoladamente, seus interesses, suas forças psíquicas essencialmente constantes. Mas, se a história se articula segundo as diferentes maneiras como se consuma o processo de vida da sociedade humana, então não são as categorias psicológicas mas as econômicas que são historicamente fundamentais. A psicologia, de ciência fundamental, se converte numa ciência auxiliar, embora indispensável, da história. Mediante esta alteração de função atinge-se também o seu conteúdo. Seu objeto perde a homogeneidade no quadro desta teoria. Ela já não tem nada a ver com o homem em geral; antes, em cada época, as forças psíquicas totais que possam evoluir no indivíduo, as aspirações, que formam a base de suas realizações manuais e espirituais, além dos fatores psíquicos enriquecedores do processo de vida social e individual, é que devem ser diferenciados daquelas constituições psíquicas relativamente estáticas dos indivíduos, grupos, classes, raças, nações, em suma, dos seus caracteres determinados pela respectiva estrutura social.

Está o objeto da psicologia de tal maneira entrelaçado na história que o papel do indivíduo não é redutível a simples função das condições econômicas. A teoria não nega, aos membros dos diversos grupos sociais, nem a importância de pessoas históricas nem a da constituição psíquica. O reconhecimento de que a substituição de formas de produção ultrapassadas por outras mais diferenciadas, mais bem adaptadas às necessidades da comunidade, representa por assim dizer o esqueleto da história que nos interessa, é a expressão resumida da atividade humana. Além disso, a afirmação nela contida de que a cultura depende do modo como se desenvolve o processo de vida de uma sociedade, isto é, sua disputa com a natureza, ou, melhor, de que cada partícula dessa cultura contém em si mesma o índice daquelas condições fundamentais e de que também a consciência do homem muda com a sua atividade econômica, essa afirmação não nega de maneira nenhuma a iniciativa humana, mas tenta introduzir compreensão nas formas e condições de sua eficácia histórica. Decerto, a atividade humana deve estar sempre ligada às necessidades vitais que foram estruturadas pelas gerações precedentes, mas as energias humanas, tanto as aplicadas na manutenção das condições existentes quanto as que pretendem alterá-las, têm sua própria configuração que a psicologia deve investigar. Antes de mais nada, os conceitos da teoria econômica da história se diferenciam fundamentalmente dos conceitos metafísicos pelo fato de que, embora tentem refletir a dinâmica histórica na sua forma mais definida possível, não pretendem, porém, dar uma visão conclusiva da totalidade: antes, pelo contrário, contêm as instruções para indagações futuras, cujo resultado reage a elas próprias.

Isto é válido especialmente para a psicologia. A determinação, afirmada na teoria, da ação histórica de homens e grupos de homens através do processo econômico só poderá tornar-se compreensível em detalhe mediante o esclarecimento científico das suas próprias maneiras de reação num dado estágio histórico. Enquanto não for esclarecido como mudanças estruturais da vida econômica mediante conformação psíquica que está presente, num dado momento, nos membros dos diversos grupos sociais, se convertem em mudanças em suas expressões da vida, a teoria de que esta depende daquelas contém elementos dogmáticos que prejudicam grandemente seu valor hipotético para uma explicação do presente. A divulgação das mediações psíquicas entre o progresso econômico e qualquer outro progresso

HISTÓRIA E PSICOLOGIA 21

cultural, embora mantenha válida a afirmação de que das mudanças econômicas radicais decorrem mudanças culturais radicais, pode eventualmente conduzir não só a uma crítica da concepção das relações funcionais entre as duas seqüências, como também reforçar a suspeita de uma possível alteração ou inversão na ordem destas seqüências no futuro. Então, transformar-se-ia também a relação hierárquica entre economia e psicologia com respeito à história, e isso evidencia que a concepção de que se fala aqui inclui na história tanto a ordem das ciências e, com isso, suas próprias teses, quanto os próprios impulsos humanos.

Sem dúvida, os fatos reais que atualmente determinam a relação entre as duas ciências se refletem também na estrutura atual da psicologia. Somente é possível os homens conservarem relações econômicas que pelas suas potencialidades e necessidades eles já ultrapassaram, em vez de substituí-las por uma forma de organização superior e mais racional, porque a atuação de camadas sociais numericamente mais significativas não é determinada pelo conhecimento, mas por uma espécie de força motriz falseadora da consciência. Ná raiz deste momento histórico particularmente importante não estão apenas manipulações ideológicas – uma tal interpretação corresponderia à antropologia racionalista do Iluminismo e sua situação histórica – mas, sim, a estrutura psíquica total destes grupos, isto é, o caráter de seus membros se renova constantemente em relação com o seu papel no processo econômico. Por isso, a psicologia avançará até estes fatores psíquicos mais profundos, por meio dos quais a economia determina o homem; ela será mormente psicologia do inconsciente. Nesta forma condicionada pelas situações sociais dadas, ela não deve, de modo algum, ser aplicada de maneira igual à atuação das diversas camadas sociais. Quanto mais a ação histórica de indivíduos e grupos de indivíduos for motivada pelo conhecimento, tanto menos o historiador necessitará recorrer a explicações psicológicas. O desprezo de Hegel pela interpretação psicológica dos heróis encontra aqui sua justificativa. Todavia, quanto menos a atuação emanar da compreensão da realidade, ou mesmo contradizer esta compreensão, tanto mais necessário se faz desmascarar psicologicamente as forças irracionais que dominam coercitivamente o homem.

A importância da psicologia como ciência auxiliar da história se baseia no fato de que, assim como toda forma de sociedade que já passou pela terra pressupõe um certo estágio evolutivo das forças humanas e, por isso, é condicionada psiquicamente, assim também, sobretudo, o funcionamento de uma forma de organização já existente, e ainda a manutenção daquela já em declínio, depende de fatores psíquicos, entre outros. Particularmente, o mais importante numa análise de determinada época histórica é conhecer as forças e disposições psíquicas, o caráter e a capacidade de mudança dos membros dos diversos grupos sociais. Nem por isso a psicologia se transforma em

22 TEORIA CRÍTICA

psicologia de massa, mas adquire seus conhecimentos no estudo dos indivíduos. "O fundamento da psicologia social permanece sendo a psique individual"[7]. Não há uma alma de massa nem uma consciência de massa. O conceito de massa, no sentido vulgar, parece ter-se originado da observação de conglomerados humanos durante acontecimentos excitantes. Mesmo que os homens, como parte de tais grupos acidentais, possam reagir de uma forma característica, a compreensão desse fato deve ser buscada na psique dos membros individuais que os compõem, a qual, sem dúvida, é determinada em cada um pelo destino de seu grupo na sociedade. Em lugar da psicologia de massas surge uma diferenciada psicologia de grupos, isto é, a pesquisa daqueles mecanismos de impulsos, que são comuns aos membros dos principais grupos do processo de produção. Ela terá de investigar, sobretudo, até que ponto a função do indivíduo no processo de produção é determinante – pelo seu destino dentro de uma família de certa constituição, pela influência dos poderes sociais de formação, mas também pelo tipo e maneira de seu próprio trabalho dentro da economia – para a estruturação de suas formas de caráter e de consciência. Seria o caso de indagar como se produzem os mecanismos psíquicos que possibilitam manter latentes entre as classes sociais as tensões que suscitam a eclosão de conflitos com base na situação econômica. Se, em algumas exposições da psicologia sobre matérias parecidas, se fala muito de líder e de massa, cabe considerar que a relação significativa na história representa menos a adesão de uma massa desorganizada a um líder individual do que a confiança dos grupos sociais na estabilidade e necessidade da hierarquia existente e das forças sociais dominantes. A psicologia observou que "todas as complementações da organização social, seja sob a forma democrática ou aristocrática, têm como resultado inculcar na mente dos membros da sociedade, por caminhos mais seguros e mais curtos, de uma maneira mais pura, menos alterada e mais profunda, um objetivo refletido, coerente e individual", e que o líder de um levante, por falta de uma organização tão perfeita, nunca pode dispor totalmente de seus homens, o que, porém, o general quase sempre pode[8]. Mas todo este complexo de questões, que estuda a relação entre líder e massa como um problema especial, ainda precisa de um aprofundamento psicológico[9]. O conceito de *habitude*, ao qual a pesquisa francesa destina uma importante função no tratamento das questões sócio-psicológicas, mar-

---

7. E. Bernheim, *Lehrbuch der historischen Methode und der Geschichtsphilosophie*, 5ª e 6ª eds., Leipzig, 1908, p. 677.

8. G. Tarde, *L'opinion et la foule*, Paris, 1922, p. 172.

9. Um passo importante sobre as teorias dominantes da psicologia de massas (Le Bon, McDougall) foi dado por Freud em sua obra acerca da "Psicologia de massas e análise do Ego" (*Gesammelte Werke*, tomo XIII, 5ª ed., Frankfurt am Main, 1967).

HISTÓRIA E PSICOLOGIA   23

ca muito bem o resultado do processo de formação: a força das disposições psíquicas que motivam a ação socialmente exigida. É preciso, porém, penetrar mais fundo e compreender a origem deste resultado, sua reprodução e contínua assimilação ao processo social em princípio mutável. Isso só se torna possível com base em experiências que podem ser adquiridas através da análise individual[10].

Entre as diretrizes metodológicas de uma psicologia frutífera para a história, a adaptabilidade dos membros de um grupo social à sua situação econômica se reveste de especial importância. Os respectivos mecanismos psíquicos que permitem essa adaptação contínua decerto nasceram espontaneamente no curso da história, mas temos que pressupô-los como dados na eventual explicação de determinados acontecimentos históricos do presente; formam, então, uma parte da psicologia da época atual. Vem a propósito, por exemplo, a capacidade das pessoas de verem o mundo de tal maneira que a satisfação dos interesses que resultam da situação econômica do próprio grupo esteja de acordo com a essência das coisas, e esteja fundamentada numa moral objetiva. Isto não deve passar-se necessariamente de uma maneira tão racional que levaria a torcer os fatos ou a mentir. Ao contrário, por causa de seu aparato psíquico, os homens costumam aceitar o mundo desde já de uma forma tal que suas ações podem corresponder ao seu saber. Ao discutir o "esquematismo", cuja função consiste, principalmente, na pré-formação geral de nossas impressões antes de serem registradas na consciência empírica, Kant falou de uma arte oculta nas profundezas da alma humana, "cujo verdadeiro manejo a natureza dificilmente nos revelará para apresentá-la abertamente aos nossos olhos"[11]. Entretanto, esta pré-formação específica, cuja conseqüência é a harmonia da imagem do mundo com as ações exigidas pela economia, terá de ser explicada pela psicologia, e não é impossível que, nesta ocasião, se descubra algo sobre o esquematismo, como Kant o entende. Pois sua função de trazer o mundo à consciência de forma que em seguida ele se absorva nas categorias da ciência natural matemático-mecânica, parece – independente totalmente da decisão sobre esta mesma – um efeito psíquico condicionado pela história.

Para a desconfiança que alguns historiadores manifestam contra a psicologia muito contribuiu com razão o comprometimento que alguns sistemas psicológicos tiveram com um utilitarismo racionalista. Como conseqüência, os homens são obrigados a agir exclusivamente com base em considerações sobre seu lucro material. Tais noções psicológicas determinaram – sem dúvida como hipóteses de trabalho, mas apesar disso de maneira decisiva – a economia nacional liberal. De-

10. A fundamentação de uma psicologia social sobre bases psicanalíticas está sendo tentada nos trabalhos de Erich Fromm.

11. Kant, *Kritik der reinen Vernunft*, A 141.

24   TEORIA CRÍTICA

certo, o interesse particular desempenha, na sociedade de determinadas épocas, um papel que não pode ser subestimado. Mas aquilo que,
nos homens realmente atuantes, corresponde a esta abstração psicológica, o egoísmo econômico, é, por sua vez, tanto quanto a situação social em cuja explicação está sendo aplicado o princípio, historicamente
condicionado e radicalmente mutável. Se, na discussão da possibilidade de uma ordem econômica não-individualista, costumam ser importantes argumentos que têm por base a doutrina da natureza egoís-
tica do homem, tanto os defensores quanto os adversários da teoria
econômica estão errados, porquanto eles baseiam seus argumentos na
legitimidade universal de um princípio tão problemático. A psicologia
moderna há tempos reconheceu que era errado considerar naturais os
impulsos de autoconservação no homem e, lá onde obviamente não
lhes são atribuídos feitos individuais e sociais, introduzir os chamados
fatores "centrais". A psique do homem nem, provavelmente, a dos
animais está organizada de maneira tão individualista, que todas as
suas emoções impulsivas primitivas se relacionem necessariamente
com o prazer imediato em satisfações materiais. Os homens são capazes, por exemplo, de experimentar, na solidariedade com correligio-
nários, uma felicidade que lhes permita suportar o sofrimento e mesmo a morte. Neste sentido, guerras e revoluções oferecem o exemplo
mais tangível. Sentimentos impulsivos não-egoísticos sempre existi-
ram; tampouco são negados por qualquer psicologia séria; apenas
tentou-se, mediante explicações problemáticas, atribuí-los a motiva-
ções individualistas. Diante daquela deturpação economística da teoria
do homem por correntes psicológicas e filosóficas, alguns sociólogos
tentaram construir doutrinas próprias de impulsos. Essas, entretanto,
contrariamente à psicologia utilitarista que explica tudo a partir de um
único aspecto, costumam conter grandes tabelas de instintos e impulsos, considerados todos eles igualmente como inatos, e descuidam assim das específicas relações funcionais psicológicas[12].
   Em todo caso, as ações dos homens não derivam somente do seu
instinto físico de conservação, tampouco somente do impulso sexual
imediato, mas também, por exemplo, da necessidade de acionar as
forças agressivas, bem como de reconhecer e afirmar a própria pessoa, de abrigar-se numa coletividade e de outros impulsos. A psicolo-

---

12. Em geral, a literatura sociológica – ainda que ela, como a escola de
Durkheim, queira a sociologia radicalmente separada da psicologia – contém conhecimentos psicológicos mais profundos do que a escola psicológica tradicional.
Leopold von Wiese se insurge contra um desvirtuamento da sua ciência por problemas especificamente psicológicos, no qual ele indica, injustamente, como objeto da psicologia, apenas casos de consciência. Mas seus trabalhos testemunham,
de fato, um conhecimento mais diferenciado de estados psíquicos do que costuma
existir naqueles que subordinam a sociologia à psicologia.

HISTÓRIA E PSICOLOGIA

gia moderna (Freud) mostrou como tais reivindicações se diferenciam de tal maneira da fome, que esta reclama uma satisfação mais direta e mais constante, ao passo que aquelas são grandemente adiáveis, moldáveis e passíveis de satisfação através da fantasia. No entanto, entre os dois tipos de impulsos, os inadiáveis e os "plásticos", existem relações que têm grande importância no curso da história. A não-satisfação das necessidades físicas imediatas, apesar de sua urgência maior, pode ser substituída parcial e temporariamente pelo prazer em outros campos. Os *circenses* de todos os tipos em muitas situações históricas preencheram amplamente o lugar do *panis*, e o estudo dos mecanismos psicológicos que o tornam possível constitui, ao lado de sua aplicação adequada ao decurso histórico concreto a explicar, uma tarefa urgente que a psicologia tem de cumprir no quadro da investigação histórica.

O princípio econômico nesta tarefa só pode prejudicar. Poderia talvez levar, mediante o uso de desvios teóricos, a atribuir a aspirações materiais a participação das camadas sociais inferiores em atos comunitários dos quais não devem esperar qualquer melhoria imediata para a sua situação econômica, como, por exemplo, em guerras. Neste caso, porém, ignorar-se-ia a grande importância psíquica que tem para os homens a pertença a uma unidade coletiva respeitada e poderosa, quando são induzidos pela educação ao prestígio pessoal, à prosperidade, à existência garantida, e sua condição social não lhes permite a realização desta ordem de valores como indivíduos. Um trabalho agradável e que realce a auto-estima ajuda a suportar mais facilmente as privações físicas, e a simples consciência do sucesso obtido já pode compensar amplamente a repugnância pela comida ruim. Se aos homens for negada esta compensação para a opressiva existência material, adquire maior importância vital a possibilidade de se identificar na fantasia com uma unidade supra-individual que impõe respeito e tem êxito. Se aprendermos, com a psicologia, que a satisfação das necessidades aqui enumeradas é uma realidade psíquica que em intensidade não deve ser inferior aos prazeres materiais, então muito se ganhará para a compreensão de uma série de fenômenos históricos.

Darei um outro exemplo do papel da psicologia no âmbito da teoria histórica. Os processos e conflitos diferenciados na mente de indivíduos de organização delicada, os fenômenos de sua consciência são de tal maneira um produto da divisão econômica do trabalho, que lhes são poupadas as funções grosseiras necessárias à sobrevivência da sociedade. Embora sua vida, da forma como a levam, dependa da existência de prisões e matadouros e da execução de uma série de trabalhos cuja realização nas circunstâncias dadas não é possível imaginar sem brutalidade, ainda assim, em conseqüência de seu distanciamento social das formas grosseiras do processo de vida, eles podem reprimir estes processos na sua consciência. Por conseguinte, seu aparelho psíquico é capaz de reagir tão sutilmente que um insignificante conflito moral pode provocar os maiores abalos na sua vida. Tanto seu mecanismo de repressão quanto suas reações e dificuldades conscientes devem ser interpretados pela psicologia; em compensação, a condição de sua existência é econômica. O fato econômico aparece como o abrangente e primário, mas o conhecimento da condicionalidade nos seus detalhes, a investigação profunda dos mesmos processos conciliatórios e, portanto, também a compreensão do resultado dependem do trabalho psicológico.

A rejeição de uma psicologia que esteja assentada em preconceitos econômicos não permite, porém, distanciar-se do fato de que a situação econômica dos homens atua até nas mais delicadas ramificações de sua vida psíquica. Não só o conteúdo, mas também a força das oscilações do aparelho psíquico são condicionados pela economia. Existem situações nas quais a menor ofensa ou uma insignificante variação agradável causam comoções emotivas de uma violência quase incompreensível para um estranho. A redução a um círculo de vida restrito determina uma correspondente repartição do amor e do prazer, que se reflete sobre o caráter e o influencia qualitativamente. Em contrapartida, situações mais favoráveis no processo de produção, por exemplo, a direção de grandes indústrias, abrem uma tal perspectiva que se tornam insignificantes prazeres e aflições que para outros homens significariam grandes choques. Noções ideológicas e morais que naqueles para os quais não são evidentes os contextos sociais se mantêm rigidamente e determinam a sua vida são abarcadas, a partir de altas posições econômicas, nas suas condições e oscilações, de tal maneira que se dissolve seu caráter mais intransigente. Mesmo pressupondo que as diferenças psíquicas inatas são extremamente grandes, a estrutura dos interesses básicos, que é impressa em cada um, desde a infância, pelo seu destino, o horizonte traçado para cada um por sua função na sociedade, raras vezes permitirá uma evolução contínua daquelas diferenças originais. Ao contrário, a própria chance desta evolução é diferente, conforme a classe social a que um homem pertence. Sobretudo, a inteligência e uma série de outras capacidades podem desenvolver-se tanto mais facilmente quanto menos inibições são impostas, desde o início, pela situação de vida. Muito mais do que pelo motivo econômico consciente, o presente se caracteriza pelo efeito desconhecido das condições econômicas sobre todo o estilo de vida.

Cabe a Dilthey o mérito de ter levado eficazmente as relações entre a psicologia e a história a se tornarem objeto de discussões filosóficas. Durante todo o desenvolvimento de seu trabalho, ele sempre retornava a este problema. Reclamava uma nova psicologia, que viesse ao encontro das necessidades das ciências do espírito, que vencesse as deficiências da psicologia clássica. A seu ver, a evolução das ciências do espírito está ligada ao desenvolvimento da psicologia; sem o contexto espiritual em que estão fundamentados seus objetos, estas ciências constituem "um agregado, um feixe, mas nunca um siste-

HISTÓRIA E PSICOLOGIA

ma"[13]. "Isto é um fato", escreve ele, "e nenhum bloqueio das matérias pode impedi-lo: Assim como os sistemas da cultura, economia, direito, religião, arte e ciência, assim como a organização externa da sociedade nas associações da família, das comunidades, da igreja, do Estado, emanaram do contexto vivo da alma humana, assim também somente por este elas podem finalmente ser explicadas. Os fatos psíquicos constituem seu componente mais importante, portanto não podem ser entendidos sem uma análise psíquica"[14]. No entanto, se para Dilthey a psicologia funciona como ciência auxiliar da história, a própria história lhe serve essencialmente de meio para conhecer o homem. É ponto pacífico para ele que, nos grandes períodos culturais da história, a homogênea essência humana desabrocha nos seus diversos aspectos, que originariamente estão presentes em todo homem; as personalidades representativas de cada época são, para ele, apenas as melhores formas de expressão de cada um destes diversos aspectos. "Raças humanas, nações, classes sociais, formas de profissão, categorias históricas, individualidades: todas elas são... limitações das diferenças individuais dentro da natureza humana uniforme"[15], que em cada época se manifesta de maneira particular.

Por mais que se justifique a pesquisa diltheyana de uma psicologia que preencha as necessidades do estudo histórico, deve parecer pouco correto que uma relação espiritual homogênea esteja na base dos sistemas culturais de uma época e que mesmo esta relação espiritual e inteiramente compreensível represente uma face da essência total do homem, que somente se desenvolveria em sua plenitude dentro da evolução total da humanidade. Esta unidade dos sistemas culturais numa época e das épocas entre si deveria ser, essencialmente, uma unidade espiritual; pois, de outro modo, suas expressões não poderiam impor-se como afirmações inteligíveis, acessíveis pelos métodos de uma psicologia compreensível. Pois a psicologia que Dilthey exige é uma psicologia da compreensão, e, assim, na sua filosofia, a história torna-se substancialmente história da psique. Segundo o que foi exposto, porém, nem uma época nem a chamada história universal, nem tampouco a história dos campos culturais isolados devem ser explicadas por uma tal coesão, se bem que algumas passagens eventuais da história da filosofia – talvez a série dos pré-socráticos – sejam passíveis de interpretação dentro de uma linha de pensamento homogêneo. As mudanças históricas são como que permeadas pelo psíquico e pelo espiritual, os indivíduos nos seus grupos e dentro dos antagonismos sociais condicionados por muitas causas são seres psíquicos, e

13. Dilthey, *Gesammelte Schriften*, tomo V, Leipzig e Berlim, 1924, pp. 147 e ss.

14. *Ibid*.

15. *Ibid*., p. 235.

por isso a psicologia é necessária à história; seria um grande erro, entretanto, querer entender qualquer passagem da história pela vida psíquica homogênea de uma natureza humana geral.

A compreensão da história como história espiritual costuma também estar ligada à crença de que o homem é, de fato, idêntico àquilo que ele vê, sente, julga ser seu próprio ser, em suma, à sua consciência de si mesmo. Esta confusão da missão do cientista do espírito com a do economista, sociólogo, psicólogo, fisiólogo etc., remonta a uma tradição idealista, mas produz um estreitamento do horizonte histórico, que é difícil de ajustar ao nível atual de conhecimento. O que vale para os indivíduos vale também para a humanidade em geral: se se quiser saber o que eles são, não se deve acreditar naquilo que pensam de si mesmos.

Estas exposições permitiram-me indicar-lhes apenas alguns pontos de vista relativos à questão da localização lógica da psicologia dentro de uma teoria da história, que corresponda à situação atual. Embora orientada pela interpretação econômica, esta situação de modo algum podia ser abarcada, nem sequer de longe, no seu total. A questão de saber até que ponto o trabalho psicológico nos seus detalhes é de fato significativo para a pesquisa histórica não deixa de ter importância, porque os problemas psicológicos são desprezados por alguns sociólogos e pesquisadores da história por razões de princípio e, sobretudo, porque, em conseqüência disto, em muitas exposições históricas permite-se que uma psicologia primitiva desempenhe descontroladamente algum papel. Ademais, a psicologia adquire atualmente um significado especial a mais, se bem que possa ser passageiro. É que, com a aceleração da evolução econômica, as mudanças das formas de reação humanas, condicionadas diretamente pela economia, ou seja, os costumes, usos, imagens morais e estéticas resultantes diretamente da situação econômica podem mudar com tanta rapidez que não lhes sobra mais tempo para se firmarem e se tornarem verdadeiros atributos do homem. Neste caso, os elementos relativamente constantes na estrutura psíquica adquirem importância e, em conseqüência, também a psicologia geral ganha em valor cognitivo. Em períodos mais estáveis, a simples diferenciação de tipos sociais característicos parece ser suficiente; atualmente, a psicologia tende a converter-se na fonte mais importante da qual se pode deduzir algo sobre a essência do homem. Já a psique, em momentos críticos, torna-se, mais do que usualmente, um elemento decisivo na questão de saber se e em que sentido a conformação moral do período histórico decorrido é mantida ou alterada pelos membros das diversas classes sociais, sem que mais uma vez decidam, sem mais nem menos, fatores econômicos.

Nem a importância de um problema, nem a de uma teoria são independentes do estado da história e do papel que um homem desempenha dentro dela. Isto é válido também para sua concepção econômica: pode haver existências às quais a história mostre outras faces ou

HISTÓRIA E PSICOLOGIA

para as quais ela não pareça ter nenhuma estruturação. Torna-se difícil, então, chegar a um acordo sobre estas questões, e, na verdade, não apenas devido à diferença dos interesses materiais, mas também porque os interesses teóricos sob a aparência de paralelidade conduzem a direções divergentes. Mas isto se refere à dificuldade de entendimento, não à unidade da verdade. Apesar de toda a diversidade dos interesses, o elemento subjetivo no conhecimento dos homens não é sua arbitrariedade, mas a participação de suas capacidades, sua educação, seu trabalho, em suma, de sua própria história, que deve ser compreendida em conexão com a história da sociedade.

3. Materialismo e Metafísica

(1933)

A partir de suas pesquisas dos conceitos filosóficos que surgiram na Europa desde a Antiguidade, Dilthey chegou à conclusão de que todas as experiências metafísicas têm em mira a construção de um sistema homogêneo de valor universal, embora até hoje elas não tenham conseguido adiantar um único passo nesta direção. Se ele próprio empreende separar os tipos de visão do mundo, sublinha também o caráter subjetivo da divisão que estabeleceu. A convicção de que é impossível qualquer sistema de valor universal elimina também a pretensão metafísica que o ordenamento dos próprios sistemas individuais poderia realçar.

As declarações em cujo contexto se torna significativa a tipologia de Dilthey visam, sem dúvida, tal como os sistemas metafísicos classificados dentro dela, o ser integral. De acordo com sua convicção da constância da natureza humana e da imutabilidade do mundo, Dilthey vê as concepções do universo e os sistemas nos quais elas ganham forma como respostas diferentes a este enigma da existência, respostas nascidas da "vida". E, assim como a filosofia, ao contrário das pesquisas científicas, sempre está voltada para este "enigma da vida..., para este todo, fechado em si mesmo, misterioso"[1], do mesmo modo o próprio Dilthey considera o problema de saber por que estou no mundo, para que me encontro nele, qual será meu fim nele, como aquele

---

1. Dilthey, *Gesammelte Schriften*, tomo VIII, Leipzig e Berlim, 1931, pp. 206 e ss.

32 TEORIA CRÍTICA

que "mais me toca de perto"[2]. As três características que ele assinalou do espírito filosófico, na verdade metafísico: autoconsciência, ou seja, a indagação conseqüente e radical perante os fatos subjetivos e objetivos; classificação de tudo quanto possa ser conhecido dentro de uma coesão homogênea; a tendência a fundamentar a universalidade do conhecimento pelo retorno a seus últimos fundamentos jurídicos, vêm de encontro às suas próprias aspirações. Mesmo que tenha evitado fixar realmente sua posição num sistema metafísico, a análise das visões de mundo não só persegue a intenção de expor claramente alguns elementos importantes para a teoria da história, mas também seu trabalho conduziria, tanto quanto a religião e a metafísica original, ao "significado e sentido do todo"[3]. Na verdade, segundo Dilthey, cada sistema está envolto em antinomias, e somente a consciência histórica "rompe os últimos grilhões que a filosofia e as ciências naturais não foram capazes de partir". Mas esta consciência libertadora "livra o homem, ao mesmo tempo, da unidade de sua alma e da olhadela numa coesão das coisas que, embora inescrutável, é porém evidente para a vitalidade do nosso ser. Podemos sem temor venerar em cada uma dessas visões do universo apenas uma parte da verdade. E se o curso de nossa vida nos aproxima apenas de alguns aspectos desta coesão inescrutável – se a verdade da visão do mundo que este aspecto manifesta nos toca ao vivo, então podemos reportar-nos tranqüilamente a isso: a verdade está presente em todos eles"[4].

Na tipologia histórica e psicológica das visões de mundo que Dilthey e Jaspers empreendem, se expressa a crítica da burguesia liberal ao absolutismo do seu próprio pensamento. A coordenação das diversas idéias metafísicas e a consciência de sua condicionalidade histórica significam uma grande desenvoltura diante do poder de categorias originariamente imortalizadas por ele mesmo, embora os sistemas tenham sido considerados dependentes não devido ao conhecimento de suas condições causais sociais e de sua função social, mas com a ajuda de conceitos novamente hipostasiados de homem, vida, personalidade e evolução criativa. Nesta libertação parcial dos conteúdos definidos do passado, as formas de visão do mundo, em sua mudança, se revestem agora com o brilho do processo metafísico. "Tudo o que nasceu em mentes humanas por atitudes conceituais, visões do universo, aspirações e pensamentos não pode ser absolutamente nulo. Ora existia como força ora retornava primorosamente de maneira típica... tais pensamentos podem ser falsos, absurdos, ilusórios, a alma humana funciona de modo a expressar-se em tais pensamentos. Ela vivencia e agita dentro de si algo de um modo tal que

---

2. *Ibid.*

3. *Ibid.*, p. 82.

4. *Ibid.*, p. 223; cf. também p. 271.

MATERIALISMO E METAFÍSICA

aquela objetivação neste sentido foi e continua sendo reconhecida como expressão exata, como revelação, como o óbvio"[5]. Por falta de fé na ilimitada validade de um sistema elaborado, a série de estruturações culturais, seu ritmo, sua dependência mútua, suas similaridades se converteram em bens culturais; como tal, a história intelectual substitui o domínio das escolas e sistemas anteriores. A diferença residia essencialmente na indiferença pelo conteúdo definido das próprias idéias. Com o desvanecimento da esperança de estruturar a realidade racionalmente, ou seja, de modo adequado às necessidades da maioria no quadro da ordem existente, tornaram-se cada vez mais insignificantes as diferenças entre as diversas construções do mundo melhor, que os sistemas anteriores haviam esboçado como a essência racional do mundo empírico. O abismo intransponível entre realidade e razão fez com que caísse em descrédito a tentativa de unificá-las filosoficamente, ou mesmo de relacioná-las entre si mediante o conceito de tarefa. A idéia contínua de harmonia pertence à fase liberalista. Corresponde a uma economia popular caracterizada pela multiplicidade de empresários autônomos. A imagem da conjugação de seus interesses para que tudo funcione sem atritos é transferida para toda a sociedade, para as suas diversas classes sociais. A fase monopolística continua negando as contradições entre as classes; mas a luta pelo mercado mundial entre poucos grupos influentes se converte no tema principal da época de tal maneira que, doravante, em vez da concordância entre as existências individuais, aparecem como categorias histórico-filosóficas centrais conceitos como trágico, heroísmo e destino. Os interesses materiais dos indivíduos são considerados insignificantes, algo que é menos a realizar do que a dominar. Todavia, a filosofia atual não costuma simplesmente negar os esforços.do passado no sentido de esboçar sistemas racionais. Ela enaltece a força criativa e a grandeza de seus autores, as qualidades estéticas da unidade "inata" de sua obra, a verdade expressa pretensamente em cada um, apesar das contradições entre os sistemas; e, assim, fomenta a admiração e a deferência diante dos vultos do passado, a crença formal na grandeza, na personalidade e na liderança; com esse nivelamento biológico e histórico das diferenças, ela destrói, por certo, a singela pretensão que têm as teorias de uma validade conceitual. Em lugar do exame objetivo dos sistemas antigos, ela coloca a intuição e descrição afetuosa e assim, ao elevar a filosofia a uma nova metafísica, salva a "unidade da alma", fechando, porém, para si o acesso a matérias importantes da própria reflexão histórico-espiritual.

A teoria das visões do mundo, ao perseguir um interesse metafísico, centra as formas de pensar que ela descreve essencialmente em torno de desígnios paralelos. Por isso, não é entendido, de modo al-

---

5. Karl Jaspers, *Psychologie der Weltanschauungen*, Berlim, 1919, p. 4.

TEORIA CRÍTICA

gum, na literatura filosófica contemporânea, o contraste, que permeia a história da filosofia, entre as duas formas imagináveis de proceder, que a partir de nossa perspectiva histórica parece ser o definitivo, o antagonismo entre materialismo e idealismo. É encarado como uma contenda entre duas tendências metafísicas e costuma ser decidido sem grandes dificuldades a partir da moderna problemática filosófica. O equívoco é determinado, sobretudo, pelo desconhecimento da teoria e da prática materialista. Embora a maioria dos representantes filosóficos do materialismo partam das questões metafísicas e oponham suas próprias teses às idealistas, ainda assim uma interpretação dessa linha de pensamento, que as tome principalmente como uma resposta a problemas metafísicos, obstrui a compreensão de suas características atualmente mais importantes.

O próprio Dilthey vê no materialismo uma metafísica e na verdade uma teoria sobre a relação entre a causa do universo e o universo, entre a alma e o corpo[6]. Com isso, ele apenas está acompanhando a opinião filosófica corrente. Esta, há já algumas décadas, vê no materialismo principalmente não o contraste do idealismo, mas do espiritualismo. Materialismo e espiritualismo, como respostas "realistas" à indagação sobre a essência do universo, são confrontados com um idealismo compreendido no sentido da filosofia da consciência[7]. As raízes sociais dessa terminologia podem ser buscadas na bipolaridade da burguesia francesa, durante o século XIX, diante do feudalismo e do proletariado. O materialismo aí se reduz à simples afirmação de que todo real é matéria e seu movimento. Se mesmo então o referido filósofo se declara partidário de um ponto de vista idealista ou de um realista, a tese materialista em todo caso é rapidamente descartada. Na medida em que ela não obriga, em contradição com o raciocínio mais rudimentar, a definir como mera aparência todo o espiritual, sobretudo a consciência e a própria razão, ela fica reduzida a deduzi-lo de acontecimentos materiais, mediante hipóteses artificiais e alusões duvidosas a futuras descobertas da ciência. Por isso, às dissertações sobre materialismo costuma seguir-se imediatamente um desmentido aparentemente simples a que ele, segundo o seu historiador Albert Lange, "não pode obedecer".

"A consciência não pode ser definida a partir de movimentos materiais"[8].

---

6. Cf. *ibid.*, pp. 97 e ss.

7. Cf., por exemplo, Ludwig Büchner, *Am Sterbelager des Jahrhunderts*, Giessen, 1898, p. 134; Raoul Richter, *Einführung in die Philosophie*, Leipzig e Berlim, 1929, pp. 67 e ss.; Hermann Cohen, *Schriften zur Philosophie und Zeitgeschichte*, tomo II, Berlim, 1928, p. 382; e muitos outros.

8. Friedrich Albert Lange, *Geschichte des Materialismus*, tomo II, Iserlohn, 1877, p. 3.

MATERIALISMO E METAFÍSICA   35

Na literatura alemã, desde a controvérsia sobre o materialismo em 1854, este argumento tem sido repetido incansavelmente. "A uma observação superficial parece na verdade que, conhecendo-se os processos materiais dentro do cérebro, certos processos espirituais e disposições podem tornar-se compreensíveis para nós... A menor reflexão ensina que isto é uma ilusão", diz o famoso discurso do "ignorabimus" de Du Bois-Reymond[9]. "Para o materialista, o espaço psicológico deve tornar-se um mero fenômeno, qual sempre permanecendo incompreensível como um tal fenômeno poderia nascer algum dia"[10]. "De fato, muitas coisas levam a crer que, em cada alegria e, em geral, em cada acontecimento em nossa consciência, se desenrola em nosso cérebro um processo de movimentação de átomos imperceptível e estreitamente ligado à consciência. Esta alegria, porém, não é este processo de movimentos, mas apenas está ligada de alguma maneira a ele. É portanto falsa a teoria materialista de que todos os processos mentais, por exemplo, e também os sentimentos sejam processos materiais de movimento"[11]. "Diante da experiência direta, que a cada passo nos impinge a diferença fundamental entre a realidade física e a psíquica, a afirmativa materialista permanecerá sempre paradoxal... Mas tampouco se torna possível uma dedução..."[12]. "Assim, todos estes argumentos (materialistas) não são capazes de alterar algo no fato de que os processos psíquicos que experimentamos são uma coisa totalmente diferente de tudo o que é material"[13]. "Na realidade, a teoria falha já no primeiro passo. Ela não pode provar, nem pode também tornar compreensível como de processos nervosos espácio-temporais resulta um processo de consciência, como também nasce realmente o mais simples conteúdo sensorial. Entre um e outro encontra-se um *hiato* totalmente *irracional*, sem qualquer liame discernível entre eles"[14]. "Mas, justamente, o surgimento da menor sombra de vida espiritual a partir do mero movimento material é algo impensável, pois um tal produto do espiritual apenas se impõe a partir do material, mas não pode ser compreendido... De fato, na maioria das vezes, o materialismo não é um monismo conseqüente, mas, sob algum disfarce ou artimanha, introduz-se, ao lado da mera matéria, um segundo princípio, a partir do qual se podem então deduzir com maior facilidade os fenô-

9. *Reden von Emile Du Bois-Reymond*, Leipzig, 1886, p. 123.

10. Oswald Külpe, *Die Realisierung*, tomo III, Leipzig, 1923, p. 148.

11. Erich Becher, "Erkenntnistheorie und Metaphysik", *Die Philosophie in ihren Einzelgebieten*, Berlim, 1925, pp. 354 e s.

12. Wilhelm Windelband, *Einleitung in die Philosophie*, Tübingen, 1923, p. 125.

13. Wilhelm Jerusalem, *Einleitung in die Philosophie*, Viena e Leipzig, 1923, p. 114.

14. Nicolai Hartmann, *Grundzüge einer Metaphysik der Erkenntnis*, Berlim e Leipzig, 1921, p. 100.

36 TEORIA CRÍTICA

menos mentais"[15]. Contra o materialismo, que ele chama de positivismo, Jaspers diz o seguinte: "Se nada sou a não ser a natureza permanente em contextos reconhecidamente causais, então não só é inconcebível que eu a conheça e que a partir do conhecimento intervenha nela, mas também é absurdo que eu me justifique"[16]. O materialismo aparece, pois, como um erro evidente e muito facilmente refutável da metafísica. A tentativa continuada de apresentar processos espirituais como se fossem materiais seria de fato tão absurda quanto a afirmação de que maçãs são "uma espécie de peras, ou cachorros, uma espécie de gatos"[17]. Nestas circunstâncias, Erich Adickes manifestou não só a própria opinião mas também a de todos aqueles que se orientam, sobre o materialismo, na literatura filosófica contemporânea. O materialismo exclui-se "obviamente e sem mais nem menos por sua superficialidade e insuficiência fundamental"[18].

Inalterada por todas as contradições e mudanças da filosofia nas últimas décadas, a repetição dos mesmos argumentos contra uma tese tão fraca relaciona-se com a luta histórica que se trava contra asserções, valorizações e exigências odiosas. A palavra materialismo de fato significa não apenas aquele depoimento duvidoso sobre a totalidade da realidade, mas toda uma série de pensamentos e formas práticas de comportamento. Esses aparecem, em algumas teorias materialistas e numa grande parte da literatura filosófica restante, como conseqüências daquela tese sobre a condição geral do mundo. Se a tese básica fosse demolida, deveria tomar o seu lugar, pelo menos entre os materialistas de pensamento lógico, segundo a opinião dominante, uma outra metafísica, seja uma outra variedade "realista", tal como o espiritualismo, chamado atualmente de filosofia da existência, seja um idealismo expressivo. Por mais deficiente que o materialismo possa parecer em comparação com outras possíveis concepções do universo, sua tese mais geral com relação ao mundo também é aceita, na luta contra ele, como fundamental para certas conseqüências práticas, e até para uma estruturação homogênea de vida, do mesmo modo que a metafísica idealista vale como o análogo pressuposto da forma idealista de agir. Um eventual contraste entre o sentido da ação tal como o encara o observador e a tese materialista defendida pelo próprio agente, a falta de unidade, é então criticado como contradição lógica. O que se realiza no idealismo é pressuposto também no materialismo, isto é, "que com base numa visão do mundo se decidem as

15. Max Adler, *Lehrbuch der materialistischen Geschichtsauffassung*, Berlim, 1930, p. 78 e s.

16. Karl Jaspers, *Philosophie*, tomo I, Berlim, 1932, p. 221.

17. Wilhelm Windelband, *ibid*.

18. Erich Adickes, *Die deutsche Philosophie der Gegenwart in Selbstdarstellungen*, tomo II, Leipzig, 1921, p. 20.

MATERIALISMO E METAFÍSICA

questões sobre a finalidade e o sentido do universo e daí são deduzidos o ideal, o bem mais elevado e as normas supremas para a conduta da vida"[19]. Esta estrutura de concepções do mundo, enquanto "pretende dar uma solução total aos mistérios da vida"[20], de fato parece ser inerente a toda uma série de projetos materialistas de sistemas; uma análise mais profunda, porém, mostra que a disposição conteudística da teoria materialista rompe sua estrutura homogênea. A crítica a este complexo de opiniões e formas de comportamento através da negação da tese materialista sobre a conformação total do mundo, da qual é considerado dependente, permaneceria equívoca mesmo que a tese contestada recebesse a cada vez uma interpretação mais detalhada do que costuma acontecer.

De sua preocupação com o "mistério" da existência, com o "todo" do mundo, com a "vida", com o "em-si" ou como quer que ela descreva a forma de sua questão, a metafísica espera ser possível tirar conclusões positivas para o agir. O ser para o qual ela avança deve ter uma condição, cujo conhecimento é decisivo para a vida humana, deve haver uma atitude adequada a esse ser. A aspiração de tornar sua vida pessoal dependente, em todas as partes, da observação das últimas causas caracteriza o metafísico, não importa se aquilo que ele observa o leva à máxima atividade terrena, à indiferença ou à ascese, e também se a exigência se apresenta idêntica para todos os tempos e homens ou aparece diferenciada e mutável.

A fé metafísica em que a estruturação da vida individual é dedutível do ser a descobrir manifesta-se da forma mais clara nos sistemas diretamente teológicos. Deus pode exigir dos homens um comportamento definido; aqueles que lhe desobedecem caem em pecado. Os sistemas teológicos estão em consonância consigo mesmos; somente um ser pessoal pode formular exigências, somente uma vontade consciente pode ser tão inequívoca que seria possível medir por ela a retidão de uma vida. A metafísica, confusa sobre sua relação com a teologia, costuma considerar a conformidade da vida individual à exigência do absoluto não como obediência, mas como adequação, autenticidade, essencialidade ou, em geral, como sabedoria filosófica. Se o dogmatismo não encara ingenuamente como *summum bonum* o absoluto que ele – diferenciando-se das correntes idealistas originadas em Kant – acredita reconhecer como "ser", isso aparece então na maioria dos seus sistemas pelo menos como primariamente valorizado; vale então como norma ética conservar o próprio ser, ou tornar-se naquilo que se é. Na medida em que aquelas correntes idealistas descobrem o absoluto não como ser, mas como legislação, atuação, ou ainda como o conjunto de atos livres, elas exigem ao mesmo tempo respeito pelo

19. Dilthey, *ibid.*, p. 82.
20. Dilthey, *ibid.*

TEORIA CRÍTICA

sentido destes atos, uma adequação da vida humana empírica à base inteligível da personalidade, para a qual avança a filosofia. Contudo não somente onde a origem religiosa da relação de dependência ainda é mantida no imperativo, mas também em todos os casos em que se valoriza a concordância de uma existência com sua base descoberta na metafísica, a realidade que lhe serve de fundamento é normativa. O ser, ao qual os metafísicos deram "o enfático nome de real"[21], contém para eles também a regra da existência decisiva em si mesma.

A tese materialista, pela sua natureza, exclui tais conseqüências. O princípio que ela define como realidade não serve de norma. A matéria não tem sentido em si mesma, das suas qualidades não emerge qualquer norma para a estruturação da vida: nem no sentido de um mandamento nem no de um protótipo. Não que seu exato conhecimento tenha sido desvantajoso para o atuante: o materialista, segundo seus objetivos, tratará de assegurar-se o mais precisamente possível a estrutura da realidade; todavia, embora estes objetivos, em todo o processo social, sempre sejam condicionados tanto pelo respectivo conhecimento científico da realidade, como em geral pelo estágio das forças produtivas, eles não decorrem da ciência. Embora o conhecimento, que sempre é adquirido mediante uma determinada prática e fins definidos, esteja em reciprocidade com o atuar dos homens, ele participa da estruturação da realidade exterior e interior, mas não fornece exemplos, normas ou diretrizes para uma vida verdadeira, mas apenas os meios para isso, e não representa desenvolvimento, mas teoria. Quando Max Scheler, seguindo Platão, descreve com acerto a tendência metafísica como "a tentativa do homem de transcender-se a si mesmo como existência natural e completa, de auto-idolatrar-se ou tornar-se semelhante a Deus"[22], então a realidade da qual o materialista procura apoderar-se é o contrário de uma realidade divina, e seu esforço visa muito mais guiar-se por ele do que por ela.

Enquanto os materialistas formulavam tais frases conclusivas, como a de que todo real é matéria, elas cumprem, todavia, nas suas teorias, uma função totalmente diferente da que têm em seus adversários; contêm a suma mais comum e vazia de suas experiências, e nunca uma lei para seu agir. Para a maioria das correntes não-materialistas, as intelecções se tornam tanto mais significativas e mais importantes quanto mais gerais, mais amplas, mais definitivas e mais fundamentais são; para os materialistas não vale, na verdade, o contrário exato – isso só acontece no nominalismo extremo e, por isso mesmo, metafísico – mas o grau em que pontos de vista gerais são preponderantes numa ação depende sempre da situação concreta do

---

21. Hegel, *Enzyklopädie der philosophischen Wissenschaften im Grundrisse*, 1830, § 6.

22. Max Scheler, *Vom Ewigen im Menschen*, Leipzig, 1921, p. 100.

MATERIALISMO E METAFÍSICA 39

agente. Por isso, a luta contra qualquer tese filosófica geral, como se fosse preponderante para o comportamento materialista, passa, portanto, pela particularidade do pensamento materialista. A tese é tão pouco significativa para as decisões de conteúdo que, por exemplo, influentes materialistas do Iluminismo, tendo Diderot à frente, podiam durante toda a vida hesitar sobre estes assuntos gerais, sem que por isso o caráter de seus posicionamentos práticos sofresse a menor alteração. Embora, segundo os materialistas, o conhecimento de grandes tendências que transcendem o presente possa satisfazer na prática, tanto quanto o conhecimento de detalhes, e, de fato, eles assumam um ponto de vista muito crítico perante a tese de que a ciência se esgota na mera constatação de "fatos", segundo eles todos aqueles pareceres geralmente abrangentes, porque estão longe da prática da qual foram obtidos, sempre são duvidosos e não muito importantes. Nos sistemas metafísicos, as ênfases costumam ser distribuídas ao inverso; os conhecimentos especiais são comumente interpretados aí apenas como exemplos dos conhecimentos gerais. Se, do lado dos materialistas, um erro parece tanto mais perdoável quanto mais afastado está das suas circunstâncias importantes na prática, seus adversários, por outro lado, agem com tanta mais seriedade quanto mais se trata de princípios. Como dissemos, estes podem tornar-se altamente significativos também para os materialistas, mas a causa disso não decorre da natureza do princípio como tal, não está somente na teoria, mas é um resultado das tarefas que a teoria tem de cumprir na época em questão. Assim, por exemplo, a crítica a um dogma religioso pode desempenhar um papel importante no complexo das opiniões materialistas numa determinada hora e num determinado lugar, ao passo que, em outras circunstâncias, ela se torna insignificante; assim, atualmente, o conhecimento das tendências motivadoras da sociedade em geral tem uma importância constitutiva para a teoria materialista, ao passo que, no século XVIII, os problemas do todo social recuaram diante das questões relativas à teoria do conhecimento, às ciências naturais ou meramente à política. A "coesão deste Um, Irrespondível, Grande, Desconhecido"[23], que a metafísica tem comumente como meta, a teoria materialista não costuma tomar nem como ponto de partida nem como finalidade.

Se é errado tratar o materialismo a partir de questões metafísicas, nem por isso devemos encarar a relação entre materialismo e metafísica como a de uma indiferença geral. Do que foi exposto até agora depreende-se que os conceitos materialistas são incompatíveis com a idéia de uma postulação absoluta. Esta, decerto, só adquire sentido se for fundamentada pela fé numa consciência absoluta. Na metafísica moderna, ela tem sido exaltada pelo recurso tanto a um determinado

---

23. Dilthey, *ibid.*, p. 207.

estado existencial (Spinoza), quanto às raízes do pensamento (idealismo alemão), à "essência do homem" (socialismo religioso), e ainda a uma série de outros princípios. Conforme a situação social em que é feita, ela inclui os mais variados conteúdos retrógrados ou progressivos. Sempre exerce a função de revestir metas humanas, históricas e particulares com a aparência de eternidade, de relacioná-las a algo não-sujeito às mudanças históricas e, por isso, absoluto. O fato de estar ela ligada necessariamente à hipótese de uma consciência absoluta é, na verdade, encoberto atualmente pelas tentativas filosóficas de demonstrar de forma descritiva o caráter de exigência na profundeza dos próprios fenômenos; ainda assim, todas as tendências do pensamento assumem, enquanto uma exigência absoluta feita a cada indivíduo desempenha nelas um papel motivador, um caráter idealista por causa desta ligação. Devido a esta problemática, a luta entre materialismo e metafísica hoje aparece também, sobretudo, como uma contradição entre materialismo e idealismo.

Na história, a fundamentação religiosa e metafísica de quaisquer exigências sempre esteve condicionada à luta de grupos sociais. Tanto as classes dominantes quanto as dominadas proclamavam suas reivindicações não só como expressão de suas necessidades e desejos especiais, mas, ao mesmo tempo, como postulados absolutos, enraizados em instâncias transcendentais, como princípios adequados à essência eterna do universo e do homem. De fato, mais recentemente, a situação dos dominados fez com que amiúde não formulassem suas exigências de maneira imediatamente absoluta, mas apresentassem a realidade concreta como uma contradição àqueles princípios que os próprios dominadores afirmavam serem válidos. Ao exigirem a realização universal dos princípios morais em que estava baseada a ordem vigente, alteravam simultaneamente o significado destes princípios, sem que fosse necessária sua nova fundamentação metafísica. A reivindicação, nas guerras campesinas, de aplicar as doutrinas cristãs continha um sentido diferente com relação ao conteúdo então vigente do cristianismo. Assim, a pretensão de introduzir universalmente a idéia burguesa de justiça deve conduzir à crítica e extinção da sociedade de livre troca, da qual esta idéia adquiriu originariamente sua substância. A comprovação da contradição entre o princípio da sociedade burguesa e a sua existência traz à consciência a determinação unilateral da justiça através da liberdade e de sua negação, e define a justiça positivamente como o projeto de uma sociedade racional. No momento em que o conceito de justiça sofre uma reviravolta desse tipo, este é reconhecido, originariamente, como um princípio afirmado *ad eternum* na sua evolução histórica e interpretado como uma idéia proferida por certos homens e condicionada pelas relações da sociedade de classes. Por isso, atualmente, a luta em prol de uma ordem melhor se desviou da causalidade sobrenatural. A teoria relacionada com ela é materialista.

MATERIALISMO E METAFÍSICA

Existe, porém, mais uma diferença entre o idealismo das camadas dominantes e o das classes que combatem esta dominação. A alusão a uma exigência absoluta só tem sentido na medida em que as ações dos homens, conforme seus interesses interiores, necessitam de uma correção ou, pelo menos, de uma justificativa. Enquanto os dominados tentavam, com esta alusão, justificar o direito a uma satisfação dos impulsos da coletividade, limitada somente pelo estágio das forças produtivas, os dominadores se empenhavam em motivar a limitação deste direito. Decerto, no curso da história, esta limitação foi defendida com argumentos religiosos e metafísicos não só onde ela constituía um empecilho para a evolução, mas também lá onde se havia tornado necessária e fecunda ao desenvolvimento de todas as forças humanas. O surgimento de uma fundamentação irracional nada tem a ver com a racionalidade do fundamentado. Em todo caso, o materialismo tenta uma explicação através da compreensão histórica do agente em vez de fazê-lo pela justificativa da ação. Nesta justificação ele sempre vê uma ilusão. Se a maioria das pessoas até agora sente também uma necessidade muito urgente disso, se elas, em decisões importantes, não só podem apoiar-se nos sentimentos de revolta, de compaixão, de amor, de solidariedade, mas também relacionam suas forças motrizes com uma ordem universal absoluta, de tal modo que as qualificam de "morais", nem por isso está comprovada a realizabilidade racional desta necessidade. A vida da maioria das pessoas é tão miserável, as privações e humilhações são tão inúmeras, os esforços e os sucessos se encontram, em sua maioria, numa discrepância tão flagrante que é por demais compreensível a esperança de que esta ordem terrena não seja a única verdadeira. Ao explicar esta esperança não como ela é, mas tentando racionalizá-la, o idealismo se converte num meio de enaltecer a renúncia aos impulsos forçada pela natureza e pelas relações sociais. Nenhum filósofo viu com mais clareza do que Kant que a hipótese de uma ordem transcendental só se explica pela esperança do homem. A conclusão de que "existe algo (que determina a última finalidade possível) porque algo deve acontecer"[24] é, segundo ele, uma conseqüência inevitável. No instante, porém, em que não só constata, mas também fundamenta filosoficamente esta esperança que visa à felicidade ("pois toda esperança está voltada para a felicidade")[25], sua análise da razão, originariamente esclarecedora, se aproxima bastante do sistema de uma metafísica dogmática que ele combate. Se do desejo de felicidade, frustrado pela vida real até a morte, somente nasce no fim a esperança, a mudança das circunstâncias que condicionam o infortúnio poderia tornar-se uma meta do pensamento materialista. De acordo com a situação histórica, esta meta adquiriu uma forma

24. Kant, *Kritik der reinen Vernunft*, Cânon, 2º Parágrafo B 834.
25. *Ibid.*, B 833.

42 TEORIA CRÍTICA

diferente. Tendo em vista a evolução das forças produtivas na Antigüidade, os filósofos materialistas também eram obrigados a desenvolver práticas interiores perante o sofrimento; paz de espírito é o recurso numa miséria onde falham os meios externos. Ao contrário, o materialismo da burguesia antiga esforçava-se por aumentar o conhecimento da natureza e adquirir novas forças para dominar a natureza e o homem. A miséria do presente, porém, está ligada à estrutura social. Por isso, a teoria da sociedade constitui o conteúdo do materialismo contemporâneo. As exigências práticas se reduzem ao conteúdo e forma da teoria materialista. Enquanto a teoria idealista interpreta seus diversos sistemas como tentativas de responder sempre à mesma pergunta, ao enigma eternamente igual, e gosta de falar da linguagem dos filósofos durante os milênios, por tratarem sempre do mesmo tema, é próprio da posição materialista que ela seja essencialmente determinada pelas tarefas a cumprir.

A maior importância da filosofia reside no fato de usarmos em nosso proveito os resultados previstos e de podermos, com base no nosso conhecimento e na medida de nossas forças e habilidade, contribuir de propósito para a evolução da vida humana. Pois a simples superação de dificuldades ou a descoberta de verdades ocultas não compensa os esforços tão grandes que a filosofia tem que despender; e, além do mais, ninguém precisa participar seus conhecimentos aos outros, se com isso não espera conseguir mais nada... toda especulação visa uma ação ou um resultado[26].

No século XVII, o tema do materialismo físico ainda admitia a igualdade conclusiva entre realidade e corpo. Hoje, a análise do processo social leva à disputa entre homem e natureza e desenvolve seu papel determinador dos fenômenos culturais. Desse modo, aquela igualdade não é absolutamente invalidada, mas é, conforme sua gênese e estrutura, reconhecida como dependente das tarefas da antiga burguesia. Doravante, a teoria do papel histórico fundamental das relações econômicas vale como marca característica da visão materialista; e com este novo conteúdo tornou-se também impossível expressar qualquer princípio superior como estrutura definitiva desse tipo. Se os homens, juntamente com a natureza, mudam também a si mesmos e a todas as suas condições, então, em lugar da ontologia filosófica e da antropologia, surge "um resumo dos resultados mais generalizados que se deixam abstrair pela observação da evolução histórica da humanidade"[27]. A possibilidade de reconhecer, com o auxílio desses resultados, algumas tendências evolutivas que vão além do presente

---

26. Thomas Hobbes, *Grundzüge der Philosophie, Lehre vom Körper*, traduzido do inglês por Frischeisen-Köhler, Leipzig, 1915, p. 31.
27. Marx/Engels, *Die deutsche Ideologie*, edição completa, tomo V, Berlim, 1932, p.16.

MATERIALISMO E METAFÍSICA

imediato não justifica transferir simplesmente aquele resumo para o futuro. Enquanto toda metafísica tenta compreender algo essencial no sentido de que neste algo se antecipa também o âmago do futuro – o que ela descobre nunca deve ser a causa apenas do passado, mas simultaneamente sempre a do futuro –, o materialismo contemporâneo, mediante a construção de conceitos abrangentes, não faz abstração da diferença das dimensões temporais. Mesmo a possibilidade de obter da observação dos homens no passado traços gerais definidos não leva a hipostasiá-los como momentos supra-históricos. A sociedade da qual depende a existência do homem é um todo incomparável, que se reestrutura continuamente, e embora a similaridade de traços humanos nas épocas históricas passadas possibilite muito bem a formação de conceitos decisivos para a compreensão de movimentos sociais contemporâneos, de maneira alguma permite interpretá-los como causa da história geral. A compreensão do presente é tanto mais idealista quanto mais se orienta por uma exposição, abstraída conscientemente do conhecimento psíquico exato, dos chamados "elementos primários do existir humano", em vez de orientar-se pelas causas econômicas da miséria material.

Se a teoria materialista constitui um aspecto dos esforços de melhoria das condições humanas, então ela, sem mais nem menos, contraria todas as tentativas de tornar secundários os problemas sociais. Não só o espiritualismo mais recente, que hipostasia monadologicamente o indivíduo e, com isso, desvaloriza a estruturação das bases econômicas, mas também todos os esforços de diminuir o peso do conhecimento na ordem terrena, no momento em que o olhar é atraído para uma ordem supostamente mais essencial, é que provocam cada vez mais a crítica materialista. Sobretudo, em cada tipo de filosofia que se propõe justificar a esperança infundada, ou pelo menos encobrir a sua infundabilidade, o materialismo vê uma fraude à humanidade. Apesar de todo o otimismo que ele possa sentir com relação à mudança das condições, apesar de toda a valorização da felicidade que brota do esforço por mudança e da solidariedade, ele carrega consigo um traço pessimista. A injustiça passada é irremediável. Os sofrimentos das gerações idas descobrem pouca compensação. Todavia, enquanto o pessimismo nas correntes idealistas costuma referir-se, hoje, ao presente e ao futuro na Terra, isto é, à impossibilidade da futura felicidade universal, e costuma manifestar-se na forma de fatalismo ou corrente de declínio, a tristeza inerente ao materialismo se relaciona com fatos do passado. As conjecturas gerais – "se a população mundial como um todo não alcançou, sob os princípios atuais, uma tendência à multiplicação que é incompatível com as ampliações possíveis do espaço nutricional por meio da técnica, da ciência e do progresso econômico em geral"[28] – as idéias sobre um *optimum* já su-

---

28. Max Scheler, *Die Wissensformen und die Gesellschaft*, Leipzig, 1926, p. 166.

44   TEORIA CRÍTICA

perado da produtividade técnica como tal, as concepções pessimistas de uma decadência da humanidade, de uma "peripécia de seu viver e envelhecer"[29], tudo isso é alheio ao materialismo. Reflete a perplexidade de uma forma social inibitiva do poder como impotência da humanidade.

A tese de uma ordem e de uma exigência absolutas sempre pressupõe o direito a conhecer o todo, a totalidade, o infinito. Se, porém, nosso saber é incompleto, se há uma tensão irremovível entre conceito e existir, então nenhuma tese pode pretender o conhecimento total. O conhecimento do infinito tem que ser, ele mesmo, infinito. Um conhecimento que se julga incompleto não é conhecimento do absoluto. Por isso, a metafísica tende a considerar o mundo todo como um produto da razão. Pois a razão julga perfeita somente a si própria. O motivo imanente que domina o idealismo alemão e já vem enunciado no prefácio da *Crítica da Razão Pura*, ou seja, que "no conhecimento nada pode ser atribuído *a priori* aos objetos, a não ser aquilo que o sujeito pensante tira de si mesmo"[30], ou, em outras palavras, que a razão só pode ter conhecimento absoluto de si mesma, é o segredo da metafísica em geral. Aí também se deve computar o empiriocriticismo: para ele, as sensações são o ser verdadeiro, autônomo e absoluto, porque o saber delas é o saber direto, ou seja, relativo a si próprio. Se a metafísica mais moderna põe em dúvida "a solidez de um conhecimento absoluto do ser"[31], ainda assim ela retém a consciência absoluta como reflexo móvel do âmago da existência. O conhecer e o conhecido são idênticos na metafísica genuína, a existência de que ela fala "é constituída pela dedução, ou seja, pelo compreender"[32]. Unicamente por aí se pode fundamentar a possibilidade tanto da metafísica mais recente quanto da mais antiga, por mais cautelosamente que aquela formule a identidade entre sujeito e objeto.

O materialismo fornece, entretanto, no conhecimento da tensão irremovível entre conceito e objeto, uma autodefesa crítica perante a fé na infinitude do espírito. Esta tensão não permanece a mesma em todas as partes. A ciência é um resumo de tentativas de vencê-la das maneiras mais diversas. Desde o instante em que ela leva em conta a participação do sujeito na formação dos conceitos, incorpora em si mesma a consciência de sua dialética. O que caracteriza um processo dialético é que ele não se deixa conceber como efeito de fatores diversos e invariáveis; ao contrário, seus elementos mudam recíproca e continuamente dentro dele mesmo, de tal forma que não podem ser

---

29. *Ibid.*, p. 167.

30. Kant, *Kritik der reinen Vernunft*, Prefácio à 1ª edição.

31. Karl Jaspers, *Philosophie*, tomo II, Berlim, 1932, p. 260.

32. Martin Heidegger, "Sein und Zeit", *Jahrbuch für Philosophie und phänomenologische Forschung*, tomo VIII, Halle, 1927, p. 230.

MATERIALISMO E METAFÍSICA

definitivamente distinguidos entre si. Assim, a evolução do caráter humano é de fato condicionada tanto pela situação econômica, como também pelas forças individuais do indivíduo determinado. Todavia, ambos os elementos determinam-se continuamente a si mesmos, de modo que nenhum deles pode ser descrito como fator atuante na evolução total, sem que outros também sejam incluídos nesta descrição. Algo semelhante é válido para a ciência como processo real. Decerto, seus conceitos são condicionados pelos objetos, mas ao mesmo tempo também pelos fatores subjetivos da pesquisa, e ainda pelos métodos e pelo rumo do interesse teórico. Apesar da necessidade que tem a ciência de definir constantemente a parte subjetiva e, assim, superar a diferença, nunca o sujeito pode separar-se com perfeita nitidez do objeto ou, o que equivale à mesma coisa, sobrepor radicalmente saber e assunto, a não ser na sensação inconceitual onde são diretamente idênticos. A atividade teórica dos homens, bem como a atividade prática, não é o conhecimento independente de um objeto fixo, mas um produto da realidade em transformação. Mesmo numa sociedade que se determina livremente a si própria, a natureza, por mais gradativa que seja sua mudança, deveria constituir um fator resistente à identidade. A física é um produto de abstração de pessoas atuantes, ela pode ser aplicada à experiência futura, sempre como hipótese condicionada por múltiplos fatores, e nunca como reflexo de uma pretensa essência da história natural.

No conceito kantiano da missão infinita está contido algo deste conhecimento, mas ele se diferencia, entre outras coisas, da concepção dialética na medida em que, como realização da missão, aparece um progresso puramente intelectual e retilíneo que, embora jamais vença a distância que o separa da meta, na verdade já pressupõe a meta, ou seja, a totalidade "até onde podemos aspirar a ela e postulá-la"[33]. Em contraste com esta teoria, porém, a relação sujeito-objeto não pode ser descrita pela imagem de duas grandezas constantes e conceitualmente bem transparentes, que caminhem uma ao encontro da outra; ao contrário, nos fatores subjetivos que caracterizamos como objetivos e nos chamados subjetivos existem também fatores objetivos, e de tal modo que, para a compreensão histórica de uma determinada teoria, temos de representar a interação de ambos como elementos humanos e extra-humanos, individuais e de classe, metodológicos e objetivos, sem que possamos isolar totalmente em sua eficácia cada um destes elementos do outro. Não existe uma fórmula universal para a ação conjunta das forças a considerar nas diversas teorias; é necessário investigá-las em cada caso. Embora a pesquisa da natureza que, no curso da sociedade burguesa, se afirma na normatização teórica e na

---

33. Cf. Hermann Cohen, *Logik der reinen Erkenntnis*, 2ª ed., Berlim, 1914, pp. 532 e s.

TEORIA CRÍTICA

técnica, possa ser descrita corretamente como aproximação da ciência à realidade, por outro lado a consciência de que tanto esta descrição quanto as categorias aplicadas a ela estão ligadas ao trabalho e à direção dos interesses dos homens contemporâneos, decerto não prejudica a veracidade daquela constatação, mas evita que porventura os conceitos de aproximação e realidade sejam empregados num esquema abrangente da história geral e eternizados na idéia de um progresso ou regresso infinito. Mesmo em Kant, esta idéia é concebida, preponderantemente, de modo crítico e a princípio não significa outra coisa senão que falta um limite preciso para o estudo de condições encadeadas. No entanto, sua idéia de uma razão intuitiva leva necessariamente, embora seja esta "um problema"[34], àquela noção de um processo linear de conhecimento; pois, se se pudesse sequer pensar que a um tal *intellectus archetypus* (intelecto arquetípico) fosse dada uma "base real, sobrenatural e desconhecida de nós para a natureza" e ele tivesse diante de si o "todo natural como sistema"[35], de tal forma que não mais fosse possível qualquer correção, ou seja, diretamente, então a ciência ordenadora pode, sem dúvida, ficar parada no seu caminho, ou mesmo retroceder às vezes alguns passos, mas aquilo que ela se esforça por descobrir não está sujeito ao tempo, nem é alterável pelos eventos humanos dos quais ela mesma também participa. Segundo Kant, a necessidade que existe de nós, homens, percebermos temporalmente, isto é, sucessivamente, não está fundamentada nas coisas em si, mas é como que uma vulnerabilidade do sujeito finito. "O tempo é... meramente uma condição subjetiva das nossas percepções humanas (...), e como tal, fora do sujeito, nada é"[36].

Até eu mesmo, [segundo Kant], não estou realmente no tempo; pois, se eu mesmo ou algum outro ser pudesse ver-me sem esta condição de sensibilidade, então justamente estas mesmas determinações que agora imaginamos serem mudanças trar-nos-iam um conhecimento onde não estaria contida a noção de tempo e, por conseguinte, também não a de mudança... Por isso, o tempo não é algo em si mesmo, tampouco uma determinação objetivamente inerente às coisas[37].

Estes ensinamentos de Kant opõem-se ao conceito dialético do conhecimento como um processo subalterno, definível somente em conexão com a dinâmica social. Naturalmente, se conceitos como teoria e conhecimento devem ter sempre uma significação clara, somente são compreensíveis e aplicáveis com base nos indícios e definições, mesmo que grosseiros. Mas o materialismo dialético concebe tais significados como abstrações do material do passado, formadas em conexão com a situação atual, e não como elementos fixos, imutáveis e que estão na

---

34. Kant, *Kritik der reinen Vernunft*, A 328.
35. Kant, *Kritik der Urteilskraft*, ed. da Academia, tomo X, pp. 408 e s.
36. Kant, *Kritik der reinen Vernunft*, A 35.
37. *Ibid.*, B 54 e nota.

MATERIALISMO E METAFÍSICA

base do futuro. Os pensamentos científicos dos homens, assim como a natureza conhecida e a conhecer da ciência decerto irão futuramente desempenhar também um papel como momentos da dinâmica histórica. Todavia, já que eles são determinados e alterados pelo processo total, assim como o determinam e alteram como forças produtivas, pode tornar-se absurdo o uso das definições formadas em conjunto com a situação presente, ou seja, o significado atual destes conceitos, e assim a imagem de um processo infinito, construído exclusivamente pelas grandezas simples de conhecimento e objeto aparece como uma ilimitação dos significados abstratos. A ilimitação se apresenta como a outra face da exagerada relativização da ciência por algumas correntes kantianas e muitas outras correntes idealistas. A localização da temporalidade no sujeito cognoscitivo ou na base da existência priva a ciência da possibilidade de reconhecer os próprios sujeitos como inclusos na história, ou reduz o conhecimento histórico a "mero" conhecimento empírico, sem qualquer relação com as coisas em si. Para conferir-lhe, em geral, a dignidade de verdade, então Kant aplicou à totalidade, ou ao "em-si" das coisas esta ciência meramente limitada à "aparência", por meio da idéia de missão infinita.

Se, entretanto, como é necessário, a análise crítica não é dirigida somente ao trabalho científico, mas também ao filosófico, então cabe a ela decerto a diferenciação dogmática entre aparência e coisa em si, assim como a diferenciação entre os conceitos filosóficos e científicos correspondentes a ela, mas, em contrapartida, o conhecimento emerge até como fenômeno histórico. Em contraste com algumas conclusões conceituais do criticismo, o uso conseqüente da crítica kantiana leva, assim, à formação do método dialético. Hegel o desenvolveu, mas, ao mesmo tempo, acreditou tê-lo levado a termo dentro do seu próprio sistema. Por isso, ele só o aplica realmente às teorias passadas, e não ao conhecimento do presente. Ao propor seu sistema como absoluto, Hegel prova ser idealista; criou, porém, o instrumento intelectual para superar este absurdo. O uso correto do método não significa simplesmente que agora o sistema hegeliano, ou, em geral, as idéias predominantes no presente devessem ser tratadas exatamente como Hegel tratou as do passado; ao contrário, todas elas perdem o caráter de progressão rumo ao absoluto, que, em Hegel, as doutrinas anteriores ainda ostentam, por causa de sua fé em que a dialética chegou com ela ao seu término. Enquanto que Feuerbach, Marx e Engels separam a dialética de sua estrutura idealista, o materialismo tomou consciência da tensão continuamente alterada e ainda assim inevitável de seu próprio pensamento com relação à realidade e, com isso, o seu próprio conceito de conhecimento. Evidentemente, ele não nega o pensamento. Os materialistas dos séculos XVII e XVIII também estavam longe disso. Mas ele sempre o compreendia, em contraste com o idealismo, como o pensar de determinados homens numa determinada época. Ele nega sua autonomia.

Se o materialismo desenvolve a noção abstrata descrita acima da dialética, se ele de modo geral se lembra da sua relação com estas questões gerais, provém isto menos de uma dinâmica inerente a ela mesma do que da necessidade de crítica, que a metafísica suscita através da sua função social. Para ele não se trata de uma concepção do mundo, nem tampouco da alma do homem, mas da mudança das condições definidas sob as quais os homens devem sofrer e sua alma certamente estiolar-se. Este mesmo interesse se deixa compreender histórica e psicologicamente, mas não se deixa consolidar de forma geral. Existem formulações de grande alcance, que têm extrema importância para o materialismo. Em compensação, aquelas afirmações abstratas, às quais a temática idealista fornece o motivo crítico, tem apenas uma importância imediata. A metafísica eleva ao "concreto" o mais universal, talvez os elementos que são próprios de todos os homens em todos os tempos, em todos os lugares, em todos os estratos sociais, ou mesmo, provavelmente, em toda a existência. Ela se excede na produção de doutrinas sempre novas, de esquemas sempre novos, a fim de descobrir este ulterior, primário, concreto e a ele referir-se. O materialismo, em tais esquemas, é relativamente improdutivo, porque espera pouco deles para suas tarefas. Enquanto o idealismo, em virtude do significado independente que representa para ele o espiritual, se preocupa em "questionar cada vez mais as próprias hipóteses", no materialismo o exame das próprias hipóteses é motivado por dificuldades reais, nas quais entra a teoria que depende delas. Nestas questões, ele é muito menos "radical" que a filosofia idealista.

Isto se exprime igualmente no confronto com ele mesmo. Não são os sistemas como um todo que ele ataca, mas a afirmação de um sentido primário dos acontecimentos. Esta está presente não só em interpretações elaboradas, mas também em todos os casos em que se fala de uma estrutura originária e normativa do mundo ou do homem, sem se preocupar se esta estrutura deve valer como "objeto" ou como uma rede de atos que precedem toda objetividade. Uma antropologia assim formada não deve necessariamente levar em conta que a direção da abstração ou do método descobridor, mediante o qual se adquire a cada vez o conhecimento das estruturas fundamentais, faz parte propriamente de uma determinada situação histórica, isto é, seja o produto de um processo dialético, no qual os elementos subjetivos e objetivos nunca podem ser claramente separados um do outro; do contrário, seu resultado não poderia ser interpretado como conhecimento direto da causa da existência, mas como uma teoria consciente deste caráter tensional. A tese de um sentido, ou ser, realizado ou a realizar, ligada necessariamente a esta hipostasiação de conhecimentos, e a característica dos sistemas que dela depende, são opostas ao materialismo. Muitas das chamadas teorias materialistas demonstram tais traços, especialmente aquelas que à afirmação da originalidade da matéria

MATERIALISMO E METAFÍSICA

aliam uma veneração da natureza ou do natural, como se o originário ou o autônomo em si merecesse respeito especial[38].

Por outro lado, muitos sistemas idealistas contêm valiosos conhecimentos materiais que, apesar dos desígnios conceituais de seus autores, representam importantes elementos do progresso científico. A própria dialética é de origem idealista. Alguns esquemas da metafísica moderna têm a mais alta significação enquanto modelos para a apreciação do homem contemporâneo; enquanto "hipóteses", como o próprio Dilthey caracteriza os sistemas do passado[39]. O traço idealista de uma obra se manifesta freqüentemente em bagatelas aparentes: por exemplo, no *pathos* associado à idéia de conhecimento autônomo, na importância com que são tratados os filósofos da Antiguidade e seus problemas, no descaso para com a miséria real da atualidade e suas causas. O significado que tem a enfatização destas diferenças sutis de pensamento, e mesmo, em geral, a diferenciação entre materialismo e idealismo, não deve ser fundamentado sistematicamente, mas aparece somente em conexão com o papel destas correntes na atualidade. Não é porque o idealismo fixa erroneamente o espírito como absoluto, mas porque ele, desta forma, qualifica como secundárias as condições existenciais dos homens, que se acentuam estas diferenças intelectuais.

O materialismo reclama a união da filosofia e da ciência. Na verdade, ele reconhece diferenças nas técnicas de trabalho entre tarefas da filosofia mais geral e das ciências individuais, bem como diferenças entre os métodos de pesquisa e de apresentação, mas não entre os da ciência em geral e da filosofia como tal. Isso não significa, de modo algum, que as atuais ciências individuais ou mesmo a consciência que elas têm de si mesmas, sua teoria científica deveriam ser aceitas como o grau máximo de conhecimento no momento. Ao contrário, dadas as condições reinantes, o movimento científico atual está divorciado de conhecimentos importantes e conserva uma estrutura antiquada. A questão de saber até que ponto a estrutura total e a natureza das ciências individuais correspondem ao conhecimento realizável é um problema teórico complicado. Não é possível decidi-lo de forma definitiva. Visto que, nos séculos XVII e XVIII, a ciência toda se baseava na teoria mecânica da natureza, quase que esgotando-se nela, o materialismo da época admitiu a ciência natural da Matemática mecânica como o único conhecimento da realidade. Sua teoria do conhecimento e do método correspondia a esta convicção. Entretanto, no século XIX, o materialismo físico de Vogt e Haeckel já havia prati-

---

38. Muitas vezes este panteísmo aparece, sem dúvida, como forma facilmente substituível, como quando o corajoso Vanini diz: "Natura, quae Deus est" e acrescenta, entre parênteses, "enim principium motus" (*De admirandis naturae reginae deaeque mortalium arcanis*, libri quattuor, Lutetiae, 1616, p. 366).

39. Dilthey, *ibid.*, p. 97.

50 TEORIA CRÍTICA

camente desistido do esforço de reunir filosofia e ciência positiva, porque, na sua época, a teoria mecânica da natureza já não coincidia de modo algum com o conteúdo da ciência, mas havia perdido muito em atualidade diante das ciências sociais. Estas agora tornaram-se decisivas também para a metodologia. O monismo puramente natural-científico de Haeckel é, portanto, um pseudomaterialismo, o que se evidencia também na sua função ideológica, que se afasta da prática histórica. Todavia, se Max Scheler, ainda no ano de 1926, inclui o materialismo "numa série de conceitos que superestimam o valor cognitivo da teoria mecânica da natureza" e afirma que ele "não se deu conta da sétupla relatividade da conceituação formal-mecânica da natureza e da alma e, por isso, transformou o mecanismo numa 'coisa em si' "[40], então ele pelo visto entendeu mal totalmente o sentido da exigência materialista de reunir a ciência e a filosofia. Este é exatamente o contrário da ilimitação de certos conteúdos do saber e exige, antes, que todo o conhecimento não deva ser tomado, de modo algum, por um mero produto arbitrário, mas como uma idéia de determinados homens num determinado momento histórico, uma idéia que, naturalmente, possa transformar-se de produto em força produtiva. O materialismo não está absolutamente preso a uma determinada opinião sobre a matéria; ao contrário, nenhuma outra instância decide sobre isso a não ser a própria ciência natural progressista. Seus resultados são relativos não só com respeito às correções imanentes ao seu andamento futuro, mas também no ponto seguinte: a física adquire certamente as fórmulas mais gerais para a prática de uma determinada sociedade no tocante ao evento espácio-temporal, mas sempre ostenta a marca, nunca completamente decifrável, de sua origem subjetiva.

Este conceito de ciência distingue o materialismo do positivismo e do empiriocriticismo do século XIX. O fato de o positivismo conter, desde a sua origem na era do Iluminismo, com Turgot e d'Alembert[41], "*le dogme général de l'invariabilité des lois naturelles*"[42] e de conscientizar de que a ação depende do respectivo conhecimento da ordem natural, mas que tanto a ordem quanto o seu conhecimento não dependem da atividade dos homens, este fato tinha necessariamente de levá-lo a conceber a ciência não-historicamente apesar de toda a fé no seu progresso. Esta deficiência se manteria mesmo que a fé na componibilidade do mundo a partir de elementos dos quais os últimos "por enquanto"[43] se presumem ser as sensações, fé construída essencial-

---

40. Max Scheler, *Die Wissensformen und die Gesellschaft*, *ibid.*, pp. 299 e ss.

41. Cf. o ensaio de Georg Misch, "Zur Entstehung des französischen Positivismus", *Archiv für Geschichte der Philosophie*, 14.

42. Auguste Comte, *Discours sur l'esprit positif*, Paris, 1909, p. 22. Em francês no original: "o dogma geral da invariabilidade das leis naturais".

43. Cf. Ernst Mach, *Die Analyse der Empfindungen*, 9ª ed., Jena, 1922, p. 24, e *Erkenntnis und Irrtum*, 4ª ed., Leipzig, 1920, p. 275.

MATERIALISMO E METAFÍSICA

mente no empiriocriticismo, mas representativa do positivismo em geral, fosse substituída eventualmente por uma crença mais moderna. A opinião de Ernst Mach, apesar de sua concepção amplamente pragmática da ciência com relação à não-historicidade do conhecimento, pouco difere da de Kant. Por isso, segundo ele "todo o decurso do tempo está ligado somente às condições de nossa sensualidade"[44]. Decerto, isto não implica, como opinam alguns autores materialistas, que não tivesse havido uma natureza antes dos homens, ou seja, a antinomia à história natural. No esquema temporal subjetivamente delineado, a espécie humana não deve ocupar necessariamente os primeiros postos, mas poderá muito bem ser classificada após uma pré-história ilimitadamente longa. Neste caso, afirmar a subjetividade do tempo impede a equiparação do sujeito cognoscitivo com o homem finito. Também o empiriocriticismo é congruente, neste ponto, com a metafísica idealista, quando ele pressupõe um sujeito independente do tempo. Por isso, a crítica materialista, com sua alusão, descobre uma fraqueza decisiva desta teoria.

Existe, porém, mais uma diferença entre todas as correntes materialistas e positivistas. Mas, justamente nos trabalhos de Mach, ela não se torna muito evidente, porque ele pessoalmente, sem que seu ponto de vista subjetivo implicasse naturalmente a necessidade disso, estava livre da nova modéstia dos cientistas diante da especulação[45]. É que o positivismo se orgulha de não se preocupar com a "essência" das coisas, mas somente com as aparências, portanto, com aquilo que nos é dado realmente por elas.

...tous les bons esprits reconnaissent aujourd'hui que nos études réelles sont strictement circonscrites à l'analyse des phénomènes pour découvrir leurs lois effectives, c'est-à-dire leurs relations constantes de succession ou de similitude, et ne peuvent nullement concerner leur nature intime, ni leur cause, ou première ou finale, ni leur mode essentiel de production[46].

44. Ernst Mach, *Die Analyse der Empfindungen, ibid.*, p. 270.

45. Acerca desta modéstia, cf., entre outros, Henri Poincaré na esclarecedora coletânea *Le matérialisme actuel*, Paris, 1918, pp. 50 e ss.: "... tant que la science est imparfaite, la liberté conservera une petite place et si cette place doit sans cesse se restreindre, c'en est assez pourtant pour que, de là, elle puisse tout diriger; or, la science sera toujours imparfaite, ... tant que l'esprit se distingue de son objet, il ne saurait le connaître parfaitement, puisqu'il *n'en verra jamais que l'extérieur*". (Em francês no original; o grifo é de M.H.) [...enquanto a ciência for imperfeita, a liberdade conservará um pequeno lugar, e se este lugar tiver de se restringir sempre, é suficiente, no entanto, para que, daí, *ela possa dirigir tudo*; ora, a ciência será sempre imperfeita, ...enquanto o espírito se distinguir de seu objeto, ele não poderia conhecê-lo perfeitamente, porque ele *sempre perceberá o seu exterior*".]

46. Auguste Comte, *Cours de philosophie positive*, 5ª ed., Paris, 1893, tomo II, p. 338.

52 TEORIA CRÍTICA

Por isso, John Stuart Mill, na sua *Lógica*, define os corpos "como a causa exterior *oculta*, com a qual relacionamos nossas sensações". Segundo ele, da natureza do corpo e do espírito, "de acordo com a melhor doutrina hoje existente, não sabemos nada, a não ser os sentimentos que o primeiro provoca e que o último experimenta". "Um corpo é aquele algo misterioso que incita o espírito a pensar; o espírito é aquele algo misterioso que sente e pensa"[47]. Através desta teoria da necessária limitação da ciência às aparências, ou, melhor, por causa da redução do mundo conhecido a algo apenas exterior, o positivismo decididamente faz as pazes com todo tipo de superstição. Ele priva de sua seriedade a teoria experimentada na prática vivencial. Se a metafísica não-positivista exagera a idéia de seu próprio conhecimento, ao ser obrigada a afirmar analogamente sua autonomia, então o positivismo reduz o único conhecimento possível, a seu ver, a uma coleção de dados exteriores. Além disso, ele costuma não reparar na contradição entre, de um lado, a caracterização metafísica da realidade conhecida como aparência e como exterior e, de outro lado, sua pretensa cautela, na qual já está contida certamente aquela separação não-dialética. "Não saber o verdadeiro e só reconhecer a aparência do temporal e do aleatório – somente o que é *vão*, foi esta *vaidade* que se alastrou na filosofia e ainda hoje continua a se alastrar e a falar alto"[48]. O que Hegel objeta contra o Iluminismo é dirigido hoje, sobretudo, contra a filosofia positivista, originária com certeza do Iluminismo. Ele não dissociou de nenhum modo, como poderia parecer nesta formulação, a verdade e o conhecimento do temporal, mas, ao contrário, – e nisso reside sua profundidade – transformou o conhecimento do temporal como temporal no verdadeiro conteúdo da filosofia. Seu idealismo consiste, de fato, na crença de que "precisamente esta denominação de algo como um finito ou limitado contém a prova da *presença real* do infinito, do ilimitado, de que só pode existir conhecimento de limite na medida em que se está consciente do ilimitado aqui"[49]. Hegel está mais próximo do verdadeiro Iluminismo, apesar de seu antagonismo a ele, do que do Positivismo, na medida em que não liberta qualquer área fundamentalmente inacessível à cognição humana para o mero pressentir. O Positivismo, em contrapartida, está muito consciente da sua tolerância a este respeito; ele queria que se entendesse o significado de seu nome expressamente como oposição ao "negativo", isto é, à negação de tais pressentimentos. A filosofia sadia, diz Comte, afasta decerto as questões necessariamente insolú-

47. John Stuart Mill, *System der deduktiven und induktiven Logik*, traduzido do inglês por J. Schiel, Braunschwig, 1862, 1ª parte, p. 47.

48. Discurso de Hegel na abertura de suas aulas em Berlim, em 22 de outubro de 1818, *Sämtliche Werke*, Glockner, tomo 8, Stuttgart, 1929, p. 35.

49. Hegel, *Enzyklopädie*, § 60.

MATERIALISMO E METAFÍSICA

53

veis, mas neste ponto é mais imparcial e tolerante que seus adversários: ela investiga as condições da duração e do ocaso de sistemas passados de fé.

sans prononcer jamais aucune négation absolue... C'est ainsi qu'elle rend une scrupuleuse justice non seulement aux divers systèmes de monothéisme autres que celui que expire aujourd'hui parmi nous, mais aussi aux croyances polythéiques, ou même fétichiques, en les rapportant toujours aux phases correspondantes de l'évolution fondamentale[50].

A compreensão histórica daquelas idéias significa aqui, ao mesmo tempo, um reconhecimento da área em princípio inacessível ao entendimento e não incluído na dialética histórica, à qual elas se referem.

Assim, o materialismo procura interpretar historicamente todas as configurações espirituais. Mas esta sua compreensão de que não pode haver um conhecimento infinito não significa, para ele, a imparcialidade diante da respectiva pretensão do finito de sê-lo mesmo. Com o conhecimento da limitação do pensamento não está fixada uma área à qual ele não poderia ser aplicado: esta opinião positivista é, entretanto, ela mesma uma contradição. O fato de não sabermos tudo não significa absolutamente que aquilo que sabemos seja o inessencial, e aquilo que não sabemos, o essencial. Estes erros de julgamento, por meio dos quais o positivismo fez conscientemente as pazes com a superstição e discordou do materialismo, fazem com que a degradação do pensamento teórico por Bergson, e o nascimento da moderna metafísica intuicionista apareçam como conseqüência da filosofia positivista. Na realidade, o positivismo está muito mais próximo da metafísica de intuição do que do materialismo, com o qual esta costuma relacioná-lo erroneamente. Embora, desde a virada do século, o positivismo apareça diante da atual metafísica como não-"concreto", na verdade como suficientemente não-espiritualista, trata-se, em ambos os casos, de duas fases diferentes de uma filosofia depreciadora do conhecimento natural e hipostasiadora das estruturas conceituais abstratas. É que Bergson, e com ele a filosofia da vida em geral, estrutura sua metafísica da *durée* sobre a teoria de uma realidade imediata, verificável por introspecção; só que, segundo Bergson, esta não deve consistir de elementos separados entre si, mas no fluxo vivo da vida e compreensível por intuição. A metafísica dos elementos, a interpretação da realidade como essência de dados originalmente isolados, o dogma da imutabilidade das leis da natureza, a fé na possibilidade de

---

50. Auguste Comte, *Discours sur l'esprit positif, ibid.*, p. 52. Em francês no original: "... sem jamais pronunciar qualquer negação absoluta... É desta forma que ela rende uma justiça escrupulosa não só aos diversos sistemas de monoteísmo diferentes daquele que hoje expira entre nós, mas também às crenças politeístas, ou mesmo fetichistas, relacionando-as sempre às fases correspondentes da evolução fundamental".

54 TEORIA CRÍTICA

um sistema definitivo constituem as teses metafísicas especiais do positivismo; ele tem em comum com o intuicionismo tanto a afirmação subjetivista das realidades imediatas, originais e livres de teoria como verdadeira realidade, quanto o advérbio "somente" pelo qual ambos desejam limitar a teoria decerto mal interpretada mecanisticamente por eles, e orientada para a previsão racional. Por isso, na luta contra o materialismo, eles estão de pleno acordo entre si. E, se a vulnerabilidade desta filosofia frente a todas as correntes supranaturalistas se manifesta, sobretudo, em sua impotência diante do espiritismo e do ocultismo, estas formas cruas da superstição, então Bergson leva aqui uma vantagem sobre Comte. A metafísica conceitual, de fato, ocupa as áreas transcendentes com suas próprias especulações, de tal forma que ela, como Comte a censura, "n'a jamais pu être que critique"[51] contra as atuais teorias do além. Assim, Bergson deve primeiro asseverar explicitamente que a transcendência da consciência é "si probable que l'obligation de la preuve incombera à celui que nie, bien plutôt qu'à celui qui affirme", e que a filosofia nos leva "peu à peu à un état que équivaut pratiquement à la certitude"[52]. Em contrapartida, Comte, devido à sua equiparação da liberdade a realidades subjetivas, a meras aparências, é, por princípio, impotente de antemão contra todas as vivências e experiências asseveradas do sobrenatural. Atualmente, quase não se distingue a variante mais positivista da mais intuicionista desta filosofia que se caracteriza pela conseqüência do ocultismo. Segundo Hans Driesch, está claro que sua teoria não só deixa de contradizer "todo o 'oculto', mas também lhe prepara diretamente o caminho"[53]. Bergson não hesita em afirmar, na sua obra mais recente, "que si l'on met en doute la réalité des 'manifestations télépathiques' par exemple, après les milliers de dépositions concordantes recueillies sur elles, c'est le témoignage humain en général qu'il faudra déclarer inexistant aux yeux de la science: que deviendra l'histoire?" E ele julga totalmente impossível "qu'une lueur de ce monde inconnu nous arrive visible aux yeux du corps"[54]. Sim, ele pondera seriamente que de

51. Auguste Comte, *Discours sur l'esprit positif, ibid.*, p. 51. Em francês no original: "nunca pôde ser outra coisa senão crítica".

52. Henri Bergson, "L'âme et le corps", na coletânea já mencionada *Le matérialisme actuel*, pp. 47 e segs. Em francês no original: "tão provável que a obrigação da prova incumbirá muito mais àquele que nega do que àquele que afirma" e "...pouco a pouco a um estado que equivale praticamente à certeza".

53. Hans Driesch, *Philosophie des Organischen*, Leipzig, 1921, p. 387.

54. Henri Bergson, *Les deux sources de la morale et de la religion*, Paris, 1932, p. 342. Em francês no original: "que se se põe em dúvida a realidade das 'manifestações telepáticas', por exemplo, depois dos milhares de depoimentos concordantes recolhidos sobre elas, é o testemunho humano em geral que se deverá declarar inexistente aos olhos da ciência: em que se tornará a história?" e "...que um clarão deste mundo desconhecido nos chegue visível aos olhos do corpo".

MATERIALISMO E METAFÍSICA 55

tais mensagens do outro mundo poderia surgir uma grande mudança para a humanidade. O descaso pelo teórico em favor de mera realidade imediata priva totalmente a ciência de seus efeitos esclarecedores. "Onde a sensação, na sua pretensa autonomia, vale como critério da realidade, a distinção entre o natural e o fantasmagórico pode tornar-se vacilante"[55].

Os sucessores de Comte, sobretudo os empiriocriticistas e a escola logística, aperfeiçoaram tanto sua terminologia que não mais aparece nela a diferença entre as meras aparências com que a ciência é obrigada a se ocupar, e o essencial. Mas a depreciação da teoria se faz sentir da maneira mais diversa, como quando Wittgenstein declara no seu *Tractatus Logico-Philosophicus*[56], aliás excelente:

> Sentimos que, mesmo depois que são respondidas todas as *possíveis* questões científicas, nossos problemas de vida ainda não são nem tocados. Decerto, então não resta mais qualquer pergunta; e é justamente isto a resposta... Há, sem dúvida, algo impronunciável. Isto se *mostra*, é o místico.

O materialismo tampouco acredita, como expusemos acima, que os problemas da vida sejam solúveis de modo puramente teórico, mas, segundo ele, é também impensável que o "sentido da vida após longas dúvidas possa tornar-se claro"[57] de alguma outra maneira. Não existem – assim hipostasiados – nem "o místico" nem "o sentido da vida".

O materialismo tem isto em comum com a doutrina positivista: ele reconhece como verdadeiro somente aquilo que se evidencia por experiência sensorial. Desde sua origem, ele contém em si mesmo o sensualismo. "Tudo o que vemos no espírito tem seu desfecho nas percepções sensuais...", diz Epicuro[58]. "Se rejeitares todas as percepções sensuais, então não terás mais nada a que poderias referir-te ao julgar aqueles que afirmas serem falsos"[59].

Durante sua história, o materialismo conservou esta doutrina oriunda da teoria do conhecimento. Serve-lhe de arma crítica contra conceitos dogmáticos. Cada afirmação deve ser confirmada por experiência sensual. Mas o materialismo não absolutifica o sensualismo. Exigir a legitimação de cada existência pela sensualidade não significa que esta mesma não mude no processo histórico, ou que seus elemen-

---

55. Hermann Cohen, *Logik der reinen Erkenntnis*, 2ª ed., Berlim, 1914, p. 495.

56. Wittgenstein, *Tractatus Logico-Philosophicus*, Londres, 1922, p. 186 (tradução minha).

57. *Ibid.*

58. Epicuro, *Die Nachsokratiker*, trad. de Nestle, Jena, 1923, tomo I, p. 183.

59. *Ibid.*, p. 213.

56 TEORIA CRÍTICA

tos devam ser considerados o material de construção do mundo. Se a legitimação mediante experiências sensuais é sempre parte necessária da formação de juízos existenciais, então as experiências sensuais não são nem de longe idênticas aos elementos constantes do mundo. Abstraindo-se que a teoria sempre é mais do que mera sensualidade e não pode ser reduzida exclusivamente a sensações; que, segundo a evolução mais recente da psicologia, as sensações, mesmo longe de serem os componentes elementares do mundo ou apenas da vida psíquica, somente são obteníveis mediante um complicado processo de abstração, como restos da destruição de áreas psíquicas estruturadas[60], não se deve, de modo algum, eternizar a natureza de nossa sensualidade. Ela é condicionada e variável, tanto quanto a relação do "sujeito" com as "realidades". Já na atualidade existe o conflito entre as constatações dos sujeitos individuais, e ele de modo nenhum poderá ser decidido apenas por maioria, mas com o auxílio da teoria. Experiências sensuais constituem a base do conhecimento, em toda parte dependemos delas, mas a origem e as condições do conhecimento não são, ao mesmo tempo, origem e condições do mundo.

Se as correntes positivistas, em conjunto com quase todas as outras correntes filosóficas, estão contra o materialismo, isto certamente não se relaciona apenas com as diferenças discutidas acima, mas também com a teoria materialista do prazer. Tentou-se demonstrar que o agir segundo o materialismo não resulta, necessariamente, de uma tese ulterior, absoluta. É verdade que o materialista, para fundamentar suas decisões, remeterá em cada caso a fatos mais ou menos gerais, mas ele não esquece que, mesmo pressupondo as causas motivacionais por ele aduzidas, decisões semelhantes devem ser esperadas apenas em situações psíquicas semelhantes. Estas situações possuem, elas pró-

60. Cf. aqui, por exemplo, Hans Cornelius, *Transzendentale Systematik*, München, 1916, p. 154: "Em lugar da união de algo antes separado na 'sinopse do múltiplo pelo sentido', aparece a separação das partes em virtude da diferenciação, dentro do todo imediatamente dado, do processo de consciência..."; Kofka, "Psychologie", *Die Philosophie in ihren Einzelwissenschaften*, Berlim, 1925, p. 548: "As sensações que fundamentavam a psicologia durante tanto tempo são... não pontos de partida, mas pontos finais de uma evolução, os produtos finais de um processo de isolamento que fendia as realidades circunscritas naturais, são imagens isoladas, mas numa conformação que elas, sendo partes naturais do limiar total, não possuem... Com certeza as sensações não são produtos artificiais..."; Wertheimer, "Über Gestalttheorie", *Symposion*, tomo I, Caderno 1: Pode-se ver "que aquilo que é primitivo, que é de fato fundamental, que está à frente, tem pouco a ver com nosso *derivado atrasado*, com nosso produto cultural de sensações". Esses são apenas trechos escolhidos ao acaso de trabalhos relativamente tardios. Cf., sobretudo, Koffka, "Zur Psychologie der Wahrnehmung", *Geisteswissenschaften*, 1914, bem como toda a literatura teórica da Gestalt, onde se encontram esparsas em trabalhos experimentais, ao contrário da mera negação filosófica da teoria psíquica dos elementos, provas vigorosas da dependência das sensações.

MATERIALISMO E METAFÍSICA 57

prias, suas condições sociais e individuais, tornaram-se históricas, e por isso não se pode, com base na validade de um determinado conhecimento e sem considerar o estado psíquico efetivo, deduzir a inevitabilidade de uma determinada forma de agir. Esta opinião materialista não possui apenas o significado negativo de recusa de uma moral metafisicamente fundamentável, mas sempre é interpretada pelos materialistas de maneira que a busca da felicidade pelos homens deva ser aceita como um fato natural, que não precisa de qualquer justificativa. Os trabalhos de Erich Fromm demonstram, pormenorizadamente, até que ponto uma psicologia ingênua, economista é a única que pode interpretar esta busca da felicidade exclusivamente no sentido de uma satisfação de necessidades materiais. Nas diversas formas sociais, tanto nos grupos sociais isolados, como no indivíduo, a estrutura das necessidades é mutável, e só pode ser apresentada com referência a uma época determinada e a uma situação concreta. Os combatentes de convicção materialista conhecidos e desconhecidos, que desde milênios perderam liberdade e vida por causa dos ideais mais diversos, porém na maioria das vezes pela solidariedade para com a humanidade sofredora, provam que a preocupação com o próprio bem-estar físico não está ligada mais estreitamente a esta corrente de pensamento do que a qualquer outra. Renunciando às ilusões de uma metafísica idealista, eles se viram privados de quaisquer perspectivas de uma recompensa individual na eternidade, ou seja, de um importante impulso egoísta, válido de resto. As tentativas sempre repetidas de construir, a partir da sua pura dedicação aos interesses da humanidade, uma contradição às convicções materialistas por eles professadas, carecem de qualquer direito filosófico. Graças à psicologia simples que conduz a tais equívocos e que fundamenta a maioria das teorias preocupadas com uma moral absoluta, o materialismo hodierno diz, com maior acerto, que não é o prazer que todos os homens procuram, mas a felicidade. Eles também têm em mente menos o seu prazer do que aquilo que lhes causa prazer; cada um, mesmo nas coisas simples, como Hegel denomina as chamadas coisas do espírito, está habituado a cuidar "da coisa, não do prazer, ou seja, da contínua reflexão da relação consigo mesmo como isolado, mas como coisa..."[61]. Entretanto, o materialismo, por causa disso, recusa estabelecer uma distinção entre felicidade e prazer, porque a satisfação do prazer, em contraste com motivos "mais elevados", precisaria de fundamentação, desculpa ou justificativa. Esta última pode, numa determinada sociedade, ser inteiramente adequada a determinadas ações, mas então somente com relação a uma autoridade imposta a si mesma ou preexistente, e não por causa de uma ordem absoluta. Não é talvez uma descrição psico-

---

61. Hegel, "Vorlesungen über die Geschichte der Philosophie", tomo II, in *Sämtliche Werke*, Glockner, tomo 18, Stuttgart, 1941, p. 465.

TEORIA CRÍTICA

lógica muito acertada dizer que os homens são determinados por "reações elementares de prazer e desprazer", mas é assim mesmo uma boa referência àquela situação com a qual não se revolta o materialismo, ao contrário da tendência espiritual idealista. Embora alguns filósofos, de resto idealistas, como, por exemplo, Hegel, concordem totalmente aqui com o materialismo, este ponto, aliado à falta de uma interpretação lógica do mundo, atua certamente como um motivo para que tendências diametralmente opostas entre si reduzam o materialismo cada vez mais à manifestamente insustentável tese metafísica da realidade exclusiva da matéria, para depois, com pouco esforço, contradizê-lo.

O materialismo atual não se caracteriza preeminentemente pelos traços formais que devem ser realçados diante da metafísica idealista, mas por seu conteúdo: a teoria econômica da sociedade. Somente afastando deste conteúdo aquelas formas, elas se distinguem das opiniões passadas como características importantes hoje. Por isso, as diversas teorias materialistas não constituem exemplos de uma idéia estática. A teoria econômica da sociedade e da história não se originou de motivos puramente teóricos, mas da necessidade de entender a sociedade contemporânea; pois esta sociedade chegou ao ponto de barrar para um número cada vez maior de pessoas a felicidade que seria possível com base na abundância geral de recursos econômicos. Em conjunto com isto, forma-se também a idéia de uma realidade melhor, que emerge da existente hoje, e esta transição se converte no tema da teoria e prática atuais. Decerto, não faltam ideais ao materialismo. Eles se definem a partir das necessidades da comunidade e são medidos por aquilo que, num futuro discernível, é possível com as forças humanas existentes. Todavia, o materialismo desiste de fundamentar estes ideais da história, e assim também da atualidade, como idéias independentes dos homens. Este empenho do idealismo rende mais honra à história que à idéia. Os ideais podem transformar-se em forças determinantes, se os homens começarem a convertê-los de simples idéias, embora fundadas, em realidade. É por isso, porém, que a própria história até o momento não cessou de ser um conjunto de lutas. Mesmo considerando que pode ter êxito a realização dos ideais, o materialismo desiste de relacionar "aquilo que aconteceu e acontece, o único, casual e momentâneo... a uma coerência de grande valor e cheia de sentido"[62], como o faz a história do pensamento. Torna-se difícil, por isso, compreendê-lo a partir desta ou da metafísica em geral.

---

62. Dilthey, *Gesammelte Schriften*, tomo VII, Leipzig e Berlim, 1927, p. 5.

4. Materialismo e Moral

(1933)

Aparentemente, constitui um fenômeno histórico tardio os homens tentarem, de forma independente, decidir se suas ações são boas ou más. Enquanto um europeu altamente evoluído é capaz de avaliar, à luz da clara consciência e da moral, não só decisões importantes, mas também a maioria das reações instintivas que já se transformaram em hábitos, e das quais se compõe em grande parte sua vida, as ações humanas parecem tanto mais coercitivas quanto mais remotas são as formações históricas a que pertencem seus sujeitos. A capacidade de submeter reações instintivas à crítica moral e alterá-las com base em escrúpulos individuais só podia cristalizar-se com a crescente diferenciação da sociedade. Já o princípio de autoridade na Idade Média, cujo abalo suscitou o questionamento moral dos tempos modernos, representa uma fase tardia deste processo. Se a fé religiosa inquebrantada que antecedeu a predominância deste princípio já era uma mediação bastante complicada entre a cândida emoção e a reação instintiva, o critério medieval da tradição aprovada pela Igreja, cuja validade exclusiva decerto ainda ostentava um forte caráter coercitivo, já indica um conflito moral. Quando Santo Agostinho declara: "Ego vero evangelio non crederem nisi me catholicae iglesiae commoveret auctoritas"[1], esta afirmação, como Dilthey[2] percebeu, já pressupõe a dú-

1. *Contra epistolam Manichaei*, caput V, 6.
2. Dilthey, *Gesammelte Schriften*, tomo II, Leipzig e Berlim, 1921, p. 110 e ss.

vida na fé. O processo de vida social da era mais recente favoreceu tanto as forças humanas que, pelo menos nos países mais desenvolvidos, os membros de algumas camadas, num âmbito relativamente amplo de sua existência, não apenas obedecem ao instinto ou ao hábito, mas são capazes de escolher com autonomia entre diversas finalidades propostas. O exercício desta capacidade se faz em escala muito menor do que comumente se supõe. Embora as ponderações sobre a técnica, as considerações sobre os meios a empregar para atingir uma determinada meta se tenham aperfeiçoado extremamente em alguns setores da vida social e individual, os objetivos dos homens costumam ser estabelecidos com rigor. Justamente nas atuações que, em sua essência, são social e historicamente relevantes, os homens se comportam em geral de um modo totalmente típico, isto é, da forma que corresponde a um determinado esquema motivacional característico de seu grupo social. Somente em assuntos particulares inessenciais à vida é que os homens costumam às vezes examinar conscienciosamente seus motivos e empregar suas forças intelectuais para alcançar a meta proposta. Todavia, a sociedade atual, especialmente sua juventude, tem buscado energicamente descobrir metas certas. Quando o princípio da autoridade foi abalado e um número considerável de indivíduos tomou nas próprias mãos a decisão acerca de sua conduta de vida, nasceu a necessidade de uma norma espiritual que ocupasse o lugar das autoridades desaparecidas no ajuste do indivíduo a este mundo. Enquanto que, para os membros das camadas mais altas, tornou-se importante a adoção de princípios morais, porque, devido à sua posição, tinham continuamente de tomar decisões enérgicas, das quais antigamente se incumbiram as autoridades, uma moral racionalmente fundamentada se fazia tanto mais necessária para dominar as massas no Estado, quanto deles se exigia um modo de agir divergente dos seus interesses vitais.

Os filósofos idealistas dos tempos modernos se empenharam em satisfazer esta necessidade através da formulação de axiomas. De acordo com as circunstâncias que, desde a Renascença, entregaram o homem a si mesmo, eles tentaram legitimar estas máximas por meio da razão, ou seja, mediante causas em princípio universalmente acessíveis. Por mais diferentes que possam ser os sistemas de Leibniz, de Spinoza e do Iluminismo, ainda assim testemunham todos eles o empenho em justificar, a partir da eterna condição do mundo e do homem, um determinado comportamento como sendo o conveniente de uma vez por todas. Reivindicam, portanto, uma validade absoluta. As normas consideradas corretas têm, certamente, um teor bastante generalizado e – salvo algumas teorias materialistas e combativas do Iluminismo francês – dão poucas indicações definidas. Nos últimos séculos, a vida exigiu, tanto da religião como da moral, uma capacidade de assimilação demasiada para que normas conceitualmente estruturadas pudessem conservar apenas a aparência de eternidade. Mesmo os éticos modernos que atacam decididamente o formalismo de dog-

MATERIALISMO E MORAL

mas morais anteriores não se desviam deles de modo algum. "A ética não ensina diretamente o que deve acontecer aqui e agora, em determinada circunstância", escreve Nicolai Hartmann[3], "mas, genericamente, como se constitui aquilo que em geral deve acontecer... A ética cria uma base geral, a partir da qual o atual é visto de forma objetiva, como se fosse observado de cima". A filosofia moral idealista adquire a fé em sua incondicionalidade pelo próprio fato de não se referir a um momento histórico. Não toma partido. Por mais que suas convicções correspondam ou favoreçam a um grupo de homens que historicamente lutam entre si, ela não prescreve qualquer tomada de posição. Hartmann declara: "O que o homem deve fazer quando se encontra diante de um sério conflito de responsabilidade é exatamente isso: decidir pelo 'melhor de sua consciência', ou seja, segundo seu próprio senso vital de valores..."[4]. A ética "não interfere nos conflitos da vida, não dita normas que sejam cunhadas no seu molde, não é um código de mandamentos e proibições como o direito. Ela se dirige justamente ao *criativo* no homem, provoca-o a olhar novamente cada caso, quase que a adivinhar o que deve acontecer aqui e agora"[5]. Neste caso, a moral vale como categoria eterna. Assim como pertence à condição humana julgar proposições segundo a sua verdade e falsidade, produtos concretos segundo a sua beleza e feiúra, assim também deve ser sempre possível julgar caracteres e ações, se são bons ou maus. Apesar das discussões mais violentas sobre a possibilidade ou impossibilidade de uma moral eterna, os filósofos mais recentes concordam quanto ao seu conceito. A imanência de proposições individuais, a variabilidade do conteúdo são afirmadas e contestadas, mas a capacidade de uma avaliação moral é, em geral, admitida como uma característica da natureza humana, pelo menos igual ao conhecimento teórico. Desde o Renascimento, acrescentou-se à filosofia uma nova categoria de virtude: a moral. Não tem muita coisa em comum, nem com as idéias éticas dos gregos, que diziam respeito ao melhor caminho para a felicidade, nem com a ética religiosa da Idade Média. Apesar de existirem ligações entre ela e estes fenômenos, a mais nova problemática moral tem suas raízes nas características da ordem burguesa. Assim como alguns elementos econômicos desta ordem se encontram também em formas sociais mais antigas, certamente também nelas aparecem aspectos deste problema; entretanto, isto só é mesmo compreendido a partir da situação existencial geral da época que está findando agora.

A idéia moral da burguesia encontra sua mais pura expressão na formulação kantiana do imperativo categórico: "Age somente de acordo com aquela norma que puderes querer ao mesmo tempo que se

---

3. Nicolai Hartmann, *Ethik*, Berlim e Leipzig, 1926, p. 3.
4. *Ibid.*, p. 422.
5. *Ibid.*, pp. 3 e ss.

converta numa lei universal"[6]. Segundo Kant, as ações correspondentes a este princípio e que acontecem diretamente por sua causa se distinguem de todas as outras pela moralidade. Ele mesmo explicou onde se poderia procurar "a característica específica"[7] deste imperativo, em comparação com todas as outras normas do agir: na "renúncia a todo interesse". Mesmo que a própria razão se interesse pura e diretamente por ações morais[8], estas não ocorrem, todavia, por interesse no objeto, nem por necessidade. Agir por dever opõe-se ao agir por interesse. A virtude não está em agir contra os fins individuais, mas em agir independentemente deles. O homem deve libertar-se de seu interesse.

Como se sabe, esta concepção de Kant foi combatida pelas mais diversas correntes, entre outros por Schiller e Schleiermacher. O agir sem interesse foi até declarado impossível. "O que é... um interesse senão a ação de um motivo sobre a vontade. Onde, pois, um motivo move a vontade, existe um interesse: porém, onde não a move qualquer motivo, ele pode agir realmente tão pouco quanto uma pedra pode sair do lugar sem ser empurrada ou puxada", diz Schopenhauer[9]. Decerto, Kant não queria que por ação moral se entendesse uma ação sem motivo, embora ele tenha considerado a ação por interesse como a lei natural do homem. Entretanto, o motivo moral assenta-se no respeito à lei moral. Mas num ponto a crítica do Schopenhauer, que ele transformou em algo positivo através da elaboração de sua própria ética, acertou em cheio: as verdadeiras razões do seu agir permanecem ocultas ao agente que age moralmente no sentido kantiano. Tampouco ele sabe por que o geral deve sobrepor-se ao particular, nem como, em cada caso, se estabelece corretamente a harmonia. O imperativo que "por si mesmo encontra a entrada para a alma e ganha respeito, mesmo contra a vontade (embora nem sempre obtenha obediência)"[10], deixa o indivíduo numa certa inquietude e incerteza. Em sua alma se desenrola um conflito entre o interesse pessoal e a vaga percepção do interesse geral, entre a utilidade individual e a universal. Não dá para ver, porém, como seria possível entre ambos uma decisão racional por critérios. Nasce uma reflexão infinita e uma preocupação contínua que é fundamentalmente invencível. Já que esta problemática que se passa no interior do homem emana necessariamente do seu papel no

6. Kant, *Grundlegung zur Metaphysik der Sitten*, Edição da Academia, tomo IV, p. 421.

7. *Ibid.*, p. 431.

8. *Ibid.*, pp. 448 e ss.

9. Schopenhauer, "Grundlage der moral", *Sämtliche Werke*, organizadas por Deussen, tomo III, München, 1912, p. 635.

10. Kant, *Kritik der praktischen Vernunft*, Edição da Academia, tomo V, p. 86.

MATERIALISMO E MORAL

processo social de vida, a filosofia kantiana, tal qual seu fiel espelho, é a expressão perfeita do seu tempo.

Refletindo-se sobre a estrutura da ordem burguesa, pode-se facilmente elucidar o que está no fundo do estado espiritual em questão. O todo social vive pelo desencadeamento dos instintos de propriedade de todos os indivíduos. Enquanto eles se preocupam com ganho, manutenção e aumento dos próprios bens, ele se mantém. Cada um procura cuidar de si mesmo, da melhor maneira possível. Já que, dessa forma, ele produz necessariamente o que outros precisam, impõem-se as necessidades da comunidade, por meio das atividades aparentemente autônomas e úteis ao próprio bem-estar. O aparelho psíquico de cada um é cunhado pelo fato de que, nesta ordem, a produção de toda a existência social coincide com a busca da propriedade pelos indivíduos. Em todos os períodos, os homens se ajustaram totalmente às condições de vida na sociedade; uma conseqüência desta assimilação, nos tempos mais recentes, é que os esforços humanos se dispõem a favorecer a vantagem individual. Nem o sentimento do indivíduo nem a sua consciência, nem a forma de sua felicidade nem sua idéia de Deus escapam a este princípio dominante da vida. Mesmo nas emoções mais sutis e aparentemente mais remotas da pessoa ainda se percebe a função que ela exerce na sociedade. Nesta época, a vantagem econômica é a lei natural que rege a vida individual. A esta lei natural dos indivíduos o imperativo categórico justapõe como norma a "lei universal da natureza", a lei de vida da sociedade humana. Isto seria absurdo se os interesses particulares e as necessidades da comunidade se entrelaçassem necessariamente e não de modo altamente impreciso. Entretanto, isto não acontece e é essa a deficiência da forma burguesa da economia: entre a livre concorrência dos indivíduos como o meio, e a existência de toda a sociedade como aquilo que é mediado, não existe uma correlação racional. O processo se desenvolve, não sob o controle de uma vontade consciente, mas como um caso natural. A vida das pessoas resulta cega, acidental e péssima pela atividade caótica dos indivíduos, das indústrias e dos Estados. Esta irracionalidade se exprime no sofrimento da maioria dos homens. O indivíduo totalmente absorvido pela preocupação consigo mesmo e com o que é "seu" não só impulsiona a vida do todo sem consciência clara, mas causa, com o seu trabalho, tanto a felicidade como a miséria dos outros; nunca se poderá esclarecer totalmente até que ponto e para quais indivíduos seu trabalho significa uma coisa ou outra. A preocupação com a comunidade não permite uma relação inequívoca com o próprio trabalho. Este problema, que só a própria sociedade poderia solucionar racionalmente, através da integração metódica de cada membro no seu processo de produção conscientemente dirigido, emerge na época burguesa como conflito no íntimo dos seus sujeitos.

Ao libertar-se das unidades envolventes da Idade Média, o indivíduo adquiriu consciência de si mesmo como um ser autônomo. To-

64 TEORIA CRÍTICA

davia, esta autoconsciência é abstrata: o modo como cada indivíduo, através do seu trabalho, influencia o andamento da sociedade toda e, por sua vez, é por ela influenciado permanece totalmente no escuro. Todos são partícipes da boa ou má evolução da sociedade, e, mesmo assim, ela aparece como um fenômeno natural. Não se está vendo neste todo o papel, sem o qual nenhum indivíduo é definível na sua essência. Por isso, cada qual tem necessariamente uma consciência errônea de sua existência, que ele é capaz de compreender apenas como o conjunto de resoluções supostamente livres com categorias psicológicas. Pela falta de organização racional do todo social, ao qual seu trabalho é dedicado, ele não é capaz de se reconhecer na sua verdadeira relação com ele e conhece a si mesmo apenas como indivíduo, a quem também concerne o todo, sem que jamais lhe fique claro o que e quanto ele lhe causa realmente devido ao seu agir egoísta. Por isso, o todo aparece como uma advertência, uma exigência e perturba, pelos escrúpulos morais, a consciência justamente dos indivíduos mais progressistas no ato de seu trabalho[11].

O materialismo tenta – e por certo não apenas de modo genérico, como foi insinuado recentemente, mas considerando sobretudo os diversos períodos e classes sociais – demonstrar as condições reais que dão origem ao problema moral e que, embora de maneira contorcida, se espelham nas doutrinas moral-filosóficas. A idéia de moral, tal como Kant a formulou, contém a verdade de que o modo de agir sob a lei natural da vantagem econômica não é necessariamente o racional. Ao interesse do indivíduo ela não opõe o sentimento, ou, menos ainda, a volta à obediência cega; nem o interesse nem a razão são difamados, mas a razão reconhece que não é obrigada a servir à lei natural, à vantagem do indivíduo, portanto mesmo quando comporta a lei natural do todo em sua vontade. Decerto, o indivíduo pode não cumprir a exigência de dar uma forma racional ao todo. O domínio do processo total da sociedade pelo homem só pode ser realizado se esta vencer sua forma anárquica e constituir-se como sujeito real, ou seja, por meio da ação histórica. Esta não emana do indivíduo, mas de uma constelação de grupos sociais, em cuja dinâmica a consciência naturalmente desempenha um papel importante. A perturbação moral não onera, de modo algum, apenas o trabalho dos indivíduos no processo de produção, mas toda a sua existência é atingida por ela. Onde quer que os homens sigam a lei que lhes é natural nesta sociedade, cuidam imediatamente apenas dos assuntos do sujeito de interesse que leva

---

11. A teoria psicológica da consciência, como Freud a expôs, por exemplo, no seu artigo "Das Ich und das Es" (*Gesammelte Werke*, tomo XIII, Frankfurt am Main, 1967, pp. 262, 277 e ss.), não se ajusta de modo nenhum a esta explicação. A psicologia informa sobre o mecanismo mediante o qual o senso da moral se propaga e se arraiga firmemente no indivíduo. A causa existencial deste mecanismo está mais profunda do que na alma individual.

MATERIALISMO E MORAL

seu próprio nome. Enquanto o raciocínio do indivíduo burguês for além dos seus fins especiais, enquanto ele não for apenas aquele X determinado com suas preocupações e desejos particulares, mas, ao mesmo tempo, for capaz de indagar-se em que lhe concernem realmente as preocupações deste X, mesmo que atinjam diretamente sua existência pessoal, enquanto, pois, ele não for apenas este X, mas um membro da sociedade humana, manifestar-se-á nele a vontade "autônoma" formulada pelo preceito de Kant. O interesse alheio prova aqui, como Kant explica a seguir[12], ser tão acidental quanto o interesse próprio; pois, a relação dos esforços de Y para com a vida da comunidade não é, via de regra, para aquele X, mais transparente que a sua. Quem, na situação econômica da burguesia, não for capaz de experimentar o conflito todo, ficará para trás na evolução, faltar-lhe-á uma forma de reação que faz parte do homem desta época.

Por isso, a moral não é de modo algum descartada do materialismo como sendo mera ideologia, no sentido de falsa consciência. É tida como um fenômeno humano, que não pode ser dominado enquanto durar a era burguesa. Todavia, sua expressão filosófica é torcida em muitos aspectos. Sobretudo, a solução do problema não está na obediência a mandamentos rigidamente formulados. Na tentativa de aplicar de fato o imperativo kantiano, evidencia-se imediatamente que com isso não seria possível ajudar a comunidade com a qual se preocupa a vontade moral. Mesmo que todos seguissem estes mandamentos, mesmo que todos levassem uma vida virtuosa, como é sua intenção, reinaria a mesma confusão anterior. Nada de essencial seria alterado.

Os quatro exemplos que o próprio Kant apresenta como atuação moral esclarecem esta perplexidade e impotência da boa vontade: no primeiro, um desesperado desiste do suicídio por causa da lei moral. A fragilidade de sua decisão é, porém, tão evidente que o leitor se surpreende por Kant não acatá-la seriamente. Por que um homem, "que, levado por uma série de desgraças ao limite do desespero, sente náusea da vida"[13], não deveria querer, ao mesmo tempo, que a máxima desta atuação se convertesse em lei geral? Não será, antes, por este mundo estar assim constituído que a pessoa racional deve considerar um consolo a possibilidade deste recurso? O ensaio de Hume sobre o suicídio, no qual este filósofo se mostra um verdadeiro iluminista, foi de fato publicado antes dos *Grundlagen zur Metaphysik der Sitten* e escrito muito antes; no entanto, ele dá a impressão de uma resposta à esdrúxula opinião de Kant. "Um homem que se retira da vida", lê-se nele,

---

12. Cf. *Grundlegung, ibid.*, p. 433.
13. *Ibid.*, p. 421.

TEORIA CRÍTICA

não impõe qualquer sofrimento à sociedade, ele apenas cessa de lhe fazer o bem, o que, se for um mal, é um mal de importância mínima... Mas imagine-se que eu não esteja mais em condições de promover os interesses da sociedade, que lhe seja um peso, que minha vida impeça que uma outra pessoa seja muito mais útil à sociedade: neste caso, a minha renúncia à vida não só não é culposa, como é um ato louvável. E a maioria dos homens que caem na tentação de desistir da existência se encontram numa situação semelhante; aqueles que gozam de saúde, força e prestígio comumente estão contentes com o mundo[14].

Quão rebuscada aparece, ao lado desta voz, a reflexão aduzida por Kant, que despreza os contrastes dentro da sociedade! No segundo exemplo, alguém renuncia a obter dinheiro mediante a falsa promessa de uma devolução posterior. Se cada um procedesse desse modo – Kant o faz refletir moralmente assim – no final nenhuma promessa mais seria levada a sério. Para provar este problema, seria necessário saber em que o dinheiro será empregado e qual a relação que existe entre os dois contraentes. Há casos em que Kant seria obrigado a defender a solução que ele considera moral apenas com bastante artificialidade, como tentou em outra oportunidade por causa da mentira[15]. No terceiro exemplo, o desprezo pela realidade se evidencia ainda mais desastroso que no primeiro. Um homem rico descobre em si mesmo um talento, mas é comodista demais para cultivá-lo. Na opinião de Kant, é impossível que ele queira que todos os demais permaneçam ociosos na mesma situação, e por isso deveria esforçar-se. Mas, contrariamente à opinião de Kant, a idéia de que a vontade do homem talentoso provocaria a reação de todos os concorrentes – se eles de fato existissem – por certo impedi-lo-ia de preocupar-se o mínimo com este assunto. Para submeter-se à dura escola, ele deve, no quadro desta sociedade competitiva, desejar exatamente que sua vontade não se converta em regra geral. O quarto exemplo trata da caridade. Tenta-se recomendá-la menos pelo respeito à lei moral do que pela indicação, não muito convincente, de que também o rico pode precisar dela alguma vez. Se este exemplo se refere não a uma esmola, mas a uma soma realmente tentadora, então o rico, com razão, irá preferir o presente seguro a um futuro duvidoso. Se o problema fosse colocado não egoisticamente, mas moralmente no sentido kantiano, ou seja, com relação à comunidade, a teoria do rico sobre o que é bom para ela diferiria muito da do mendigo: de coração sincero, ele iria considerar despesas grandes como prejudiciais. Todavia, em se tratando de coisa mais elevada, como, por exemplo, de encargos sociais ou do salário, haverá então tantas convicções sobre aquilo que vale como norma geral quantos grupos sociais.

---

14. David Hume, *Abhandlung über den Selbstmord*, traduzido por Paulsen, Philosophische Bibliothek bei Meiner, Leipzig, vol. XXXVI, 3ª ed., p. 154.

15. Cf. Edição da Academia, vol. VIII, p. 425.

MATERIALISMO E MORAL

Assim, o fato de cada um agir de acordo com sua consciência não elimina nem o caos nem a miséria que daí provém. A recomendação formal de ficar em paz consigo mesmo, de ter uma vontade irreprovável, não serve de norma para eliminar a causa da inquietação moral. Existe, por acaso, uma única infâmia que já não tenha sido cometida uma vez com a consciência limpa? O que decide acerca da felicidade dos homens não é que os indivíduos achem suas ações compatíveis com a lei natural da comunidade, mas o ponto até onde elas são realmente compatíveis com ela. É devaneio idealista a opinião de que a boa intenção – por mais importante que possa parecer este impulso – seria a única coisa boa, a avaliação da ação apenas pelo que ela intenta e não também pelo que ela significa realmente no respectivo momento histórico. Partindo deste aspecto ideológico do conceito kantiano de moral, um caminho reto leva à moderna mística do sacrifício e da obediência, que fora disso se reporta erroneamente a Kant. Se a meta mais elevada deve ser a evolução e o uso benéfico das forças inerentes à comunidade, então de modo nenhum basta cuidar de um íntimo virtuoso, do mero espírito e eventualmente da supressão dos instintos de propriedade mediante a disciplina, mas é preciso cuidar para que os atos que possam produzir aquela felicidade aconteçam realmente. É importante não só a forma como os homens fazem algo, mas também o que fazem: exatamente onde tudo está em jogo, isso depende menos dos motivos daqueles que se esforçam por atingir a meta do que do fato de a alcançarem. Certamente, objeto e situação não podem ser definidos fora do íntimo dos homens atuantes, pois interior e exterior são, tanto na história geral quanto na vida do indivíduo, elementos de processos dialéticos múltiplos. Mas a tendência, reinante na moral burguesa, de valorizar exclusivamente a convicção prova ser, sobretudo na atualidade, uma posição que freia o progresso. Não é pura e simplesmente a consciência do dever, o entusiasmo, o sacrifício, mas a finalidade da consciência do dever, do entusiasmo e do sacrifício que, frente à miséria reinante, decide sobre o destino da humanidade. Predisposição ao sacrifício pode, decerto, ser um meio útil a serviço de cada poder, mesmo do mais atrasado; sobre a relação em que se encontra seu conteúdo frente à evolução da sociedade total não é a consciência que informa, mas a teoria correta.

Em Kant, este traço idealista, segundo o qual o mundo já deve estar em ordem desde que no espírito tudo esteja em ordem, esta deficiência em diferenciar entre fantasia e realidade pela qual a filosofia idealista prova ser uma forma refinada da fé primitiva na onipotência dos pensamentos, ou seja, o encantamento, constitui apenas um aspecto de sua teoria. Ela também tem uma relação muito ativa com a realidade. Como se tentou demonstrar acima, o imperativo categórico, nesta sociedade de indivíduos isolados, se acha na impossibilidade de realizar-se com pleno sentido. Por isso, a mudança desta sociedade é sua conseqüência necessária. Com ela deveria também desaparecer exa-

68 TEORIA CRÍTICA

tamente aquele indivíduo para o qual está voltado o imperativo e cuja formação parece ser seu único objetivo. A moral burguesa leva à abolição da ordem que primariamente a torna possível e necessária. Se os homens querem agir de forma que sua máxima sirva de base para a lei universal, devem produzir um mundo onde esta ponderação não permaneça tão questionável como nos casos citados por Kant, mas onde ela seja realmente aplicada segundo estes critérios. A sociedade deve, então, constituir-se de maneira que lhe permita descobrir de forma racional seus próprios interesses e, certamente, os de todos os seus membros: somente nesta hipótese tem sentido, para o indivíduo que se encontra envolvido subjetiva e objetivamente num tal plano, ajustar sua vida de acordo com isso. Se na ética moderna, em vez desta característica dinâmica que mostra além das circunstâncias dadas, é desenvolvido justamente aquele traço negativo da opinião de Kant, ou seja, o subjetivismo que impede a mudança, então a causa disto reside menos em Kant do que na história transcorrida até agora.

Embora a teoria kantiana contenha o conceito duvidoso de um mandamento eterno e endereçado ao sujeito livre, abrange, simultaneamente, algumas tendências nas quais é antecipado o fim da moral. Nela se exprime a contradição de que é acometida a burguesia durante toda a sua época, isso criou e manteve uma ordem que está em desacordo com seu próprio conceito de razão. Kant afirma o absolutismo da moral e deve necessariamente anunciar sua anulação, vê-la como transitória. A moral baseia-se na diferença entre interesse e dever. A tarefa de unir ambos foi confiada à sociedade burguesa por seus defensores, mas nem os representantes filosóficos do "auto-interesse bem compreendido" (Bentham) tiveram a coragem de declará-la cumprida. Isto é impossível na forma social atual; pois nela a humanidade não tem voz nem consciência, a não ser como teoria que, em contradição com a opinião pública, critica os interesses particulares e poderes que a cada vez se erguem falsamente como comunidade. Uma teoria familiar, desde cedo, à antropologia materialista da burguesia é que a pressuposição da moral no sentido burguês, a diferença entre interesses particulares e gerais, pode desaparecer por ato histórico. Pode-se tornar os homens "felizes, diz Helvétius[16], somente se se unir seu interesse pessoal ao interesse geral. Ao pressupor este princípio, é óbvio que a moral é apenas uma ciência vã, se não a fundirmos com a política e a legislação; concluo daí que os filósofos, se se quisessem mostrar úteis, deveriam encarar os objetos do mesmo ponto de vista que o legislador. Sem que estivessem, no entanto, animados pelo mesmo espírito. Ao moralista concerne indicar as leis, o legislador garante sua execução quando lhes apõe o carimbo de seu poder". Kant também considerou possível a união da felicidade e do dever

---

16. Helvétius, "De l'esprit", *Oeuvres complètes*, parte 1, Londres, 1780, p. 206 (tradução minha).

MATERIALISMO E MORAL

numa sociedade melhor. Para ele, não existe "nenhuma divergência entre prática e teoria"[17], "os princípios puros do direito possuem uma realidade objetiva, ou seja, são realizáveis"[18]. Sua convicção é que a política tem a missão verdadeira de concordar "com a aspiração geral do público (a felicidade)"[19]. Em hipótese nenhuma, porém, as máximas políticas devem partir "da prosperidade e da felicidade que cada nação espera ao obedecer-lhes, por conseguinte não deve partir da finalidade que cada uma destas se propõe como objeto..."[20]. Nenhum Estado individual e nenhum grupo de poder deve, portanto, assumir o papel da comunidade. Segundo Kant, na política verdadeira, o que importa, no final das contas, não é a concordância dos interesses individuais com os de tais particularidades, mas, ao contrário, alcançar a meta cujo princípio é dado pela razão pura. Se ele queria definir esta meta, não como o estado da maior felicidade possível, mas como a condição da maior liberdade humana dentro das leis[21], ainda assim não admitiu qualquer oposição entre esta liberdade e aquela felicidade, mas declarou que uma resulta automaticamente da outra. Kant sempre enfatizou a diferença fundamental entre interesse e dever, não com relação à própria ordem perfeita, mas com referência aos homens que anseiam por ela. Nesta sociedade almejada, os objetivos de cada indivíduo podem coexistir com os de todos os outros; na verdade, nela os objetivos particulares se distinguiriam pelo conteúdo, mas não haveria qualquer necessidade de um impedimento recíproco. A ação moral coincidiria com a lei natural; em todo caso, não levaria a um conflito com ela. Apesar de proposições claras sobre a possibilidade desta sociedade futura, é possível que Kant tenha vacilado sobre o alcance de sua realização; ao redigir a *Kritik der reinen Vernunft*, ele estava convicto de que a realização do ideal "pode ultrapassar qualquer limite delineado"[22]. Contra os chamados homens políticos que se vangloriam de sua experiência e, na realidade, rendem preito aos poderes estabelecidos, ele teve palavras duras, porque eles declaram que a natureza humana impossibilita a melhora com respeito à idéia. Para eles vale "cada constituição legal atualmente vigente e, se esta fosse alterada por ordens superiores, a seguinte sempre seria a melhor"[23]. O filósofo não pretende ceticamente conhecer os homens, mas conhece *o* homem e sabe "o que se pode fazer dele"[24]. Não existe uma

---

17. Kant, *Zum ewigen Frieden*, apêndice I, ed. da Academia, vol. VIII, p. 370.

18. *Ibid.*, p. 380.

19. *Ibid.*, p. 386.

20. *Ibid.*, p. 379.

21. Cf. Kant, *Kritik der reinen Vernunft*, A 316.

22. *Ibid.*, A 317.

23. Kant, *Zum ewigen Frieden, ibid.*, p. 370.

24. *Ibid.*, p. 374.

TEORIA CRÍTICA

objeção válida da antropologia à superação das más condições sociais. Os argumentos de Kant contra a defesa psicológica do absolutismo valem para qualquer época na qual está sendo usada, na luta contra o progresso, entre outras ciências, também a do homem. O que Schopenhauer chamou a "formação de uma utopia moral"[25], a realização da moral e, ao mesmo tempo, sua extinção não é para Kant uma ilusão, mas a meta da política.

É certo que a filosofia de Kant também acusa elementos utópicos: residem não na idéia de uma condição perfeita, mas na representação não-dialética de um contínuo aproximar-se dela. Segundo ele, todas as destinações da sociedade burguesa se encontram novamente idênticas naquele estado final, só que elas se encaixam uma na outra melhor do que no presente. Kant também eterniza as categorias do sistema vigente. A ordem que ele propõe como meta seria novamente uma ordem de pessoas atuantes independentemente, de cujas decisões tomadas individualmente emergisse decerto sem atritos o bem-estar do todo. Este ideal é, de fato, uma utopia; como em toda utopia, o pensamento ansioso forma uma bela imagem a partir dos elementos inalterados do presente. A concordância dos interesses de todos os indivíduos só pode ser compreendida, na utopia de Kant, como harmonia preestabelecida, como milagre benéfico. Ao contrário disso, a ciência leva em conta o fato de que, com a revolução histórica, mudam também os elementos da condição anterior.

Para anular o caráter utópico da idéia kantiana de uma condição perfeita é necessária a teoria materialista da sociedade. É que os diversos interesses dos indivíduos não são fatos derradeiros, têm sua base não numa constituição psicológica independente, mas nas condições materiais e na real situação global do grupo social a que pertence o indivíduo. A diversidade simplesmente inigualável dos interesses tem sua origem na diversidade das condições de propriedade; os homens se confrontam hoje como funções de diversas potências econômicas, cada uma das quais evidencia tendências evolutivas opostas às das outras. Somente quando esta forma contrastante de economia, cuja introdução significou uma vez um progresso extraordinário, entre outras coisas a possibilidade de evolução para pessoas autoconscientes, for substituída por uma forma de vida da sociedade onde a propriedade produtiva seja administrada não apenas com boas intenções, mas com a racionalidade necessária aos interesses gerais, somente então a harmonia entre os objetivos individuais cessará de parecer um milagre. Neste caso, porém, os indivíduos também deixarão de ser meros expoentes de objetivos particulares. Cada um não é mais apenas mônada, mas, no dizer de Kant, um "elo" da comunidade.

---

25. "Grundlage der Moral", *ibid.*, p. 635.

MATERIALISMO E MORAL

Esta expressão com que ele descreve um elemento dinâmico no fenômeno moral, que para além de si mesmo aponta para uma sociedade mais racional, assumiu, na sociologia moderna, uma função lamentável: a de incitar os homens que se desesperam neste desconjuntado mecanismo da sociedade vigente, a se entregarem cegamente ao "todo" particular em cuja esfera eles caíram por nascimento ou por destino, independentemente do papel que isso desempenhe exatamente na história humana. A mudança organológica se compreende aí num sentido diametralmente oposto a Kant. Em vez de referir-se a uma era na qual as condições humanas eram realmente reguladas pela razão, ele remete a fases já percorridas da sociedade, quando cada ação era regida meramente pelo instinto, pela tradição e pela obediência. Kant usa a imagem do organismo para demonstrar o funcionamento perfeito da sociedade futura; neste caso, não é negado de modo nenhum o papel do pensamento racional. Hoje, ao contrário, a imagem do organismo caracteriza um sistema de dependência e de desigualdade econômica que já não tem meios de se justificar perante o desenvolvido entendimento crítico dos homens e, por isso, precisa de frases metafísicas para reconciliá-la com ele. O organismo é usado para fundamentar o fato, já duvidoso devido ao crescimento de todas as forças, de que alguns só mandam e outros só executam, como eterna relação da natureza cega: os homens sofredores devem satisfazer-se, hoje como no tempo de Menênio Agripa, com a idéia de que seu papel no todo lhes seria inato, assim como aos órgãos seriam inatos os seus no corpo animal. A dependência cega na natureza é apresentada nos membros da sociedade como exemplo. Contra esta sociologia idealista, que pensa eliminar a injustiça quando tenta, por meio da chamada renovação espiritual, afastar das mentes a crescente consciência que se tem disso, a tendência da doutrina moral de Kant é no sentido de uma sociedade na qual as funções objetivas são certamente coordenadas da maneira mais sutil, mas as possibilidades de evolução e a felicidade dos indivíduos não estão sujeitas a qualquer progressão e nem são entregues ao destino. "Para que não haja ruptura no corpo, mas que os membros tenham o mesmo cuidado uns para com os outros", como diz também o Novo Testamento[26]. Em Kant, o organismo é determinado justamente pelo conceito de finalidade. O evento orgânico, segundo ele, se relaciona sempre com a "causalidade de um conceito"[27], isto é, com o desígnio e o plano.

Na sociedade futura, tal como a pretende a consciência moral, a vida do todo, como a dos indivíduos, se produz não só como efeito natural, mas como resultado de planos racionais, orientados da mesma

---

26. *I Coríntios*, cap. 12, versículo 25.

27. Cf. Kant, *Kritik der Urteilskraft*, §§ 10 e 64, Ed. da Academia, tomo V, pp. 219 e ss. e pp. 369 e ss.

72 TEORIA CRÍTICA

forma para a felicidade dos indivíduos. O emprego funcional da imensa riqueza em forças humanas e práticas da produção assume o lugar do mecanismo cego das lutas econômicas que atualmente condicionam a felicidade e, para a maior parte da humanidade, a infelicidade. Cada indivíduo, segundo Kant, deve ser "ao mesmo tempo legislador universal, mas também estar sujeito ele mesmo a estas leis"[28]. "Legislador" não só no sentido público-jurídico da democracia formal, mas também de tal forma que ele mesmo, com as suas possibilidades, encontre em toda a realidade social a mesma consideração que todos os outros. No sentido kantiano, a honra de valer como finalidade absoluta não cabe a nenhuma totalidade específica, mas ao indíviduo: somente ele possui raciocínio. Mediante a análise da consciência moral Kant demonstrou a idéia desta sociedade digna dos homens, na qual a moral perde sua base: ela aparece como sua exigência e conseqüência. Hegel converteu-a no fundamento de sua filosofia. Segundo ele, a racionalidade consiste concretamente na unidade da liberdade objetiva e subjetiva, isto é, na unidade entre a vontade geral e a dos indivíduos que perseguem seus objetivos[29]. Decerto ele julgou – da mesma forma que os seus professores liberais de economia política – que esta situação já estava realizada na sua época. No seu sistema, a moral como força humana diferenciada do interesse não desempenha um grande papel; segundo esta metafísica histórica conclusiva, não se precisa mais dela como força de impulsões. Entretanto, o conceito hegeliano de espírito contém o mesmo ideal que o mundo burguês implantou em todas as cabeças pensantes assim como na filosofia kantiana. A teoria de sua realização leva da filosofia à crítica da economia política.

Através do conhecimento de que o querê-la e o convocá-la têm suas raízes no atual modo de produção e, como outras formas de vida, muda com ela, a moral se tornou ao mesmo tempo compreensível e finita. Numa época em que o domínio dos instintos de propriedade é a lei natural dos homens e cada um, conforme a definição de Kant, vê no outro principalmente um meio para seus próprios fins, a moral significa em geral a preocupação com a evolução e a felicidade da vida. Mesmo os adversários da moral tradicional pressupõem, na sua crítica, um certo sentimento moral para com tais anseios. Se Nietzsche, no prefácio à *Genealogie der Moral*, esclarece seu próprio problema, então à pergunta materialista: "Sob que condições o homem inventou para si aqueles ditames bons e maus?" segue igualmente a interrogação moral: "E que valor eles próprios têm? Impediram ou fomentaram até agora a prosperidade humana? São eles uma demonstração de penúria, de empobrecimento, de degeneração da vida? Ou, pelo contrário, manifesta-se neles a plenitude, a força, a vontade de viver, sua coragem, sua con-

---

28. Kant, *Grundlegung, ibid.*, p. 433.
29. Cf., entre outros, *Grundlinien der Philosophie des Rechts*, § 258.

MATERIALISMO E MORAL

fiança, seu futuro?" Aqui, como em Kant, vale como norma a idéia universal da humanidade. Sem dúvida, numa época em que já eram claramente visíveis as condições para uma forma mais satisfatória de sua organização, Nietzsche recomendou meios bastante errados para sua libertação; ao exigir que a humanidade atual "estendesse sua meta para além de si mesma – porém não num mundo falso, mas em sua própria continuação"[30], ele atinge a si próprio; pois todas as suas propostas práticas se baseiam numa extrapolação errada. A partir de sua investigação psicológica dos indivíduos que agem sob a lei natural de seu interesse pessoal, ele concluiu que a satisfação geral daquilo que eles anseiam, isto é, segurança e felicidade, deveria produzir uma sociedade de pequenos burgueses, o mundo dos "últimos" homens. Não percebeu que as qualidades que ele odiava na era atual nascem precisamente da falta de condições favoráveis para a comunidade. Com a temida expansão da razão, com sua aplicação a todas as condições da sociedade, devem mudar aquelas qualidades que, na verdade, dependem da concentração de todos os instintos em torno da vantagem particular, e as idéias, até os impulsos, devem tornar-se diferentes. O desconhecimento da dialética por Nietzsche leva-o a prever, como Kant, a mesma "falta de justiça". "Se ela fosse do modo como desejamos, toda moralidade se converteria em egoísmo"[31]. No entanto, o egoísmo realmente se transformou ao mesmo tempo em moralidade ou, melhor, ambos se fundiram numa nova forma do interesse humano, a qual corresponde melhor ao estado mais racional. A teoria da história que Nietzsche formula erra seu alvo; ele desloca o alvo, embora não para um mundo do além, mas, apesar disso, para um mundo errado, porque entende mal o movimento do presente por ignorar as leis econômicas. Não obstante, sua própria moral contém os mesmos elementos que ele combate. Ele esbraveja contra si próprio.

Também segundo Bergson, a moral contém a idéia do progresso da humanidade. "... de la société réelle dont nous sommes nous nous transportons par la pensée à la société idéale, vers elle monte notre hommage quand nous nous inclinons devant la dignité humaine en nous, quand nous déclarons agir par respect de nous-mêmes"[32]. Segundo ele, a moral tem dois lados: um "natural", que se origina da assimilação da sociedade a suas condições de vida – ela consiste nas reações socialmente convenientes e já convertidas em hábitos, próprias tanto dos membros

---

30. Nietzsche, *Gesammelte Werke*, ed. Musarion, tomo XIV, p. 124.

31. Kant, *Reflexionen zur Metaphysik*, ed. da Academia, tomo XVIII, p. 454.

32. Henri Bergson, *Les deux sources de la morale et de la réligion*, Paris, 1932, p. 66. Em francês, no original: "... da sociedade real em que estamos nós nos transportamos, pelo pensamento, para a sociedade ideal, rendemos a ela nossa homenagem quando nos curvamos diante da dignidade humana em nós, quando declaramos agir por respeito a nós mesmos".

74 TEORIA CRÍTICA

de tribos primitivas e nações civilizadas quanto dos espécimes de bandos animais – e um lado na verdade humano, o "élan d'amour", o impulso de amor. Ele contém em si mesmo "le sentiment d'un progrès"[33] e não tem como propósito meramente a conservação e segurança da associação particular a que o indivíduo casualmente pertence, mas da humanidade. A diferença entre os dois lados, um dos quais aparece como "pression sociale" e o outro como "marche en avant", não é outra senão a diferença que há em Kant entre a lei natural e o respeito pela humanidade. A visão de Bergson alcança ainda hoje uma profundidade suficiente para atingir a diferença entre o sentimento publicamente respeitado e a moral orientada para a frente. As "tendances innées et fondamentales de l'homme actuel"[34] se ligam à família, aos interesses em comum, à nação, e incluem necessariamente a possível inimizade entre os grupos. A este amor objetivado é que pertence o ódio, e não à solidariedade do sentimento moral orientado para a frente. "C'est qu'entre la nation, si grande soit-elle, et l'humanité, Il y a toute la distance du fini à l'indéfini, du clos à l'ouvert"[35]. É verdade que, tanto quanto Nietzsche, Bergson perde a agudeza do olhar quando pergunta como se realizaria a sociedade ideal desenhada pela moral verdadeira, que poderes atuais se opõem a ela e quem a preconiza e luta por ela. Repete aqui a teoria dos heróis, "dont chacun représente, comme eût fait l'apparition d'une nouvelle espèce, un effort d'évolution créatrice"[36]. De acordo com as velhas superstições, eles só surgiriam individualmente e no início de longos períodos, seriam extremamente raros. Certo de sua raridade, Bergson esquece, todavia, de perguntar se hoje não existiriam talvez muitos destes heróis da "société idéale" e estariam combatendo, sem que os filósofos tomassem outro conhecimento deles senão aquele que é característico da "alma fechada". Neste esquecimento, na indiferença pelas lutas terrenas em prol daquela sociedade que é idealmente antecipada na moral, na união deficiente com as forças propulsoras, reside a parcela de imoralidade que se pode descobrir atualmente até na filosofia séria.

O materialismo vê na moral uma manifestação de vida de determinados homens e tenta compreendê-la a partir das condições de sua gênese e ocaso, não por causa da verdade em si, mas em conexão com determinados impulsos históricos. Ele interpreta a si próprio como o lado teórico dos esforços para erradicar a miséria existente. Os traços que ele assinala no fenômeno histórico da moral só se manifestam sob a

---

33. *Ibid.*, p. 48. "... o sentimento do progresso".

34. *Ibid.*, p. 54. "As tendências inatas e fundamentais do homem atual".

35. *Ibid.* "É que entre a nação, por maior que ela seja, e a humanidade, existe toda a distância do finito ao indefinido, do fechado ao aberto".

36. *Ibid.*, p. 98. "... cada um dos quais representa um esforço de evolução criativa, como se houvesse aparecido uma nova espécie".

MATERIALISMO E MORAL

condição prévia de um determinado interesse prático. O materialismo não supõe que atrás da moral haja uma instância supra-histórica. É estranho a ele o medo que preceitos morais, por mais espiritualizados que sejam, carregam consigo por causa de sua origem de autoridade religiosa. As conseqüências de todas as ações humanas acontecem exclusivamente no mundo espácio-temporal. Enquanto elas, neste mundo, não reagirem ao seu autor, ele nada tem a temer delas. Mesmo o brilho com que os filósofos e a opinião pública revestem, em geral, o agir "ético", todos os argumentos com que o recomenda não resistem à razão. A moderna "pesquisa de valores" de Scheler e Hartmann, através da opinião de que se pode pesquisar o "campo dos valores genuínos"[37] da mesma maneira que um outro campo de fatos, apenas encontrou um método diferente para a solução de uma tarefa impossível: a motivação das maneiras de agir pela mera filosofia. A afirmação de uma ciência de "estrutura e ordem do campo de valores" representa necessariamente a tentativa de uma tal proclamação de preceitos. Pois, mesmo que este saber seja descrito como se estivesse "ainda totalmente no estágio de tentativa e erro"[38], está preso, no entanto, a todos os valores que o ético procura demonstrar: um "elemento de dever"[39] que, em certos casos, se transforma no "dever fazer do sujeito"[40]. Apesar da declaração de que a decisão sempre depende da consciência do sujeito, apesar da generalidade que é parte inerente da essência da teoria filosófica da moral, é afirmado que existem diferenças de graduação às quais o comportamento deveria adequar-se: "Assim, por exemplo, na escala de valores, amor ao próximo se situa mais alto do que a justiça, o amor ao mais afastado, mais alto do que o amor ao próximo, mas o amor pessoal (ao que parece), mais alto do que ambos. Do mesmo modo, a coragem está situada acima do autodomínio; a fé e a lealdade acima da coragem, a virtude de dar e a personalidade estão de novo mais alto que aquelas"[41]. Tais afirmações, cujo teor, aliás, está ligado muito vagamente ao senso moral, já que desde Kant a função da filosofia tornou-se muito reacionária, têm um caráter de preceito tanto quanto o imperativo categórico. São a expressão mistificada de fatos espirituais, nos quais a "pression sociale" e o "élan d'amour" contraem uma relação de difícil análise. Não existe um campo de valores eterno. Necessidades e desejos, interesses e paixões dos homens mudam de acordo com o processo social. A psicologia e outras ciências auxiliares da história devem unir-se para explicar os valores sempre reconhecidos e sua mudança.

Não existem preceitos morais obrigatórios. O materialismo não encontra uma instância que transcende o homem e que distingue entre so-

---

37. Nicolai Hartmann, *Ethik, ibid.*, p. 43.

38. *Ibid.*, p. 154.

40. *Ibid.*, p. 165.

41. *Ibid.*, p. 497.

76 TEORIA CRÍTICA

licitude e cobiça, bondade e crueldade, avidez e dedicação. Também a lógica permanece muda, ela não concede qualquer primazia à convicção moral. Todas as tentativas de fundamentar a moral na inteligência terrena, em vez de baseá-la na esperança de um além, apóiam-se em ilusões harmonísticas, e o próprio Kant, como o provam os exemplos citados, nem sempre resistia a essa tendência. Em primeiro lugar, ela e a inteligência divergem na maioria dos casos. Ela não é passível de motivação, nem através da intuição nem de argumentos. Representa, antes, um estado psíquico. Descrever este, torná-lo compreensível em suas condições pessoais e mecanismos de propagação de uma geração à outra é tarefa da psicologia. Característico do sentimento moral é um interesse que diverge da "lei natural" e nada tem a ver com aquisição particular e com posses. Atualmente, quase todas as emoções humanas são definidas seja por esta lei, seja pela mera convenção. A partir das definições dos pensadores burgueses conclui-se que, nesta época, mesmo o amor se situa na categoria da propriedade. "Videmus... quod ille, qui amat necessario conatur rem, quam amat, praesentem habere et conservare", diz Spinoza[42]. Kant descreve o casamento[43] como a "união de duas pessoas de sexo diferente, com a finalidade de posse recíproca de suas qualidades sexuais durante a vida toda" e fala da "equidade de posse" não só dos cônjuges no que se refere aos bens materiais, mas também "das pessoas que mutuamente se pertencem"[44]. Por isso, enquanto as descrições modernas não se tornarem totalmente ideológicas contêm definições semelhantes. Segundo Freud, a meta sexual do impulso infantil no qual, conforme sua teoria, já é possível descobrir também os traços essenciais do impulso dos adultos consiste em causar "a satisfação, mediante o estímulo apropriado das... zonas erógenas"[45]. Logo, a pessoa amada aparece principalmente como o meio de exercer este estímulo. A teoria de Freud emerge, a este respeito, como um comentário mais aprofundado da definição que Kant deu do matrimônio.

O sentimento moral difere desta espécie de amor, e Kant tem razão quando o distingue não só do egoísmo, mas também de toda "inclinação" deste tipo. Mediante sua teoria de que, ao contrário daquilo que é regra no mundo burguês, o homem na moral não é apenas um meio, mas simultaneamente o objetivo, ele designa o fato psíquico. O sentimento moral tem algo a ver com amor; pois "na finalidade está o amor, a adoração, a visão da perfeição, a saudade"[46]. Entretanto, este amor

---

42. Spinoza, *Ethica*, Pars III, Propos. XIII, Schol.

43. Kant, *Metaphysische Anfangsgründe der Rechtslehre*, § 24, edição da Academia, tomo VI, p. 277.

44. *Ibid.*, § 26, p. 278.

45. Sigmund Freud, "Drei Abhandlungen zur Sexualtheorie", *Gesammelte Werke*, tomo V, Frankfurt am Main, 1961, p. 85.

46. Nietzsche, *ibid.*, p. 108.

MATERIALISMO E MORAL

não se refere à pessoa como sujeito econômico ou como um cargo na situação financeira de quem ama, mas como o possível membro de uma humanidade feliz. Não tem em mira a função e o prestígio de um determinado indivíduo na vida burguesa, mas a sua necessidade e as forças orientadas para o futuro. Ele não é passível de definição, a menos que, na descrição deste amor, seja incluída a orientação para uma futura vida feliz de todos os homens, a qual não resulta, na verdade, de uma revelação, mas da necessidade do presente. A todos, enquanto homens, ele deseja o livre desenvolvimento de suas forças fecundas. Para ele, é como se os seres vivos possuíssem um direito à felicidade, e ele não exige, para isso, nem ao menos uma justificativa ou uma razão. Originariamente, a severidade é contrária a ele, mesmo que haja processos psíquicos que tenham em si ambos os elementos. Na sociedade burguesa, a educação numa moral rígida estava mais freqüentemente a serviço da lei natural do que sob o signo da libertação dela. Uma expressão do sentimento moral não é o bastão de sargento, mas o final da Nona Sinfonia.

Isto se confirma hoje de dupla forma. Primeiro, como compaixão. Enquanto que, na época de Kant, a produção social realizada mediante apropriação privada era progressista, hoje ela significa um agrilhoamento de força e seu mau uso para fins de destruição. A luta em escala mundial dos grandes grupos econômicos se trava através da atrofia de talentos humanos de valor, do uso de mentiras interna e externamente e do desenvolvimento de ódios imensos. A humanidade alcançou, no período burguês, tal riqueza, comanda forças auxiliares naturais e humanas tão grandes que poderia existir unida sob objetivos dignos. A necessidade de ocultar este fato que transparece em toda a parte determina uma esfera de hipocrisia que não se estende apenas às relações internacionais, mas insinua-se nas relações mais particulares, determina também uma redução de esforços culturais, inclusive da ciência, um embrutecimento da vida privada e pública, de tal forma que à miséria material se junta também a miséria espiritual. Nunca a pobreza dos homens se viu num contraste mais gritante com a sua possível riqueza como nos dias de hoje, nunca todas as forças estiveram mais cruelmente algemadas como nestas gerações onde as crianças passam fome e as mãos dos pais fabricam bombas. O mundo parece caminhar para um desastre ou, melhor, já está no meio de um desastre, que, dentro da história que nos é familiar, só pode ser comparado à decadência da Antiguidade. O absurdo do destino individual, que antes já era determinado pela falta de razão, pela mera naturalidade do processo de produção, cresceu na fase atual, para converter-se na marca mais característica da existência. Quem é feliz poderia, por seu valor interior, encontrar-se também no lugar do mais infeliz e vice-versa. Cada um está entregue ao acaso cego. O desenrolar de sua existência não guarda qualquer proporção com as suas possibilidades interiores, seu papel na sociedade atual não tem, na maioria das vezes, qualquer relação com aquilo que

78   TEORIA CRÍTICA

ele poderia produzir numa sociedade racional. Por isso, o comportamento em relação a este daquele que age moralmente não pode guiar-se pela sua dignidade; não se evidencia, neste presente caótico, até onde convicções e ações são realmente meritórias, "a moral propriamente dita das ações (mérito e culpa)..., mesmo a do nosso próprio comportamento, nos permanece totalmente oculta"[47]. Percebemos os homens não como sujeitos de seu destino, mas como objetos de um acidente cego da natureza, e a resposta do sentimento moral a isto é a compaixão.

Que Kant não viu a compaixão com base no sentimento moral pode-se explicar a partir da situação histórica. Ele podia esperar que do progresso ininterrupto da livre concorrência se originasse o aumento da felicidade geral; pois via o mundo em ascensão sob o domínio deste princípio. Apesar disso, já no seu tempo, não era possível separar a compaixão da moral. Enquanto o indivíduo e o todo não se fundirem realmente, enquanto a morte fácil do indivíduo liberto da angústia não lhe parecer algo extrínseco, porque ele sabe, com certeza, que seus objetivos essenciais estão resguardados com a comunidade, enquanto, portanto, a moral ainda tiver uma razão para existir, mora nela a compaixão. É possível até que lhe sobreviva; pois a moral faz parte daquela forma determinada das relações humanas que estas adotaram por causa da condição econômica da era burguesa. Com a mudança destas relações mediante sua organização racional, no mínimo ela desempenha um papel secundário. É possível que, então, os homens combatam unidos suas próprias dores e doenças – é imprevisível o que pode realizar a medicina, liberta das algemas sociais do presente –, mas na natureza continuam reinando a vida e a morte. Todavia, a solidariedade dos homens é uma parte da solidariedade da vida em geral. O progresso na realização daquela reforça também o sentido desta. Os animais precisam do homem. É mérito da filosofia de Schopenhauer ter exposto à plena luz esta unidade entre nós e eles. Os maiores dons do homem, principalmente a razão, não suprimem de todo a união que ele sente com os animais. Embora os traços do homem tenham um cunho especial, é evidente a afinidade entre a sua felicidade e miséria e a vida dos animais.

A outra forma na qual a moral encontra, hoje, uma expressão adequada é a política. Os grandes filósofos moralistas indicaram cada vez mais como sua meta verdadeira a felicidade da comunidade. O próprio Kant se enganou sobre a estrutura da sociedade futura, porque ele acreditava que a forma da atual era eterna. Em primeiro lugar, a crítica materialista da economia política evidenciou que a realização do ideal com que nasceu a sociedade atual, isto é, a unificação entre o interesse particular e o geral, só pode realizar-se através da supressão de suas próprias condições. Afirma-se, hoje, que as idéias burguesas de liber-

---

47. Kant, *Kritik der reinen Vernunft*, B 579, nota.

MATERIALISMO E MORAL

dade, igualdade e justiça se revelaram más; porém, não as idéias da burguesia, mas as condições que não lhes correspondem, é que demonstraram sua insustentabilidade. Portanto, os lemas do Iluminismo e da Revolução Francesa continuam válidos mais do que nunca. Justamente no atestado de que eles conservaram sua atualidade e não a perderam por causa da realidade, reside a crítica dialética ao mundo que se esconde sob seu manto. Estas idéias não são senão as características individuais da sociedade racional, tal qual ela é antecipada na moral como meta necessária. Por isso, uma política correspondente não deve abandonar estas exigências, mas realizá-las – decerto não enquanto conservam utopicamente definições condicionadas pelo tempo, mas de acordo com seu sentido. O conteúdo das idéias não é eterno, é sujeito a mudança histórica, não, decerto, porque o "espírito" por si só feriu arbitrariamente o princípio da identidade, mas porque os impulsos humanos que desejam o melhor assumem uma outra forma, segundo o material histórico com que se ocupam. A unidade de tais conceitos emerge menos da constância de seus elementos do que da evolução histórica da situação daquele para quem é necessária a sua realização.

A teoria materialista não se importa em manter inalterados os conceitos, mas em melhorar a sorte da comunidade. Na luta por este objetivo, as idéias mudaram seu conteúdo. Hoje, a liberdade dos indivíduos significa a anulação de sua autonomia econômica num plano. A atual desigualdade dos sujeitos econômicos e humanos era a pressuposição das idéias de igualdade e justiça até agora; ela deve desaparecer na sociedade unida: com isso, estas idéias perdem seu sentido. "Igualdade consiste apenas no contraste com a desigualdade, justiça no contraste com a injustiça; portanto, ainda pesa sobre elas o contraste com a antiga sociedade passada, ou seja, com a própria sociedade antiga"[48]. Todos estes conceitos, até agora, derivavam seu conteúdo definido das condições de livre economia, que com o tempo deveria funcionar de maneira favorável para todos. Hoje, eles se transformaram na imagem concreta de uma sociedade melhor, originária da atual, se os homens não mergulharem antes na barbárie.

O conceito de justiça, que desempenha um papel decisivo como lema na luta pela organização racional da sociedade, é mais antigo do que a moral. É tão antigo quanto a sociedade de classes, isto é, quanto a própria história européia conhecida. A justiça, ligada à liberdade e à igualdade, foi reconhecida como princípio universal, realizável neste mundo, em primeiro lugar pela moral burguesa; naturalmente, hoje os recursos da humanidade se tornaram suficientemente grandes para que sua realização adequada se apresente como uma missão histórica imediata. A luta pela sua realização caracteriza nossa época de transição.

---

48. Friedrich Engels, "Vorarbeiten zum 'Anti-Dühring'". *Marx-Engels Archiv*, tomo II, Frankfurt am Main, 1927, p. 408.

80 TEORIA CRÍTICA

Na história até hoje, todo trabalho cultural só se tornou possível em conseqüência de uma divisão em grupos dominantes e dominados. O sofrimento, ligado não só à contínua renovação da vida dos povos numa determinada etapa, porém especialmente a cada progresso e representando por assim dizer os custos que a sociedade despende, nunca se repartiu por igual entre seus membros. A causa disso não reside, como pensaram os nobres filósofos do século XVIII, na cobiça e na maldade dos dominantes, mas na desproporção entre as forças e as necessidades dos homens. O nível geral de instrução de toda a sociedade, inclusive da classe superior, considerando as ferramentas existentes, condicionava até a era atual a dependência das massas com relação ao trabalho e, portanto, com a vida em si. Sua brutalidade correspondia à inépcia dos dominantes em alçá-las a um nível mais alto de instrução, e ambos estes elementos sempre foram produzidos pela dureza da existência social que só lentamente se transformava. A humanidade histórica, sob a ameaça de submergir no caos, não dispunha de opção para se desfazer do sistema de domínio. A origem e a propagação da cultura são inseparáveis desta cisão. Abstraindo os bens materiais que resultam do processo de produção conforme a divisão do trabalho, os produtos da arte e da ciência, os modos mais refinados de convivência entre os homens, seu senso de uma existência espiritual indicam sua origem de uma sociedade onde os encargos e os prazeres são repartidos de modo desigual.

Freqüentemente se tem afirmado que a divisão de classes que caracterizou a história até hoje é uma continuação da desigualdade na natureza. As espécies animais admitem a divisão em perseguidores e perseguidos, de modo que algumas são ambas as coisas, enquanto outras são apenas uma. Mesmo dentro das espécies existem grupos fisicamente separados, onde uns aparecem abençoados pela sorte e outros, perseguidos por uma série de incompreensíveis golpes do destino. A dor e a morte dos indivíduos dentro dos grupos e espécies são, outra vez, repartidas de modo desigual e dependem de circunstâncias que carecem de qualquer conexão lógica com a vida dos atingidos. A desigualdade provocada continuamente pelo processo de vida da sociedade se aproxima da desigualdade de toda a natureza. Ambas impregnam a vida da humanidade, enquanto a diversidade natural de forma exterior, os talentos, e mais as doenças e as circunstâncias particulares da morte complicam a desigualdade social. Certamente, o grau de eficácia com que estas diferenças naturais atuam na sociedade depende também da evolução histórica; elas têm conseqüências diferentes nos diversos estágios da respectiva estrutura social: o aparecimento da mesma doença pode significar algo totalmente diverso para membros de círculos sociais divergentes. Consideração, arte pedagógica e uma série de satisfações proporcionam à criança rica porém mal dotada a oportunidade de desenvolver as tendências ainda existentes, enquanto o filho atrasado de

MATERIALISMO E MORAL 81

gente pobre arruína-se espiritual e fisicamente na luta pela sobrevivência; a vida aumenta suas taras e extingue os dons favoráveis.

Todavia, nesta história da humanidade onde a desigualdade representa uma característica tão fundamental, manifestou-se cada vez mais, seja como sua outra face, seja como seu resultado, uma reação humana definida. Em épocas diferentes e lugares diversos ergueu-se um clamor para acabar com a desigualdade. Não só as camadas dominadas mas também os desertores das classes dominadoras declararam-na perversa. A igualdade a alcançar, cujo conceito se desenvolveu, na opinião dos materialistas, com as condições de troca, foi interpretada da forma mais diversa: da simples pretensão de que cada um receba uma parcela igual dos bens de consumo produzidos pela sociedade (como no cristianismo primitivo), passando pela proposta de que a cada um se distribua sua cota conforme seu trabalho (Proudhon), até a idéia de que ao indivíduo mais sensível se confiram os menores encargos (Nietzsche), existe a gama mais variada de idéias sobre as condições corretas. Todas almejam que a felicidade, tanto quanto for possível para cada homem em relação aos outros, com base em seu destino na sociedade, não dependa de fatores acidentais, arbitrários, extrínsecos a ele; em outras palavras, que a desigualdade nas condições de vida do indivíduo seja pelo menos tão grande quanto é inevitável no nível dado, se se pretende manter o abastecimento global de bens. É este o conteúdo geral do conceito de justiça; segundo ele, a desigualdade social reinante em cada época precisa de fundamentação racional. Ela deixa de ser considerada boa e se transforma em algo a ser vencido.

Generalizar este princípio é uma obra da época mais recente. Nela também não faltaram os defensores da desigualdade, nem os aduladores da cegueira na natureza e na sociedade. Mas, se alguns filósofos representativos de épocas passadas, como Aristóteles e Tomás de Aquino, enalteciam como valores eternos as diferenças nos destinos dos homens, o Iluminismo, decerto retomando antigas teorias humanísticas, apresentou a desigualdade como um mal a abolir e, na Revolução Francesa, a igualdade foi elevada a princípio constitucional. Este reconhecimento não foi apenas uma inspiração ou, nas palavras de Bergson, a irrupção da moral aberta no círculo da moral fechada, mas fazia parte, naquela época, da assimilação de toda a sociedade às circunstâncias de vida em transformação, que esta, por força de sua dinâmica inerente, como todo ser vivo, realiza tanto contínua quanto repentinamente. A idéia da igualdade "résulte logiquement des transformations réelles de nos sociétés"[49]. A idéia de igualdade pressupõe necessariamente a de liberdade. Se algum indivíduo originariamente é menos digno do que outro de se desenvolver e se satisfazer na realidade, o emprego da coação de um

---

49. Charles Bouglé, *Les idées égalitaires*, Paris, 1925, p. 248. "... resulta logicamente das transformações reais de nossas sociedades".

grupo humano sobre outro é considerado um mal. O conceito de justiça não pode ser separado tanto do de liberdade quanto do de igualdade.

A declaração da igualdade como princípio constitucional significava, desde o início, não só um progresso como também um perigo para o pensamento. Na medida em que, na nova formação dos princípios de justiça, se consumava, realmente, uma abolição de certas desigualdades que, devido às crescentes forças dos homens, se haviam tornado desnecessárias, até nocivas, proclamava-se ao mesmo tempo este passo como a realização da igualdade. Não ficou muito claro se a igualdade social dos homens ainda era uma exigência a realizar ou já era uma descrição da realidade. A Revolução Francesa não só contribuiu para o reconhecimento teórico do conceito universal de justiça, como também o realizou em larga escala em sua época. Ele domina as idéias do século XIX e está integrado como traço principal no pensamento geral, até mesmo no sentimento do mundo europeu e americano. Todavia, aquelas instituições que, na época da Revolução, personificavam de maneira adequada o princípio, o estado geral da sociedade burguesa tornou velhas. A igualdade perante a lei significou, naquele tempo, apesar da desigualdade dos bens, um progresso no sentido da justiça – hoje ela se tornou insuficiente por causa desta desigualdade. A liberdade do discurso público era uma arma na luta por melhores condições – hoje ela favorece sobretudo as condições ultrapassadas. A invulnerabilidade da propriedade era uma proteção do trabalho burguês contra a interferência das autoridades – hoje ela tem como seqüela ao mesmo tempo a expropriação de vastas camadas burguesas e a improdutividade da riqueza social.

É por isso que a aliança que as idéias da burguesia contraíram, desde a vitória da Revolução Francesa, com o poder vigente, confunde os pensamentos: estas idéias progressistas são estranhas e opostas aos seus representantes lógicos, as forças progressivas da sociedade. Justamente na atualidade, porém, é que sua realização se tornou tarefa da humanidade, sob perigo de perecerem. Hoje, pela primeira vez, a abolição da desigualdade econômica, que dentro de pouco tempo deveria levar à eliminação em larga escala da diferença entre grupos dominados e dominantes, poderia significar não o abandono da cultura, mas, ao contrário, sua salvação. Enquanto, nas épocas anteriores, a repartição desigual do poder fazia parte dos pressupostos da cultura, hoje converteu-se numa ameaça a ela. No entanto, aquelas forças que tiram proveito das más condições sociais servem-se agora destas idéias para defender-se da possível mudança que a humanidade necessita. Elas as arrancam daqueles que têm um real interesse na sua realização. Resulta daí a particular desorientação hodierna no campo do conceito de mundo. As determinações da justiça, que hoje se expressam nas instituições de uma democracia meramente formal e nas idéias dos homens educados em seu espírito, perderam a conexão clara com sua origem – de outro modo, elas se orientariam agora da mesma

MATERIALISMO E MORAL 83

forma contra poderes dominantes que agrilhoam a evolução da humanidade, como na época em que a própria burguesia as interpretava em sentido produtivo – só que a mudança hoje significaria um passo incomparavelmente mais importante. Todavia, embora os próprios poderosos tenham proclamado como sagrados, durante séculos, os princípios de uma boa ordem, imediatamente estão prontos a torcê-los ou atraiçoá-los quando seu emprego significativo não serve mais aos seus interesses, mas, antes, lhes é contrário. Estão prontos a atirar fora e eliminar da educação todos os ideais pelos quais lutaram e trabalharam seus representantes, os pais da Revolução Francesa, se os homens estiverem evoluídos e desesperados o suficiente para empregá-los não mais apenas mecanicamente na conservação de instituições, mas usá-los dialeticamente na realização de um mundo melhor. Necessidades de poder interior e exterior implicam que tudo o que, na moral burguesa, aponta para o futuro esteja, em muitos lugares, sendo asfixiado ou propositadamente eliminado. O número de países em que ainda não estão proscritas todas as idéias que visam o aumento da felicidade individual diminui cada vez mais; isso indica que o período durante o qual o mundo burguês produziu moral foi curto demais para integrá-la completamente no sangue da comunidade. Não só a moral secular, mas também o que de bondade e amor ao próximo do cristianismo como poder civilizador anterior penetrou na alma, no curso das gerações, jaz a tão pouca profundidade, que dentro de algumas décadas também estas forças poderão atrofiar-se. O sentimento moral de governos, povos e muitos líderes do mundo civilizado é tão débil que, embora se manifeste por ocasião de terremotos e catástrofes, na forma de arrecadação de fundos, no entanto diante de injustiças gritantes que se cometem por puros interesses de propriedade, por conseguinte no espírito da "lei natural" e com o desprezo de todos os valores burgueses, ele emudece e esquece facilmente.

A exortação à moral é mais impotente do que nunca, mas ninguém precisa dela. Ao contrário da fé idealista na "voz da consciência" como força decisiva na história, esta esperança é estranha ao pensamento materialista. Já que ele próprio faz parte, não obstante, dos esforços para uma sociedade melhor, sabe muito bem onde atuam hoje os elementos avançados da moral. Sob a forte pressão que pesa sobre uma grande parte da sociedade atual, eles são sempre produzidos de novo na forma de anseio por condições racionais, adequadas ao atual estado de desenvolvimento. A parte da humanidade que, pela sua situação, depende necessariamente desta mudança já inclui algumas forças que se preocupam seriamente com a realização da melhor sociedade. Está também psicologicamente preparada para isto; pois seu papel no processo de produção dirige-a menos para o aumento, aliás inútil, de bens do que para o emprego da sua força de trabalho. Nestas condições, facilita-se a formação de caracteres em que não é decisivo o instinto de posse. Se assim a herança da moral se transfere para novas camadas, muitos dos próprios proletários acusam os traços burgueses sob o domínio da lei natural; da mesma maneira, as obras de escritores burgueses tardios, como Zola, Maupassant, Ibsen e Tolstói, constituem verdadeiros testemunhos da bondade moral. Em todo caso, porém, os esforços coletivos e guiados pelo conhecimento daquela parte da humanidade, visando a libertação desta e a sua própria, contém tanta solidariedade genuína, tanta despreocupação pela existência privada, tão poucos pensamentos sobre bens e propriedade, que neles já se parece prenunciar o sentimento de vida da humanidade futura. Enquanto a suposta consciência de igualdade na sociedade atual carrega a mácula de desdenhar a real desigualdade na existência do homem e, por isso, inclui a falsidade, as forças que insistem na transformação colocam em primeiro plano a desigualdade real. Do conceito válido de igualdade faz parte o conhecimento da sua negatividade: os homens de hoje são diferentes não só pelas condições econômicas, mas também pelas qualidades espirituais e morais. Um camponês da Baváría difere fundamentalmente de um operário de Berlim. Todavia, a certeza de que essas diferenças resultam de condições transitórias e de que, sobretudo, a desigualdade de poder e de sorte, tal como se consolidou hoje mediante a estrutura da sociedade, não corresponde mais às forças progressistas de produção, engendra um respeito pelas possibilidades interiores do homem e por aquilo "que dele se pode fazer" (Kant), um sentimento de independência e de solicitude ao qual a política, se estiver interessada na construção de uma sociedade livre, tem de referir-se de forma positiva.

Não existe qualquer obrigação para com esta política, nem tampouco qualquer obrigação para com a compaixão. Obrigações indicam mandamentos e contratos e, neste caso, não existem tais coisas. Ainda assim, o materialismo reconhece tanto na compaixão quanto na política progressista forças produtivas, ligadas historicamente à moral burguesa. Segundo ele, não só as formas expressas de mandamento, mas também as idéias de dever e culpa metafísica e, sobretudo, também a proscrição do desejo e do prazer exercem, ao contrário, efeitos restritivos na atual dinâmica social. A teoria materialista não concede ao ativista político nem mesmo o consolo de que, necessariamente, alcançará a meta; ela não é uma metafísica da história, mas a imagem cambiante do mundo, tal como evolui a partir do esforço prático pela sua melhora. O reconhecimento de tendências contidas nesta imagem não permite qualquer previsão inequívoca para a evolução histórica. Mesmo que tivessem razão aqueles que acham que a teoria poderia enganar-se "apenas" sobre o tempo da evolução e não sobre a direção – um "apenas" terrível, pois diz respeito aos suplícios de gerações –, então o tempo entendido apenas formalmente poderia mudar finalmente e referir-se à qualidade do conteúdo, isto é, a humanidade poderia, somente porque a luta perdurou por muito tempo, retornar a estágios anteriores da evolução. No entanto, a simples certeza de que

MATERIALISMO E MORAL

aquela ordem deverá chegar não forneceria tampouco a menor justificativa que servisse de base para afirmá-la ou apressá-la. O fato de algo no mundo ganhar poder não é razão para venerá-lo. O mito antiqüíssimo dos dominadores, de que aquilo que tem poder deve ser necessariamente bom, integrou-se à filosofia ocidental através da doutrina aristotélica da unidade entre a realidade e a perfeição; o protestantismo corroborou-o pela fé em Deus como senhor da história e ordenador do mundo; na atualidade européia e americana toda a vida humana é dominada por ele. A cega veneração do sucesso rege os homens na manifestação mais pessoal de vida. Para o materialista, a simples presença de uma grandeza histórica ou as chances que ela tem não constitui nenhuma recomendação. Ele pergunta em que relação esta grandeza se encontra, num momento dado, com as metas que ele se propõe, e age de acordo com a situação concreta. Tendo em vista as condições sociais dadas, esta atuação sofre a desgraça de que compaixão e política, as duas formas que exprimem hoje o sentimento moral, só raramente se deixam reunir numa relação racional. Consideração pelo homem que está perto e pelo que está longe, auxílio ao indivíduo e à humanidade, quase sempre se contradizem. Mesmo os melhores endurecem seu coração em algum ponto.

O materialismo compartilha com as correntes idealistas da filosofia a teoria de que a moral não pode ser provada e de que também nenhum valor isolado é passível de uma fundamentação puramente teórica. Mas tanto a dedução quanto o uso concreto do princípio na ciência são totalmente diferentes. Na filosofia idealista, isso está ligado necessariamente à sua doutrina do sujeito absolutamente livre. Assim como o sujeito – ao menos segundo os representantes mais recentes – deve criar o conhecimento a partir de si mesmo, também a fixação de valores é considerada subjetiva. Ela emerge, sem razão, do espírito autônomo, do *intellectus*. Nicolau Cusano já ensina: "Sem o poder do julgamento e da comparação termina toda avaliação e com ela deveria suprimir-se também o valor. Disso resulta a preciosidade do espírito, pois sem ele tudo o que foi criado não teria valor"[50]. Embora o sujeito autônomo, segundo Cusano, não crie independentemente a *essência* do valor, todavia ele decide livremente o quanto corresponde nisso a cada coisa. Neste ato de criação ele deve parecer-se com Deus, ser ele próprio quase que um outro Deus. Desde Cusano, esta doutrina é determinante na ciência e na filosofia. De acordo com ela, as diferenças de valor das coisas não são de modo nenhum pragmáticas, o objeto é em si mesmo de valor neutro. Decerto, a ciência pode descrever os atos humanos fixadores de valor, mas não pode

---

50. Nikolaus Cusanus, "De ludo Globi" II, p. 236 e ss., citado em Cassirer, *Individuum und Kosmos in der Philosophie der Renaissance*, Berlim, 1927, p. 46.

86 TEORIA CRÍTICA

decidir sobre eles. Na moderna metodologia, este princípio foi formulado como fundamento da isenção de valor. Para as principais tendências da filosofia idealista, com exceção das teorias objetivas de valor, que denotam tendências geralmente românticas, ou em todo caso antidemocráticas, a opinião de Max Weber é característica: "que somos homens de cultura, dotados da capacidade e da vontade de assumir conscientemente uma posição com relação ao mundo e atribuir-lhe um sentido... Ora, sem dúvida nenhuma, estas idéias de valor são 'subjetivas'"[51]. Por isso, de acordo com esta teoria, para a filosofia e ciência idealistas todo julgamento de valor é ilícito, e mais, nas últimas décadas cada vez mais é dever das ciências culturais e das ciências do espírito não aceitar e desenvolver o material em conexão com grandes metas sociais, mas registrar e classificar fatos "isentos de teoria". A aplicação das metas anteriores da burguesia, sobretudo da maior felicidade da comunidade, aos problemas daquelas ciências deveria ter conduzido a uma escala crescente de conflitos. Nas obras primordiais da burguesia, aqueles pontos de vista ainda são inteiramente normativos; mesmo os criadores do positivismo se defenderam, em contraste com algum discípulo posterior, contra a degeneração neutralista da ciência. "A 'spécialité dispersive' da atual geração dos eruditos", escreve John Stuart Mill na sua obra sobre Auguste Comte,

que, diferentemente de seus predecessores, nutrem uma real aversão contra opiniões abrangentes e não conhecem nem observam os interesses do gênero humano além dos estreitos limites da sua profissão, é vista pelo Sr. Comte como um dos grandes e crescentes infortúnios do nosso tempo e o principal empecilho da regeneração moral e intelectual. A luta contra isto é um dos objetivos principais para o qual ele gostaria de arregimentar as forças da sociedade[52].

Manifestações como esta se tornaram muito raras justamente entre os nossos atuais eruditos progressistas; eles têm de contentar-se em defender seu trabalho contra a crescente prepotência daqueles que, sem respeitar o rigor e a pureza da ciência, poderiam reconduzi-la a um estado anterior ao já alcançado, através da submissão a metas que se tornaram problemáticas, e rebaixá-la à condição de escrava do respectivo poder dominante. Ao querer proteger a ciência e o senso da verdade contra a barbárie que irrompe atualmente, aqueles eruditos prestam à civilização um serviço semelhante àquele que prestam os países onde ainda hoje se respeitam, mediante a educação, os legítimos postulados de moral burguesa em prol da consciência pública[53].

51. Max Weber, "Die 'Objektivität' sozialwissenschaftlicher und sozialpolitischer Erkenntnis", *Gesammelte Aufsätze zur Wissenschaftslehre*, Tübingen, 1922, pp. 180 e 183.
52. John Stuart Mill, *Gesammelte Werke*, traduzido por Gomperz, tomo IX, Leipzig, 1874, p. 67.
53. Cf. a discussão dirigida por Edmond Claparède na reunião da Société

MATERIALISMO E MORAL

O materialismo admite o respeito incondicional à verdade como condição necessária, embora não suficiente, da ciência verdadeira. Ele está ciente de que interesses originados da situação social ou pessoal, não importa se o autor da ciência o saiba ou não, também determinam a pesquisa. Não só por ocasião da escolha dos objetivos, mas também na direção dada à atenção e à abstração atuam fatores históricos em pequena e larga escala. O resultado surge, a cada vez, de um determinado conjunto de pesquisadores e objetos. Mas, ao contrário da filosofia idealista, o materialismo não reduz de modo nenhum os interesses e a fixação de metas atuantes do lado do sujeito à independente ação criadora deste sujeito, a seu livre-arbítrio; ao contrário, eles mesmos são considerados resultados de uma evolução da qual participam elementos subjetivos e objetivos. O valor de troca na economia tampouco está fundamentado na livre estimativa, mas é resultado do processo de vida da sociedade, no qual os valores de uso são codeterminantes. O conceito a-dialético do sujeito livre é estranho ao materialismo. Ele está também perfeitamente consciente da sua própria condicionalidade. Deixando de lado as nuanças pessoais, ela deve ser buscada na ligação com aquelas forças que se propõem realizar as metas acima expostas. Visto que a ciência materialista não prescinde em hipótese alguma destas metas, ela não ostenta o caráter de aparente imparcialidade, mas é conscientemente acentuada. A ela não importa a originalidade, porém desenvolver mais a experiência teórica, já levada por esse caminho.

Por reconhecer à teoria uma importância decisiva em vez de mera compilação dos fatos, o materialismo se distancia do positivismo moderno, mas não da pesquisa concreta que chega, muitas vezes, às mesmas conclusões que ele. Alguns de seus representantes têm entendido muito bem a relação da moral e da prática com a teoria com referência aos problemas sociais.

Loin que la pratique se déduise de la théorie, c'est la théorie qui, jusqu'à présent, est une sorte de projection abstraite de la morale pratiquée dans une société donnée, à une époque donnée[54].

A teoria é uma concatenação de conhecimentos que resultam de uma determinada prática, de determinadas metas. Àquele que encara o mundo do ponto de vista uniforme ele mostra também um quadro uniforme, que naturalmente se muda no tempo, ao qual estão sujeitos

---

française de Philosophie de 12 de março de 1932 (cf. o boletim desta sociedade, julho/setembro de 1932, editado por Armand Colin em Paris).

54. Lévy-Bruhl, *La morale et la science des moeurs*, 9ª ed., Paris, 1927, p. 98. "Em vez de deduzir-se a prática da teoria, é a teoria que, até o momento, é uma espécie de projeção abstrata da moral praticada numa certa sociedade, numa dada época".

os homens atuantes e cognoscitivos. A prática já organiza o material de que cada um toma conhecimento, e a exigência de registrar fatos isentos de teoria é errada, se isto significa que nas realidades objetivas já não agem elementos subjetivos. Em termos de produtividade, ela só pode significar que a descrição é verdadeira. A estrutura global correspondente ao conhecimento da qual cada descrição ganha seu sentido e à qual, por outro lado, ela deve servir, a própria teoria pertence aos esforços dos homens que os fazem. Estes podem resultar ou de caprichos particulares, ou dos interesses de poderes retrógrados ou ainda das necessidades da humanidade em evolução.

5. Do Problema da Previsão nas Ciências Sociais [1]

(1933)

Constitui uma boa idéia que a questão da previsão sociológica tenha servido de base para esta discussão, porque nela se revela, com especial clareza, que a sociologia também participa da crise cultural geral. A possibilidade da previsão é a pedra de toque do real para cada ciência. A opinião de que, na atual situação histórica, energias tão grandes como as que são dedicadas à sociologia seriam benéficas para uma empreitada que, em princípio, só seria apta a classificar racionalmente o passado, mas não contribuiria para a formação do futuro, esta opinião equivaleria necessariamente a um julgamento bastante desfavorável sobre todos esses esforços científicos.

Se não me falha a atenção, não se está negando, nas teses apresentadas, a possibilidade básica de previsões; grande número de participantes deste congresso assinalou fenômenos concretos, a partir dos quais, segundo sua opinião, se poderiam formular previsões com um grau relativamente alto de verossimilhança. Apesar disso, quer me parecer que a opinião predominante se caracteriza muito mais por uma reserva cética do que por aquela autoconfiança que animou a ciência mais moderna nos seus primórdios; mesmo na maioria das respostas positivas, concede-se maior peso às limitações de alcance e grau de segurança das previsões do que à sua infalibilidade.

---

1. Reprodução ampliada de uma contribuição a uma discussão no momento do XI Congresso Internacional de Sociologia em Genebra, outubro de 1933.

90 TEORIA CRÍTICA

Compreende-se facilmente esta precaução a partir das experiências que a sociologia, inclusive a economia política, empreendeu nas últimas décadas e, especialmente, nos últimos anos: em muitos casos em que as formulações sistemáticas de categorias dos sistemas modernos, elaboradas com grande perspicácia, foram às vezes aplicadas diretamente à realidade em evolução, tornou-se evidente que os sociólogos e economistas políticos não se encontravam, neste ponto, muito adiantados com relação à consciência geral. Aconteceu muitas vezes até o contrário: grupos de pessoas que fundamentavam suas opiniões numa base totalmente diferente da que predomina hoje na sociologia e na economia política, e, na maioria das vezes, estavam em franca oposição a ela, acabaram justificados nos seus julgamentos, enquanto os peritos falhavam. Não é de admirar que muitos deles mantenham hoje a tendência a restringir prudentemente a possibilidade de afirmações sobre o futuro, em vez de declarar-se partidários de teorias definidas.

Em contrapartida disso, desejo frisar aqui que ainda hoje a finalidade da ciência é o conhecimento de processos nos quais participa necessariamente a dimensão do futuro. Justamente, em vista da propensão aludida, talvez não seja de todo inútil salientar claramente o positivo em comparação com os escrúpulos céticos. Ver-se-á aí que a previsão não constitui exceção na maioria das categorias lógicas e teórico-científicas: seu caráter, o sentido de sua aplicação, suas possibilidades, o grau de probabilidade alcançável não dependem apenas da argúcia e capacidade dos sociólogos, mas, do mesmo modo, da estrutura das circunstâncias sociais de sua época. Um tratamento não-histórico do problema da previsão pressupunha uma relação estática entre a ciência e seu objeto, neste caso entre teoria sociológica e acontecimentos sociais. Mas este ponto de vista está ultrapassado há muito tempo na filosofia contemporânea; a filosofia descartou inclusive a teoria mais corriqueira do contraste não-histórico entre sujeito e objeto, e reconheceu que ambos estes pólos do ato cognitivo em suas próprias relações dinâmicas estão incluídos no processo histórico. A sempre possível previsão do futuro que, repito, faz parte perfeitamente das intenções de uma teoria científica da sociedade, depende, por conseguinte, da evolução das condições gerais da sociedade.

Para discuti-lo em poucas palavras, partirei da distinção que o Prof. Duprat, secretário deste Congresso, fez em sua "Introduction à l'étude de la prévision sociologique"[2]: a distinção entre "previsão" e "predição". A ciência natural conhece ambas as espécies de julgamento, tanto a previsão, que se refere a "tipos abstratos", quanto a "predição", que diz respeito a "fatos ou acontecimentos concretos".

---

2. Duprat, "Introduction à l'étude de la prévision sociologique", *Revue internationale de Sociologie*, 1932, n⁰ III-IV.

DO PROBLEMA DA PREVISÃO NAS CIÊNCIAS SOCIAIS

Uma teoria que afirmasse ser a ciência moderna, neste sentido, capaz unicamente de previsões e não de predições – e o artigo mencionado poderia ser facilmente interpretado desta maneira – de fato cometeria um erro. São justamente as predições que as ciências naturais, como na realidade qualquer ciência, visam em última instância. No sentido de previsão, os "tipos abstratos" são leis e, como tais, sempre têm correspondentemente uma forma condicional. Significam que, sempre que forem dadas, na realidade, determinadas condições, devem ocorrer certos acontecimentos. Assim, é uma previsão da ciência natural que, sempre que o ouro é posto em contato com água-régia, se dissolve, mas não se dissolve quando, por exemplo, é posto em contato com solução de ácido sulfúrico; outras previsões talvez assinalem que certos tipos de ferro sofrem alterações na sua estrutura, quando são submetidos a influências de forças de grandezas definidas. Essas afirmações apodíticas e seguras são certamente meras previsões; pois não informam nada sobre quando e se realmente as condições que exigem serão dadas alguma vez. Nisto estou de acordo com o Sr. Duprat.

No entanto, não consigo concluir daí que, por esta razão, predições concretas para o futuro, como, por exemplo, as que Marx tentou, devam ser quase impossíveis, mas, em todo caso, de pouco valor científico. Pois, as leis não são a meta da atividade científica, são meros meios auxiliares; o importante no final é passar das fórmulas legais abstratas para os julgamentos existenciais concretos, e estes, em todo o domínio das ciências naturais, nunca incluem apenas passado ou presente, mas sempre também o futuro. Desta maneira, as proposições hipotéticas nos exemplos citados ganham seu real significado somente quando, num caso determinado, se afirma de uma substância presente: "Isto aqui é *ouro*". Esta afirmação, porém, se todavia for conhecida a hipotética lei citada, inclui necessariamente a certeza de que este pedaço de metal realmente não se dilui na solução de ácido sulfúrico, mas o faz na água-régia. O experimentador no auditório faz a predição: "Agora irei jogar este pedaço amarelo dentro deste ácido, e ele não se diluirá; depois jogá-lo-ei naquele outro ácido, e ele se diluirá". A citada proposição geral sobre a alteração estrutural do ferro, sob determinadas influências, também constitui a pressuposição para uma predição. Expressa-se, por exemplo, na calma do maquinista que faz a locomotiva de seu trem expresso atravessar a toda velocidade uma nova ponte, porque ele sabe: "Ela *não* cairá; pois foi construída com determinada liga de ferro, e esta suportaria até uma carga mais pesada". Tais julgamentos existenciais é, como dissemos, o que importa na ciência natural, enfim, em toda a ciência. Contém sempre afirmações sobre *todas* as dimensões do tempo. A simples constatação de fatos da natureza acompanha-se simultaneamente de uma predição: "Isto é um pedaço de giz", quer dizer: ele produzirá riscos sobre este quadro-negro. "Isto é um cereja" significa: você poderá comê-la. "O termômetro cai abaixo de zero" quer dizer ao mesmo tempo: a água congelará.

Presente, passado e futuro do objeto julgado são alcançados de maneira igual em cada proposição, já porque os segmentos da percepção não coincidem necessariamente com a estrutura temporal do acontecimento observado. Por certo, perdemos a certeza absoluta na transição das fórmulas de lei abstratas para proposições concretas sobre coisas reais. Pode-se demonstrá-lo: aquele pedaço de metal amarelo nem era ouro, a ponte pode ruir porque o material ferroso era defeituoso, a cereja pode ter nascido de uma beladona, e mesmo a água poderia alguma vez, em conseqüência de variações atmosféricas, conservar-se em estado líquido até abaixo de zero grau. Isto está totalmente certo, sem dúvida, mas o que me importava no caso era demonstrar que o sentido das proposições abstratas deve realizar-se em proposições concretas, o sentido de toda previsão deve concretizar-se em predições. Se o significado das abstrações não for controlado por si mesmo através de seu contínuo uso prático e não for alterado sob certas condições, elas alienar-se-ão necessariamente da realidade e, finalmente, se tornarão não só inúteis, mas até inverídicas.

A aplicação à sociologia se processa sem mais delonga. O axioma de que uma economia de livre mercado gera obrigatoriamente crises, bem como monopólios que agravam ainda mais estas crises, é uma previsão. A opinião de que estas condições existem atualmente, de que estamos vivendo numa tal economia, já contém a predição de que as crises, mesmo que temporariamente interrompidas, não irão abrandar-se a longo prazo. Representa um prognóstico histórico sobre a autoliquidação da economia liberal e a exacerbação dos contrastes sociais. Não está em discussão aqui esta teoria mesma; quando aludi a ela, queria apenas demonstrar como também na sociologia ambos os tipos de julgamento, previsão e predição, estão necessariamente relacionados. A previsão hipotética, i. e., a teoria, neste caso a teoria da relação entre forma de economia e crises, depende, de acordo com o seu sentido e conteúdo de verdade, da realização histórica, da mesma forma que ela, ao contrário, também determina nossas percepções, nossos julgamentos existenciais concretos, enfim nossas ações práticas.

Ao aplicar meus pensamentos metodológicos à sociologia, espero, entretanto, uma série de objeções de princípio. Quero destacar apenas uma, e responder: será que a possibilidade das predições nos meus exemplos tirados das ciências naturais não resulta apenas do fato de que simplesmente aquele que faz a afirmação é capaz de provocar, ele mesmo, as condições necessárias para a eficácia da lei? Somente no caso de estar decidido aquele químico a jogar o ouro realmente na água-régia pode ele predizer que este de fato se diluirá; somente se eu quiser realmente escrever com giz, é que minha predição sobre os riscos brancos no quadro-negro é válida. Em outras palavras, a predição na natureza se aplica à experiência arbitrária, e como na sociologia não há experiências, deveria ela abster-se de tais afirmações. Bem, acredito que os Senhores já tenham observado que a objeção concerne

DO PROBLEMA DA PREVISÃO NAS CIÊNCIAS SOCIAIS 93

apenas aos casos especiais, e não ao princípio. O maquinista do trem em plena corrida não faz qualquer experiência; pois as forças naturais não estão sob seu domínio, de tal modo que ele possa parar o trem antes da ponte, e mesmo assim ele declare: "Ela não ruirá". E a água na natureza congela a um determinado grau de frio, totalmente sem nossa intervenção. Não, existem vastos campos do conhecimento nos quais não podemos apenas dizer: "caso ocorram estas condições, aquilo irá acontecer", mas sim, "estas condições são dadas agora, e por isso ocorre aquele acontecimento esperado, sem que esteja em jogo a nossa vontade". É totalmente lógico então que esta objeção se torne insignificante.

Para a sociologia, não obstante, ela tem sua importância. Com efeito, é inexato que a predição somente seja possível quando a ocorrência das condições necessárias depende propriamente daquele que prediz, mas a predição se torna mais provável quanto mais as circunstâncias condicionais dependerem da vontade dos homens, ou seja, quanto mais o resultado predito não for produto da natureza cega, mas efeito de decisões racionais. Como a sociologia trata de ocorrências sociais, seria de crer que, por causa disso, suas predições deveriam ser mais corretas do que as de qualquer outra ciência; pois a própria sociedade se compõe de homens atuantes. Partindo de considerações semelhantes, Giambattista Vico, ao contrário de Descartes e de sua escola, já rotulou a história como a verdadeira ciência. Se, neste ínterim, soubemos que fazer predições a respeito da sociedade contemporânea se tornou ainda mais difícil do que sobre a natureza extra-humana, isto não prova que Vico por princípio não tivesse razão. Antes, estas predições são tão imprecisas, porque os fatos sociais ainda não são de modo nenhum os produtos da liberdade humana, mas resultados naturais da atuação cega de forças antagônicas. O modo como a nossa sociedade mantém e renova sua vida se assemelha mais à evolução de um mecanismo natural do que a um modo cônscio de agir. Por isso, o sociólogo opõe-se a ela como a um acontecimento que lhe é essencialmente estranho. É atingido por ele, de uma certa forma até participa dele, mas sua tarefa consiste em aceitá-lo como observador, registrá-lo, descrevê-lo e, se possível, explicá-lo. Certamente, os fatos sociais são produzidos por intermédio de pessoas mas, apesar disso, elas os experimentam como eventos independentes delas e fatais. Boas ou más conjunturas, guerra, paz, revoluções, períodos de estabilidade parecem aos homens acontecimentos naturais tão independentes quanto o são o bom ou o mau tempo, terremotos e epidemias. É necessário tentar explicá-los, mas com razão a sua predição passa por ser muito ousada.

Este estado de coisas não é eterno nem adequado ao nível de desenvolvimento contemporâneo das forças humanas. Atualmente, surgem iniciativas das mais variadas para submeter os fatos sociais à planificação humana. Futuramente, talvez esta época seja designada como a transição de um funcionamento apenas natural e, por isso, ruim da estrutura social para uma colaboração consciente das forças sociais. Em todo caso, os Senhores irão concordar comigo em que a ausência de dependência dos fatos sociais em relação a uma vontade unificada não é necessariamente imutável, mas se fundamenta no caráter estrutural específico das circunstâncias sociais de hoje. Com relação ao nosso problema, pode-se até formular a lei de que, com a crescente transformação desta estrutura no sentido de sua organização e planificação unificada, as predições também irão adquirir um grau mais alto de certeza. Quanto mais a vida social perde o caráter de evento natural cego e a sociedade se prepara para constituir-se como sujeito racional, tanto maior é a precisão com que são preditos os fatos sociais. A atual insegurança nos julgamentos sociológicos sobre o futuro é apenas um reflexo da presente insegurança social geral.

Assim, a possibilidade da predição não depende meramente do aperfeiçoamento dos métodos e da argúcia dos sociólogos, mas depende igualmente da evolução do seu objeto: das transformações estruturais da própria sociedade. Isso não quer dizer que a predição seja necessariamente mais viável no campo da natureza extra-humana do que no da sociedade; pelo contrário, ela se tornará tanto mais fácil quanto menos seu objeto dependa da liberdade humana. Pois a verdadeira liberdade humana não pode equiparar-se nem com a incondicionalidade nem com a mera arbitrariedade, porém é idêntica, por decisão racional, ao domínio da natureza dentro e fora de nós. Conseguir que este estado de coisas se torne característico da sociedade é tarefa não apenas do sociólogo, mas também dos esforços progressistas da humanidade em geral. E, assim, o empenho do sociólogo em atingir a predição exata transforma-se no esforço político em prol da realização de uma sociedade racional.

6. Da Discussão do Racionalismo na Filosofia Contemporânea

Na historiografia da filosofia mais moderna, entende-se por Racionalismo a tendência que teve início com Descartes. Uma de suas doutrinas principais é a divisão do universo em dois domínios independentes entre si, a substância espiritual e a espacial. Se em Descartes este axioma, graças a uma consideração teológica, parece ter-se tornado ainda vulnerável por admitir ocasionalmente, em algum ponto do cérebro humano, uma relação entre as duas partes separadas, a evolução subseqüente eliminou esta inconseqüência: daí por diante, passou-se a admitir a substância espiritual completamente independente da realidade física.

Através desta divisão fundamental, o racionalismo da escola cartesiana, que desde o século XVII dominou as discussões filosóficas, adquiriu sua característica. Segundo ele, o espírito que, desligado da matéria, está acoplado com esta no homem apenas exteriormente, é capaz de criar por si só conhecimentos válidos. Sua atividade verdadeira consiste num mero pensar. Aliás, devido à separação fundamental, não se podem tomar as experiências dos sentidos como efeitos e, por conseguinte, como testemunhos do mundo exterior; valem como bases opacas, variáveis e difusas da vida espiritual, e não como fonte de conhecimento. Na reflexão sobre si mesmo, na meditação sobre sua própria essência, o Eu individual descobre as proposições eternamente válidas sobre Deus e o universo. Dentro deste reconhecimento exclusivo do pensamento abstrato está contida a fé numa estrutura estática do mundo: seus contornos devem ser absorvidos por estruturas conceituais fixas. Assim, juntamente com toda a filosofia idealista, o racionalismo pressupõe necessariamente uma relação entre conceito e realidade, constante e independente da práxis humana.

Os adversários filosóficos não atacaram seus fundamentos. As famosas objeções dos empiristas ingleses ao racionalismo continental eram dirigidas, quase todas, ao seu menosprezo pelos fatos experimentais em defesa da estrutura conceitual. Se, na época dos sistemas racionalistas do século XVII, a questão da legitimidade e alcance do pensamento conceitual em geral ainda ocupava o primeiro plano, o crescente desenvolvimento do modo burguês de produção criou a obrigação de ajustar-se a este novo mundo mediante a experiência. O problema geral da estruturação e dominação da natureza e sociedade, problema que permeia a ontologia e a filosofia jurídica do continente, transformou-se, em solo inglês, na preocupação do indíviduo em orientar-se rapidamente. Tirar conclusões da observação de pessoas e fatos na vida comercial foi a façanha intelectual que devia parecer crescentemente importante aos grupos sociais influentes. De Locke a John Stuart Mill, a filosofia inglesa se caracteriza, em grande parte, pela teoria de processos de pensamentos deste tipo, sem que, porém, os motivos conscientes dos diversos filósofos devam ter sido determinados por tais colocações de problemas. Nessa altura foram feitas descobertas de grande alcance sobre o esforço humano em prol do conhecimento; entretanto, não se tocava nos mencionados pressupostos da filosofia cartesiana. Mesmo onde alguns discípulos franceses e alemães de Descartes negavam a existência de uma das duas metades do mundo, ou seja, a material, insistiam nas conseqüências desta separação, por interpretarem a parte que reconheciam como sendo um espírito puro, isolado, uma mônada; no entanto, na opinião deles, este Eu separado não se ocupa com a criação autônoma de pensamentos, mas sobretudo com a constatação e interligação de percepções sensoriais. Assim como os cartesianos, os empiristas ingleses também consideram a essência humana composta de processos isolados de consciência, "cogitationes".

Nestas duas tendências filosóficas, a verdade se compõe de pareceres, cujos conceitos se relacionam com os fatos sensuais individuais da mesma forma que o geral se relaciona com o especial. Segundo os empiristas, estes conceitos derivam do material sensual e são adquiridos através da supressão progressiva das diferenças de conteúdo, quer dizer, através da abstração; segundo os racionalistas, eles são unidades originais, preparadas na razão. Na opinião dos cartesianos, em cada indivíduo também as verdades sobre os processos da realidade são programadas *a priori*; a partir dos pareceres mais altos, que são dados inteligentemente a cada ser racional, é possível em princípio que se desenvolvam, por dedução, também os conhecimentos individuais.

Também na teoria empirista, cada mônada, com base em meros processos de consciência, é capaz de reconhecer o que é. O conhecimento independe de forças que se situam fora do consciente ou diferem fundamentalmente dele. Sua relação com o objeto, sua tarefa, os limites de sua capacidade, mesmo seus conteúdos mais importantes

DA DISCUSSÃO DO RACIONALISMO... 97

podem ser definidos, ou pelo menos classificados, de uma vez por todas. Pode-se esboçar uma visão de mundo fixa, por mais cética que seja, porque se está seguro do que é essencial para todo o futuro. A enfatização da nossa ignorância, tal como costumamos encontrá-la desde Hume nas obras positivistas, a garantia de que "a verdadeira essência do espírito... nos é tão desconhecida como a dos corpos fora de nós"[1], é tanto metafísica dogmática quanto as eternas verdades do cartesianismo. De sua análise da consciência o positivismo deduz uma visão agnóstica do mundo; e o racionalismo de tendência cartesiana, uma visão de mundo de conteúdo mais definido. Ambos acreditam que devemos ocupar-nos do assunto metafísico, "para depois viver tranqüilos para todo o sempre"[2]. Hume quer descansar satisfeito quando "tivermos chegado aos limites extremos do pensamento humano"[3], e fixa estes limites mediante o auto-exame da consciência. Mais tarde, Kant conjugou a teoria dos conceitos inatos com a mais modesta convicção de Hume sobre a estreiteza de nosso saber, e assim proclamou igualmente que o resultado da consciência que se conheceu a si mesma é o conteúdo de uma teoria universal imutável. Nessas discussões da filosofia mais moderna, a consciência fechada em si mesma do indivíduo e a existência humana são consideradas uma e mesma coisa. Segundo a corrente racionalista, todos os problemas parecem resolvidos depois que o indivíduo adquiriu uma concepção clara e nítida de si mesmo; para a corrente empirista, importa antes introduzir ordem na plenitude das experiências vividas: em ambos os casos, a verdade deve emergir da introspecção do indivíduo racional. A atuação é aqui considerada, essencialmente, sob este ponto de vista: até que ponto ela é a conseqüência certa desta verdade. Uma vez cumpridas as tarefas intelectuais que cada indivíduo, com base no devido conhecimento, é capaz de executar na sua própria consciência, a execução prática parece processar-se por si mesma; é apenas a conseqüência da reflexão. Assim, o bem-estar, pelo menos a realização da vocação de um indivíduo, depende de um bom funcionamento do seu aparelho intelectual.

Sob o rótulo de racionalismo, porém, desde cedo se entendia não só o cartesianismo, mas toda a grande filosofia mais recente. O papel que tanto os cartesianos quanto os empiristas concediam ao ato de pensar podia significar a expressão da atitude de camadas burguesas esclarecidas que desejavam manter todas as questões vitais sob seu próprio controle. Nos grupos sociais e períodos de época mais recen-

---

1. Hume, *Traktat über die menschliche Natur*, 1ª parte, editado por Lipps, Leipzig e Hamburgo, 1912, p. 5.

2. Hume, *Eine Untersuchung über den menschlichen Verstand*, editado por Raoul Richter, Leipzig, 1920, p. 11.

3. Hume, *Traktat, ibid.*, p. 6.

98　TEORIA CRÍTICA

te, nos quais surgiram tendências contrárias à expansão da configuração burguesa do mundo e sérios temores quanto às suas conseqüências para a própria burguesia, ocorreram igualmente alguns ataques à filosofia cartesiano-empirista da consciência. Deve-se pensar aqui menos em certos fenômenos como a oposição, por parte da juventude acadêmica alemã, na primeira metade do século XIX, ao racionalismo que se havia tornado pedante sobretudo na teologia; o racionalismo aparecia aqui mais na sua ligação original com a primeira fase da época burguesa, o regime absolutista, e entrou em choque com a segunda, a fase liberal. Sobretudo, teve um caráter anti-racionalista a aversão a abolir instituições tradicionais, que já se "tornaram históricas" e, na realidade, obsoletas, em favor de formas mais adequadas. Desde a Revolução Francesa, esta oposição, especialmente na Alemanha, opunha de bom grado a concepção "histórica" e "orgânica" ao reformismo "racionalista". O racionalismo que ela queria atingir era, em substância, a decisão de julgar opiniões e relações, não segundo a sua venerabilidade, mas de acordo com a sua adaptação às necessidades da sociedade humana. Este sentido da palavra, da época de Metternich, integrou-se tanto no uso geral, na Alemanha, que o próprio Helmholtz falou, ocasionalmente, da "tendência dos franceses a atropelar tudo o que evoluiu historicamente segundo as teorias racionalistas"[4]. Hegel tornou-se o advogado deste mesmo racionalismo, quando escreveu:

... se aquilo que se chama de direito antigo e constituição é bom ou ruim não pode depender da idade; também a abolição do sacrifício humano, da escravidão, do despotismo feudal e de inúmeras infâmias sempre foi a abolição de algo que havia sido um direito antigo. Muitas vezes se repetiu que *não se pode perder direitos, que cem anos de injustiça não podem estabelecer um direito* – dever-se-ia acrescentar aqui: mesmo que esta *injustiça* centenária se tenha chamado *direito* nestes cem anos; – além disso, repetiu-se que o *direito* centenário e realmente positivo perece com razão quando cai a base que foi a condição de sua existência[5].

Também a luta atual que, desde 1900, se trava na filosofia e em outros campos culturais contra o racionalismo não se volta, de modo nenhum, apenas contra o cartesianismo. De fato, ela critica, entre outras, algumas teorias que só dentro deste último têm significado preciso; descarta, por exemplo, o pensamento "puro", que pelo seu sentido diz respeito ao conceito de razão autônoma e foi atacado com o mesmo furor pelos empiristas. Hoje, no entanto, tende-se facilmente a atribuir também estes traços a toda a filosofia da consciência, sem se fixar demais em nuanças. Nos mais diversos ramos científicos e cam-

---

4. Hermann von Helmholtz, *Vorträge und Reden*, Braunschweig, 1903, tomo II, p. 199.

5. Hegel, *Schriften zur Politik und Rechtsphilosophie*, editado por Lasson, Leipzig, 1913, p. 199.

DA DISCUSSÃO DO RACIONALISMO... 99

pos vivenciais, o racionalismo vale como uma atitude a ser eliminada, e assim como o sentido que está ligado ao termo tornou-se muito vago e inclui os mais diversos conteúdos, também atuaram neste movimento anti-racionalista motivos e aspirações muito diferentes. Na recusa do racionalismo, a qual aumentou incessantemente nas últimas décadas e hoje parece ter ultrapassado seu apogeu, reflete-se a história da passagem do período liberal da ordem burguesa para o monocapitalista. A evolução de um anti-racionalismo progressista, originariamente relativo, para um irracionalismo universal, ligado estritamente a um conceito totalitário do Estado, assemelha-se em muito ao progresso do romantismo no período da restauração, como o descreveu Troeltsch[6].

A tendência contra o racionalismo na literatura e na pintura impressionistas, bem como a filosofia de Nietzsche e de Bergson já permitem, de fato, reconhecer a insegurança da burguesia na sua tradição humanística, porém exprimem, ao mesmo tempo, o protesto contra o aprisionamento da vida individual pela crescente concentração do capital.

Todavia, o irracionalismo, em sua forma hodierna, rompeu totalmente com aquelas tradições: também nele se reflete, decerto, o sofrimento dos indivíduos sob a ordem vigente que se tornou irracional, mas este reflexo funciona, por assim dizer, às avessas; pois a insensatez e o sofrimento do indivíduo que dele resultam são aceitos como necessários e convertem-se ideologicamente num bem. A existência das massas da pequena burguesia citadina e campesina, totalmente excluídas do poder econômico, consome-se em servir às finalidades externas e internas dos grupos dominantes, em ser apenas um meio. O conformismo a esta situação resulta, como sempre, do enaltecimento ideológico. O indício de que uma camada social se acomodou à sua sorte é a consciência que adquirem seus membros do significado metafísico deste modo de vida. A glorificação da pessoa consciente de seus deveres mas ao mesmo tempo autônoma, tal como aparece na filosofia racionalista de Leibniz a Fichte, converte-se – por exemplo, em Max Scheler – na exaltação ao sentido do sofrimento. A devoção e a renúncia, que afinal se revelam inequivocamente como virtudes da obediência e da negação dos próprios interesses, transformam-se em convicção geral e demonstram a adequação de grande parte dos indivíduos à sua situação atual. O homem não se reconhece mais como fim, mas essencialmente como meio. "Não há mais uma individualidade autônoma..."[7]; vida e "servir" coincidem. Jünger se pronuncia de forma semelhante:

6. Ernst Troeltsch, *Gesammelte Schriften*, tomo IV, Tübingen, 1925, pp. 587 e ss.

7. Ernst Krieck, *Nationalpolitische Erziehung*, Leipzig, 1933, p. 111.

TEORIA CRÍTICA

Toda atitude que mantém uma relação verdadeira com o poder é conhecida também por interpretar o homem não como fim, mas como um meio, como o portador tanto do poder quanto da liberdade. O homem ostenta sua forma máxima, ostenta domínio em qualquer lugar onde ele está a serviço[8].

Não pretendemos relatar aqui os diversos motivos e argumentos que estão na origem da atual renegação do racionalismo, nem suas raízes sociais. Ao contrário, discutir-se-á exclusivamente a relação da filosofia materialista para com certos aspectos da disputa em torno do racionalismo. De certa forma, isso pode facilitar a elucidação factual dos problemas, porque assim deverão ser tratados não só os contrastes, mas também o que é idêntico no racionalismo e no irracionalismo; pois ambas as correntes estão em grande parte opostas ao materialismo: tanto a filosofia da consciência, o racionalismo cartesiano e o empirismo inglês, quanto também a moderna "visão do mundo" irracionalista têm caráter idealista. Os poderes psíquicos, de que falam as diversas teorias irracionalistas, devem proporcionar ao homem uma olhadela na essência constante ou nos fundamentos do mundo, não menos do que os sistemas racionalistas esperavam do trabalho abstrativo. Forças da alma ou do espírito devem revelar uma verdade eterna. A opinião idealista de que o homem pode proporcionar a si mesmo, através de qualidades interiores, um acesso à essência original do universo e, com isso, pode adquirir a norma das suas ações, não é atingida pela disputa racionalista atual. Ela se refere, antes, ao fundo desta convicção e, nisso, está em contradição com o materialismo.

Esta hipótese também foi criticada na filosofia idealista; porém, como ela fazia parte de sua essência, esta deve ter levado a que se contestassem, no seu sentido, ou a possibilidade da filosofia como tal ou, pelo menos, as próprias premissas do idealismo. O primeiro caso aconteceu com o ceticismo de Hume e o historicismo moderno: eles chegaram à negação da verdade teórica. O segundo ocorreu com os filósofos que, partindo de raciocínios idealistas, chegaram a um modo de pensar materialista: é o caso dos iluministas franceses, que trataram as questões ontológicas universais com toda a tolerância, mas usaram de severidade irreconciliável para com a prática histórica atual, sobretudo para com o método dialético de Hegel, que abre uma brecha na sua posição inicial na filosofia da identidade e em seu sistema definitivo. Em todo caso, o caráter idealista significa que racionalismo e irracionalismo, como correntes intelectuais, ostentam uma das contradições mais decisivas entre eles e o materialismo.

Segundo o materialismo, nem o pensamento puro, nem a abstração no sentido da filosofia da consciência, nem a intuição no sentido do irracionalismo são capazes de estabelecer uma relação do indivíduo com uma estrutura permanente do ser. O indivíduo é incapaz de des-

---

8. Ernst Jünger, *Der Arbeiter*, 2ª ed., Hamburgo, 1932, p. 71.

DA DISCUSSÃO DO RACIONALISMO...

cobrir, no seu íntimo, causas mais profundas ou um ser superior; não pode chegar tampouco a elementos supostamente últimos do ser. Tais determinações definitivas do pensamento e do seu objeto, que deixam de lado a situação histórica e as tarefas teóricas nela expostas, formam a base de toda a filosofia idealista. Todas elas contêm um conceito dogmático de totalidade. Toda temática baseada nele é alheia ao materialismo. Sua posição perante os diversos argumentos que desempenham algum papel na atual disputa em torno do racionalismo não é simples: não se alia a nenhuma das partes em disputa. As posições filosóficas do irracionalismo são extremamente diversificadas: é típico do seu modo de ser mudarem elas rapidamente, e muita coisa que ainda ontem aparecia como característica desta posição, hoje parece a ele mesmo refutável. Na sua tentativa de "desenvolver a 'filosofia secreta' da escola histórica pela primeira vez como uma coesão de sentido"[9], Rothacker cita a caracterização dos opostos de Wilhelm Scherer. Diz ela:

> Frente ao cosmopolitismo, a nacionalidade; frente à formação artificial, a força da natureza; frente à centralização, os poderes independentes; frente à satisfação de cima, o domínio autônomo; frente à onipotência do Estado, a liberdade individual; frente ao ideal construído, a nobreza da história; frente à busca do novo, o respeito pelo antigo; frente ao estabelecido, a evolução; frente ao raciocínio e conclusão, a alma e idéia; frente à fórmula matemática, o orgânico; frente ao abstrato, o sensual; frente à regra, a força criativa inata; frente ao mecânico, o "vivo"[10].

Estas antíteses são vistas pelo lado irracionalista. Algumas delas mantêm sua validade até hoje; aquelas que concernem ao Estado são invertidas nalguns países. Aqui serão tratados apenas dois aspectos principais da crítica irracionalista: os ataques ao pensamento e ao individualismo do período liberal.

A primeira objeção diz que a razão não pode ser aplicada universalmente, mas apenas a um campo limitado de coisas. Diante de muitos fenômenos da vida, até diante dos mais importantes, não funciona o modo de observação conceitual; mais ainda: ele destrói seus objetos. Esta tese da influência mortal do pensamento, cuja ilimitada aplicabilidade constituíra um dos princípios fundamentais da burguesia durante a sua ascensão, toca uma idéia básica da época liberal. Quando a filosofia da vida, principalmente Bergson, levantou essa censura contra o pensamento, o modo de vida desenvolvido pela burguesia com auxílio de sua ciência e técnica já se havia tornado insuportável para uma grande parte dela mesma. Os filósofos da vida, ao

---

9. Erich Rothacker, "Logik und Systematik d er Geisteswissenschaften", *Handbuch der Philosophie*, Parte II, München e Berlim, 1927, p. 130.

10. Wilhelm Scherer, *Vorträge und Aufsätze zur Geschichte des geistigen Lebens in Deutschland und Österreich*, Berlim, 1874, pp. 340 e ss.

102 TEORIA CRÍTICA

travar combate contra o pensamento em nome do desdobramento da vida, o que originariamente ajudava a libertar justamente esta vida das correntes da velha ordem feudal, tornaram evidente, na sua esfera, o contraste que se revelava entre o mundo burguês e as idéias burguesas originais. Esperava-se que, aplicando irrestritamente a todos os problemas da vida a razão livre da tutela medieval, o livre arbítrio das forças intelectuais de cada indivíduo suscitasse a ascensão ilimitada da sociedade, o crescimento contínuo do bem-estar geral. A delimitação irracionalista do pensamento a esferas simples continha, desde o início, dois elementos contraditórios: o protesto contra a ordem de vida deteriorada e a renúncia a colaborar para a sua mudança mediante o emprego do pensamento teórico no problema da sociedade em geral. A filosofia da vida declarou, desde o início, que todos os grandes problemas humanos se subtrairiam à autoridade do pensamento e poderiam ser irremediavelmente deturpados pela razão.

Segundo esta crença, tanto o fundamento metafísico do acontecimento, a vida criativa e as condições íntimas do indivíduo, quanto todas as estruturas da cultura espiritual escondem sua verdadeira essência diante do pensamento. Nem o amor ao indivíduo, ou à comunidade, nem uma religião ou uma obra de arte seriam acessíveis ao julgamento conceitual. A análise racional destes fenômenos levaria à distinção de uma série de características abstratas; seria uma ilusão acreditar que a partir destes pedaços se poderia recompor o conteúdo originariamente significativo, do qual obtiveram a decomposição. Quem quer que submeta fatos importantes à análise conceitual irá destruir seu objeto e substituí-lo, no fim, por uma triste caricatura. Então, a única possibilidade de compreensão é constituída, não pelo julgamento crítico, mas, ao contrário, pelo entregar-se ao conteúdo vivo. Originariamente, a filosofia da vida preservara o caráter teórico do conhecimento na medida em que o esforço da intuição, que deveria penetrar no centro do acontecimento vivo, não era necessariamente idêntico a uma determinada tomada de posição prática. Já com a teoria de Max Scheler, de que o conhecimento filosófico estaria ligado a certas premissas éticas, entre as quais ele inclui o amor e a humildade[11], impôs-se amplamente a idéia de que elevação, emoção, consentimento íntimo dizem respeito ao conhecimento das essências genuínas. Finalmente, ter sequazes tornou-se condição preliminar para o conhecimento. Hoje parece óbvio que, no lugar da compreensão teórica das forças dominantes, devia-se colocar o entusiasmo daqueles que dependem delas.

Os sucessores do velho racionalismo e empirismo não só se voltaram com argumentos sagazes contra a crescente proscrição do pensa-

---

11. Cf., por exemplo, Max Scheler, *Vom Ewigen in Menschen*, Leipzig, 1921, pp. 106 a ss.

DA DISCUSSÃO DO RACIONALISMO...   103

mento, mas também alguns até chamaram a atenção para certas funções sociais do irracionalismo. Assim, Rickert qualifica o *Genius des Krieges* de Scheler, que "serve para justificar a guerra como ponto alto da eficiência do Estado"[12], como absolutamente conseqüente no sentido da filosofia da vida. "Quem não só enxerga que vida natural, vital é crescimento, mas também quem, simultaneamente, vê nessa 'lei' biológica uma norma para toda vida *cultural,* este *deve* de fato pensar como Scheler"[13]. Apesar de toda a sutileza lógica dos argumentos que aduz contra a filosofia da vida, o racionalismo não consegue atingi-la decisivamente. Tem tanta razão em estar contra ele quanto ele tem em estar contra ela. A depreciação do pensamento conceitual em favor do simples entregar-se ao acontecimento é, decerto, um ponto de vista contrário ao conhecimento e, por isso, reacionário e, além disso, contraditório ao próprio trabalho filosófico da filosofia da vida. "Onde não viceja a vontade de dominar o conceito, chega-se, na melhor das hipóteses, à passividade sagrada, e então estamos muito perto da preguiça de Schlegel como único fragmento de semelhança divina"[14]. Esta reviravolta contra o elemento romântico e místico da filosofia da vida se justifica. Por outro lado, porém, a representação do pensamento através da filosofia da consciência tornou-se abertamente insustentável. Segundo ela, caberia ao trabalho conceitual fazer surgir do mundo, que seria em si mesmo uma simples confusão de dados, algo formado, estruturado. O pensamento, acerca do qual muitas vezes, nos sistemas racionalistas, não se sabe claramente se faz parte de um determinado sujeito isolado ou de uma anônima "consciência em si", deve realizar como forma atuante, mas totalmente vazia, "o mundo" a partir da matéria sensorial do conhecimento. Rickert também se distingue do velho racionalismo, essencialmente apenas por aceitar um momento irracional, "se se quiser, empírico"[15].

Para o homem teórico, que se abstém de todas as valorizações extracientíficas, o mundo ainda não é, no início de seu exame, livre portanto de toda concepção, um "mundo" no sentido de um cosmo, de um todo ordenado, mas um caos cuja reprodução... é fatualmente impossível[16].

Este rígido contraste de dois princípios de cuja ação comum resultaria o mundo é uma lenda tão mística quanto a própria metafísica irracionalista. Apesar de todo o cuidado, isto deve levar a uma afirmação absurda de uma dinâmica ultra-histórica, já porque a história, segundo

12. Heinrich Rickert, *Die Philosophie des Lebens*, Tübingen, 1922, p. 30.

13. *Ibid.,* p. 102.

14. *Ibid.,* p. 54.

15. Cf. Heinrich Rickert, *System der Philosophie*, Parte I, Tübingen, 1921, p. 368.

16. Heinrich Rickert, *Die Philosophie des Lebens, ibid.,* p. 148.

ele, deve derivar somente do processo de que participam pensamento e material empírico.

Contra este mito racionalista levaram a melhor a metafísica da vida e as correntes de filosofia e de psicologia aparentadas com ela. Um dos meios mais importantes para tanto foi a prova de que as estruturas encontradas nos objetos não emanam do sujeito pensante e observador, mas são fundamentadas objetivamente. A crença de que originariamente havia um caos de elementos sensoriais, a partir do qual a razão teria apenas de criar um mundo ordenado, pode ser refutada tanto pela descrição do dado palpável quanto pelo estudo dos atos intelectuais. Sobretudo a teoria da Gestalt[17] trouxe a prova da estruturação da realidade e desvendou, por meio de investigações aprofundadas, o caráter mitológico dos fatores espirituais independentes. A crítica do racionalismo pela filosofia da vida ultrapassou certamente o alvo. Isto porque ela é sempre tentada a confundir com a falsa crença numa verdade imediata a afirmação correta da estrutura própria da realidade e a conseqüente negação da teoria de que toda ordem no mundo emana do pensamento. Escapa-lhe que todo conhecimento é influenciado pelos homens que o produzem. Esquecendo a tensão inevitável entre conhecimento e objeto, ela adquire o caráter de uma filosofia de identidade, que continua tão anistórica quanto a teoria que ela combate.

Racionalismo e irracionalismo revogam reciprocamente sua pretensão metafísica; o pensamento exerce em ambos sua influência destrutiva, e através da crítica à qual ambas as tendências se dedicam algo pode, sem dúvida, desaparecer. Segundo o irracionalismo, seria isso a imagem filosófica em sua totalidade: portanto, o próprio irracionalismo tanto quanto seu adversário, o racionalismo. Mesmo que se procedesse com maior exatidão à discussão apenas esboçada aqui, restariam as próprias teorias filosóficas criticadas. Em contraste com a teoria irracionalista, elas, com base nos documentos, são reconstituíveis fundamentalmente também pelo adversário. As realizações que, em conexão com as duas tendências metafísicas, foram efetuadas em muitos campos individuais de conhecimento mantêm-se absolutamente intocadas. Destrói-se apenas a pretensão à verdade, quando é invocada sem razão, e nunca as proposições pelas quais ela se impõe. Quem se ocupa delas com base nos meios modernos de conhecimento não pode mais acreditar nelas. Todavia, mesmo este resultado não pode ser alcançado apenas pelo pensamento. Pois o conhecimento ainda depende, em cada um dos seus passos, de muitas hipóteses totalmente diferentes dos pressupostos puramente lógicos. A falsidade objetiva de afirmações é apenas uma condição necessária, de modo nenhum suficiente, para sua refutação, especialmente se a opinião falsa provém da intelectualidade dominante. A direção dos passos individuais que levam ao reconhecimento ou à recu-

---

17. Cf. as obras de Köhler, Wertheimer, Gelb, Koffka e outros.

DA DISCUSSÃO DO RACIONALISMO...

sa não é determinada apenas pelo anseio da verdade, mas também por toda a situação psíquica do indivíduo, e esta deriva do destino do sujeito cognoscente no ambiente social. Mesmo a matemática, que como ciência auxiliar abstrata e particularmente afastada das lutas sociais podia isolar amplamente as funções intelectuais que lhe são próprias e desenvolvê-las como processos de forte legitimidade da propriedade, não está tão livre, em seu caminho, de influências não-teóricas quanto freqüentemente se supõe. Além disso, a descoberta de verdades revela muito pouco sobre se outras a seguem. Pelo seu papel no processo de produção, produzir-se-á em largas camadas uma condição psíquica que deixará de penetrar nos mais importantes problemas vitais e, assim, também nos seus próprios e reais interesses. Na história presente e passada, apenas certos grupos foram impelidos a reconhecer como limitada a espiritualidade reinante, e a desenvolver novas idéias em disputa com as antigas opiniões. Para as parcelas restantes da sociedade tem pouca importância saber se um objeto, de acordo com o atual estado do conhecimento, ainda é tido como verídico. Há grandes grupos sociais para os quais a clareza teórica seria apenas um empecilho para a adequação à sua situação, uma causa de conflitos psíquicos para o indivíduo. O interesse por aquela verdade que importa no momento histórico nasce, entretanto, sob circunstâncias que obrigam os homens a se aprofundar nas questões sociais e, com isso, certamente também nas questões metafísicas e religiosas. Estas pré-condições ocorrem somente em determinadas camadas e períodos. Em geral, idéias conceituais por si só são incapazes de erradicar a superstição mais obscura, se esta exerce uma função importante na dinâmica de uma estrutura social mais ou menos estável.

Há certamente situações em que aumenta a importância histórica do pensamento. A arenga cética sobre sua necessária impotência é tão falsa quanto a opinião de que ela tem uma força irresistível. A importância histórica de certos conhecimentos depende, ao contrário, das lutas sociais do referido período. Uma determinada teoria, como, por exemplo, aquela de que a terra se move, e que na alta Idade Média foi calmamente discutida junto com outras questões pertinentes, podia assumir mais tarde, no Renascimento, uma força revolucionária. Atualmente também, como em outras épocas críticas, o conhecimento adquire maior importância histórica do que em séculos de estabilidade. A ideologia do progresso, que facilitou o conformismo da classe média burguesa com sua situação, se desmorona na crise econômica e ameaça abrir caminho para um conhecimento mais profundo do processo social. Contra o alastramento deste conhecimento, cuja influência seria hoje imprevisível, institui-se a apologia filosófica dos preconceitos mais arraigados e da crua superstição. Insultos grosseiros ao pensamento em geral, as advertências sobre seu efeito mortífero são momentos desta luta. A filosofia da vida de Bergson, Simmel e Dilthey, embora deva fornecer os fundamentos para a degradação do pensamento, ainda incluía traços progressistas; isto se evidencia claramente, entre outras

106 TEORIA CRÍTICA

coisas, na relação que seu conceito de intuição mantém com a história do racionalismo, sobretudo com a filosofia de Spinoza. Entretanto, a popular palavra de ordem contra o pensamento em geral, segundo a qual este seria essencialmente um instrumento de destruição, foi propagada na maioria das vezes por leigos. Seus dotes residem mais na grandiloqüência da visão do que na capacidade para a verdade teórica; eles não se contentam com a limitação da ciência, mas combatem o pensamento como imagem da decadência.

Mundos científicos, escreve Spengler[18], são mundos superficiais, práticos, sem alma, puramente extensivos. São a base das idéias do budismo, do estoicismo e do socialismo. Não mais viver a vida com naturalidade consciente, indiscriminada, aceitá-la como um destino divino, mas achá-la problemática, encená-la com base em conhecimentos intelectuais, "de modo prático", "racional" – este é o pano de fundo nos três casos. Homens de cultura vivem inconscientemente, homens de ação vivem conscientemente.

Via de regra, o camponês é considerado homem de cultura: alerta-se contra o citadino, o operário. "A própria metrópole é vista como um extremo de anorgânico no meio da paisagem cultural, cuja humanidade ela separa de suas raízes, atrai para si mesma e gasta"[19].

De maneira semelhante, Klages assinala a superstição contra a ciência e a prática proveniente dela:

O entendimento... expulsa com a "ordem" a plenitude, extrai do mar das imagens a inflexibilidade imiscível dos objetos, dá-nos coisas inanimadas para o nascido, nas quais o tempo se converte em dente roedor e o acontecimento se transforma na torrente arrasadora da destruição, em suma, ele desfaz o mundo e deixa atrás um mecanismo... As nuvens deixaram de ser exércitos de demônios assaltantes quando travei conhecimento com a lei da eliminação do vapor que, morto como é, segue a pressão atmosférica de novo regularmente oscilante[20].

O experimento, aquela prova prática da teoria, não é reconhecido. Passa por impossível a confirmação da ciência pela técnica, do pensamento pela ação.

A prova fatal por cálculo prévio e maquinalismo é, porém, uma auto-ilusão crassa! A máquina – também a natureza, porém a natureza iludida e forçada a se subjugar – embora possa destruir a vida, jamais porém poderá criá-la!... A "irrealidade" do mundo físico não impediu que o espírito criasse, com as concepções dele, a ferramenta para o assassinato da realidade[21].

18. Oswald Spengler, *Der Untergang des Abendlandes*, Vol. I, München, 1920, p. 489.

19. *Ibid.*

20. Ludwig Klages, *Der Geist als Widersacher der Seele*, Leipzig, 1929-32, tomo III, pp. 461 e ss.

21. *Ibid.*, pp. 766 e s.

DA DISCUSSÃO DO RACIONALISMO...

O fato, que na atual situação da sociedade realmente acontece, de se servirem os homens dos meios e métodos de produção que eles mesmos produziram mais para combaterem entre si e para sua própria destruição, é anunciado candidamente como lei eterna. A máquina pode "destruir a vida"; não ocorre a Klages que ela possa contribuir para mantê-la, facilitá-la, protegê-la. Parece não ter importância esta diferença entre fantasia e teoria correta. Quanto mais retrógrada a consciência, quanto mais primitiva, tanto melhor.

No que... concerne à "superstição" e ao "fantástico", não se pode esquecer que estar livre deles constitui apenas a vantagem discutível do "civilizado", enquanto penetramos cada vez mais fundo em ambos, quanto mais descemos à base da consciência do povo, onde somente se reatam os fios da pré-história humana[22].

Hoje, parece que os esforços dos grupos sociais progressistas no sentido da realização de uma sociedade mais racional estão suspensos por longo período. As formas da vida social já são amplamente adequadas às necessidades da economia capitalista tardia. Por isso, esta imitação simplesmente exasperada da filosofia da vida não é mais característica da espiritualidade que se propala atualmente. Está sendo combatida em escala crescente, justamente naqueles países que mais progrediram nesta acomodação. A forma de domínio sob a qual se processa a volta à estabilidade social no interior dos Estados se opõe a esta atitude condescendente. A inclusão ideológica de grandes massas operárias na "comunidade popular" e a crescente e contrastante obrigação de elevar duradouramente a capacidade de todo o povo e de fazê-lo participar tão intensamente quanto possível da política nacional produzem um novo estado social, que contém em si mesmo a sua própria dialética. As forças que foram desencadeadas para a contenção e mesmo a erradicação das tendências progressistas e para a manutenção violenta de formas de vida antiquadas são hoje obrigadas, em conseqüência dos próprios contrastes sociais, a promover elementos que induzem à supressão da ordem que elas defendem. Faz parte disso, além da educação de grandes contingentes da classe média urbana e rural para uma existência mais condigna, também o desenvolvimento de seu pensamento racional e, assim, o despertar de sua letargia profissional e política. Em que pêse à reanimação artificial de uma forma familiar em extinção, que precisa ser cultivada em prol de uma constante reprodução do indispensável estado psíquico das massas, está sendo abolida uma boa parte de antigos costumes e preconceitos, entre eles os resquícios do espírito feudal de castas. Desse modo, o irracionalismo é restringido, assim como antes ele restringia a ciência. Razão e técnica não mais são genericamente difamadas; somente certos conteúdos são protegidos do pensamento analítico, ao serem removidos para "o refúgio do irracio-

22. *Ibid.*, p. 452.

108 TEORIA CRÍTICA

nal"[23]. Agrupam-se principalmente em torno do conceito de sacrifício. Em amplas áreas, porém, a nova mentalidade acostuma os homens à conduta de vida racional. Em determinada escala promove-se mais do que até agora o pensamento concreto e afirma-se a técnica. No entanto, o *ethos* do trabalho, que inclui esta relação positiva com as forças racionais, é ele próprio irracional. A técnica não é interpretada como força auxiliar do homem e claramente relacionada com a sua felicidade – isto, de fato, contradiria seu papel na sociedade atual – mas é glorificada ética e esteticamente. Spengler festeja-a como expressão do "zelo faustiano"; para Dacqué a construção de uma máquina significa "uma visão e uma realização de uma idéia de eternidade, se encararmos este ato como realização física de um modelo através do nosso espírito"; uma máquina – "que outra coisa não é senão uma verdadeira homenagem ao sentido ideal, digamos, do ferro, que, por assim dizer, recebeu vida através do nosso espírito e nos mostra, de forma simbólica, sua face interior"[24]. Ernst Jünger declara "que a própria técnica tem origem no culto, que ela dispõe de símbolos próprios e que, atrás dos seus processos, se esconde uma luta entre formas"[25]. Na medida em que a racionalidade faz parte da capacidade de competição das forças dominantes na guerra e na paz, ela é aceita, embora de forma irracional e distorcida. Todavia, a censura de destruição é lançada contra o pensamento em todos aqueles lugares em que ele contraria a glorificação do poder e seus respectivos objetivos.

Na realidade, a razão é capaz de destruir apenas inverdades. A afirmação de que o pensamento verdadeiro aniquila o objeto contradiz-se a si própria. A veracidade ou falsidade de muitos dogmas gerais se subtrai em princípio ao exame posterior: porém, neste ponto, eles também carecem de sentido; pois cada dogma reivindica a verdade, e cada verdade tem um fundo de conhecimento. As convicções infundadas de uma época não costumam ser destruídas apenas pelo pensamento; enquanto são sustentadas por resistentes forças sociais, o conhecimento pode assaltá-las o quanto quiser: não se destrói o fetiche, mas a testemunha que se opõe a ele. "La révélation de la vérité n'est funeste qu'à celui qui la dit"[26]. O pensamento que revela a irracionalidade só permanece vitorioso se as forças que sustentam uma ideologia perdem em eficácia também por outras razões. A teoria é apenas *um* elemento no processo histórico, sua importância só pode ser definida, em cada caso, em conexão com uma situação histórica circunscrita. O idealismo liberal, que da simples liberação do pensamento em cada homem espera

---

23. Martin Heidegger, *Sein und Zeit*, Halle an der Saale, 1927, p. 136.

24. Edgar Dacqué, *Natur und Erlösung*, München , Berlim, 1933, p. 53.

25. Ernst Jünger, *ibid.*, p. 161.

26. Helvétius, "De l'Homme", *Oeuvres complètes*, tomo V, London, 1780, p. 29.

DA DISCUSSÃO DO RACIONALISMO...

a salvação, da mesma forma que, segundo ele, do desencadear da ambição privada deveria surgir a prosperidade, não percebe as diferenciações históricas. No século XVIII, o encorajamento da liberdade particular de pensamento e da iniciativa empresarial teve um significado diferente do atual, pois a liberdade de expressão serve essencialmente para acelerar sua própria extinção onde ela ainda existe. Não se pode fixar de uma vez por todas o poder do pensamento na história, tampouco suas categorias determinantes e sua estrutura.

Na filosofia da vida, o pensamento que ela censura por ser destrutivo é interpretado de uma forma especial, ou seja, como pensamento abstratamente decomponível, comparativo, explicativo, generalizador, enfim, como análise. Neste ponto, a crítica contém igualmente um argumento justificado; pois, de fato, uma série de sistemas racionalistas confundiam este pensamento com a atividade intelectual em geral. Como frisa com plena razão a filosofia da vida, através dos conceitos se designam momentos abstratos no objeto. Independentemente do modo como se processa a conceitualização – segundo a antiga teoria empirista, pela abstração, ou, conforme ensina a fenomenologia, pela visão da essência – os conceitos, na medida em que não são nomes próprios, não tocam o objeto na sua concreção plena, mas tocam traços individuais que ele tem em comum com outros objetos. Na ciência é altamente importante distinguir e fixar estes traços para descobrir depois conexões entre eles. Como cada um desses traços é encontrado não só em um, mas fundamentalmente num número ilimitado de objetos, estas conexões são universais e têm força de lei. Sua categoria é a causalidade. Para determinados cientistas existem momentos abstratos individuais da realidade como objetos de exame. Ao físico concerne a massa e a movimentação dos corpos; somente se for possível aprender algo sobre estes objetos gerais é que lhe interessa um acontecimento concreto que se passa num lugar e tempo definidos. O químico se ocupa das alterações materiais em geral; o fisiólogo, dos processos nos corpos dos seres vivos. As necessidades da sociedade humana determinaram a evolução e divisão das ciências de acordo com a pesquisa necessária, em cada caso, de tais qualidades abstratas. Descartes acreditava poder satisfazer-se até com o exame de uma única qualidade, ou seja, a relação espacial dos corpos; todas as demais qualidades, inclusive todo o mundo sensorial, foram consideradas desimportantes, mera aparência. No entanto, na sua época, foi menos a confusão racionalista de uma qualidade abstrata com a realidade do que a confiança no homem consciente de si mesmo e nas forças guiadas pela razão, que ajudou a reconhecer essa teoria que reduziu o mundo a relações mensuráveis. Mais tarde, à matemática como ciência única junta-se ainda uma física particular, distinta dela, depois a química desenvolvida pelos ingleses; finalmente, considerou-se o sistema ou a soma de toda uma série de disciplinas científicas a imagem da realidade. Esta concepção da ciência como um conjunto de relações fixas de elementos abstratos satisfez as necessidades do mundo burguês

110 TEORIA CRÍTICA

em evolução. Somente na medida em que as tarefas intelectuais a serem cumpridas pela sociedade não mais consistem preferencialmente no progresso da arte de governar, no incremento da técnica e na propagação de um mínimo de conhecimentos industriais indispensáveis entre as massas, mas a tendência evolutiva de toda a sociedade tornou-se o tema prático decisivo e com isso também teórico, é que se tornou inadequada e retrógrada a equiparação do conhecimento a um sistema fixo de proposições gerais, ou ainda a um sem-número de pesquisas individuais.

A filosofia da vida sublinha que os elementos abstratos adquiridos através de análise conceitual não coincidem também, em sua adição, com o objeto vivo. Da soma dos traços de um desenho ainda não resulta a imagem. A enumeração das reações impulsivas de um homem não representa nenhuma secção de sua vida interior.

De fato, [escreve Bergson] a psicologia procede à análise como as outras ciências. Dilui o Eu que lhe é dado *a priori* por uma simples intuição, em percepções, sentimentos, imaginações, que examina em separado. Substitui, portanto, o Eu por uma série de elementos que formam os fatos psicológicos. Mas serão estes elementos iguais a partes?... A idéia de recompor o objeto mediante operações executadas unicamente com elementos simbólicos já contém em si mesma um absurdo tal, que não ocorreria a ninguém se se desse conta de que não se trata de fragmentos do objeto, mas, por assim dizer, de fragmentos de símbolos[27].

O que se afirma aqui acerca da psicologia do indivíduo vale também para a história em geral. A opinião de que nos inúmeros estudos individuais, que – realizados a partir dos mais diversos pontos de vista pessoais e nacionais – foram acumulados nas bibliotecas, se compunha a imagem dos acontecimentos reais, foi de fato uma ilusão da época liberal. Faz parte da convicção geral de que da atividade diligente dos indivíduos em todos os setores da vida deve resultar um todo harmônico. A filosofia da vida nega totalmente o valor do trabalho lento e progressivo da análise para fins de conhecimento real; o ato de intuição, que só é possível em determinados momentos, é para ela o único meio de conhecimento da filosofia. Sua metodologia é radical.

Ao materialismo oriundo da lógica de Hegel sempre fora familiar que os elementos abstratos adquiridos por diferenciação conceitual também não coincidem na sua soma com o fenômeno original. Abstração e análise são uma atividade mutável. Seu efeito deve ser novamente abolido no conhecer, ao considerar tão boas quanto possível as respectivas particularidades da análise na hora da reconstrução. Embora esta prescrição nunca possa cumprir-se estritamente, toda representação dialética se baseia, entretanto, na tentativa de satisfazê-la.

Muitos dizem que o conhecimento nada mais pode fazer senão decompor os objetos concretos dados em seus elementos abstratos e então observá-los isolada-

27. Henri Bergson, *Einführung in die Metaphysik*, Jena, 1920, pp. 15 e ss.

DA DISCUSSÃO DO RACIONALISMO...

mente. Entretanto, logo se torna evidente que isto significa inverter as coisas e que o conhecimento, que quer aceitar as coisas como elas *são*, cai nesta hora em contradição consigo mesmo. Assim, por exemplo, o químico traz um pedaço de carne à sua retorta, tortura-a das mais diversas maneiras e diz, então, ter achado que ela se compõe de nitrogênio, carbono, hidrogênio etc. Então, estas matérias abstratas não são mais carne. Acontece da mesma maneira quando o psicólogo empírico decompõe uma ação nos seus diversos aspectos, que ele oferece à observação, e os mantém depois em sua divisão. O objeto tratado analiticamente é, por assim dizer, observado como uma cebola da qual se tira uma pele após outra[28].

Se, porém, da circunstância de que a análise distancia o pensamento do objeto original a filosofia da vida tira a conclusão de que o conhecimento adquirido por conceitos é totalmente inútil para descobrir a verdade, e quer substituir o empenho do conhecimento na busca da verdade pela simples intuição, pela visão imediata ou, ainda, pelo entusiasmo afirmativo, então nesse caso ela recai muito atrás da lógica hegeliana.

O método dialético é o conjunto de todos os meios intelectuais de tornar os momentos abstratos, adquiridos pela inteligência disjuntiva, aproveitáveis para a imagem do objeto vivo. Não existe uma regra universal para este fim. Mesmo dentro de uma ciência isolada como a psicologia individual, a observação de quase um único indivíduo exige uma outra forma de construção teórica. A partir dos conceitos analíticos fundamentais, adquiridos com a observação de inúmeros casos e que formam o saber geral sobre a evolução típica da alma individual, juntamente com os dados que fornece a análise especial de um destino determinado, o psicólogo deve tratar de compreender a situação psíquica atual com a dinâmica que lhe é própria. Aí não só os dados são diferentes, mas também a forma da construção dialética; o significado dos conceitos gerais que dela fazem parte em nenhum caso fica exatamente o mesmo. Se, por exemplo, numa descrição concreta incluirmos as categorias do instinto de conservação ou do ressentimento, então, neste conjunto, elas mantêm cada vez mais um sentido próprio. Cada passo da representação de um processo vivo atinge a função e, desse modo, também o conteúdo dos conceitos que são aqui empregados. O realismo conceitual, isto é, a teoria de que o significado dos conceitos gerais existe por si mesmo, é tão inexato quanto seu contrário nominalista, segundo o qual os conceitos gerais são apenas nomes. Ou ainda: ambas as teses estão corretas. Os conceitos gerais têm significado real, mas este é cada vez mais determinado apenas pela representação total de um objeto concreto, que possui seus próprios princípios, adequados ao objeto. A proposição aristolética de que os conceitos gerais só existem tanto quanto os objetos isolados que a eles se juntam foi mudada pela filosofia de Hegel no sentido de que também o *significado* dos conceitos é diferente, conforme o objeto concreto individual no qual estes se reali-

---

28. Hegel, *Enzyklopädie*, Logik, § 227, Aditamento.

zam. Isso não quer dizer que não seja agregado firmemente a cada palavra conceitual um sentido determinado. Ao pensamento não é permitido indicar, arbitrariamente, ora isto ora aquilo. Tão logo se pensa num conceito de forma totalmente isolada, ele adquire seu sentido fixo; se entra, porém, numa estrutura de pensamento complicada, ganha neste todo uma função específica. Assim, por exemplo, pode-se definir de forma inequívoca o instinto de conservação, desde que seja considerado apenas por si mesmo; num conjunto de um determinado homem, como instinto de conservação de uma pessoa concreta, viva, ele é afetado em seu conteúdo por outros traços psíquicos. Assim como da afirmação de que uma reação química pode ser composta de determinados elementos e novamente decompor-se neles não decorre que estes elementos conservaram, na reação, as mesmas propriedades que tinham antes e depois de sua participação neste todo, assim também não segue, de modo nenhum, da estrita definibilidade de conceitos abstratos, que eles permanecem inalterados durante sua colaboração na imagem ideativa de um todo concreto. Os conceitos, quando se realizam, são sempre elementos de linhas teóricas de pensamento e não mais símbolos isolados.

A teoria de Hegel, segundo a qual o pensamento verdadeiro contém a contradição, já tem seu fundamento neste conhecimento simples. Os conceitos adquiridos pela razão através da abstração mudam seu sentido tão logo entram em relação entre si para a representação de um todo concreto, e mesmo assim continuam idênticos a si mesmos, enquanto conservam sua definição fixa. Os princípios da lógica tradicional, da "lógica do entendimento", sobretudo do princípio de identidade, bem como outras regras do pensamento distintivo, não são simplesmente erradicados na lógica dialética. Os elementos conceituais abstratos e suas relações fixas, que estão sendo examinados nas pesquisas científicas individuais, constituem o material à disposição da reconstrução teórica de processos vivos. Por isso, é falso quando a filosofia da vida e, com ela, outras tendências irracionalistas dizem que a observação do ser real não tem nada a ver com análise, e que a introspecção irracional deve tomar seu lugar. Na verdade, o produto da análise, os conceitos e regras abstratos não são de modo algum idênticos ao conhecimento dos eventos na realidade. As ciências individuais fornecem apenas os elementos para a construção teórica da evolução histórica, e estes não continuam na representação aquilo que foram nas ciências individuais, mas recebem novas funções de significado, das quais não se falou antes. Por isso, todo pensamento real deve ser compreendido como uma crítica contínua às determinações abstratas; contém um momento crítico e, como diz Hegel, cético. O lado dialético do lógico é, ao mesmo tempo, o "negativo racional"[29]. Se, porém, as formações conceituais da física, as definições de processos de vida na biologia, a descrição geral de um

29. Hegel, *ibid.*, § 79.

DA DISCUSSÃO DO RACIONALISMO... 113

impulso, a apresentação do mecanismo inflacional típico ou da acumulação de capital e outros resultados das diversas ciências já não constituem a representação de acontecimentos reais na natureza morta e viva, mas apenas seus pressupostos, então a pesquisa tirou estes conceitos e pareceres de eventos reais. Já por isso eles se distinguem de construções arbitrárias e de produtos da fantasia; por sua origem e pela sua praticabilidade, estão em relação positiva com a realidade. Da exatidão desses produtos da análise depende a fidelidade do reflexo ideativo da realidade.

A análise parte do específico para o geral. Ela é suficiente, enquanto que o pensamento tem que apenas destacar do acontecimento real aquilo que se repete. Para aquelas atividades que dependem da relativa imutabilidade de situações naturais e sociais, a ciência cumpriu assim sua tarefa própria. No período liberal, esperavam-se milagres da simples evolução da pesquisa individual, porque se consideravam estáticos os fundamentos da forma social atual. Todavia, o processo mecânico falha perante o conhecimento da história. Aqui é necessário reconhecer processos ainda não concluídos, únicos, nas suas tendências dominantes. Para tanto, deve-se de fato recorrer ao saber analítico, mas o resultado para o qual ele deve colaborar não coincide de modo nenhum com ele. Aqui, modo de investigação e modo de representação são fundamentalmente divergentes. Na reconstrução de tendências de toda a sociedade, as funções psíquicas desempenham um papel totalmente diferente do desempenhado na formação da ciência individual; "intuição" também faz parte disto.

A empírica, diz Hegel, "prepara a matéria empírica" para o conceito dialético, "a fim de que este possa depois absorvê-la corretamente". O "curso do nascimento da ciência difere de seu curso em si quando acabada, assim como o curso da história da filosofia e o curso da filosofia... a formação do lado empírico foi... condição essencial da idéia, para que esta possa chegar à sua evolução, destinação"[30].

A pesquisa tem de apropriar-se detalhadamente da matéria, analisar as suas diversas formas de evolução e descobrir a sua conexão interna. Somente depois de concluído este trabalho é que se pode descrever adequadamente o movimento real[31].

O irracionalismo vê que a análise "de fato converte o concreto num abstrato"[32]. Desconhece, porém, que "não obstante... esta separação deve acontecer", se for em geral compreendida. Esta falha no positivo caracteriza não só o ataque ao modo de pensar racionalista, mas

---

30. Hegel, "Vorlesungen über die Geschichte der Philosophie", *Sämtliche Werke*, Glockner, tomo 19, Stuttgart, 1928, pp. 283 e ss.

31. Karl Marx, Posfácio à 2ª edição de *O Capital*.

32. Hegel, *Enzyklopädie*, Logik, § 38, Aditamento.

também a luta atual contra as formas liberais de vida em todos os setores. Os representantes da espiritualidade reinante, embora tenham bastante razão na crítica à cultura antiquada, não são, entretanto, capazes de tirar daí qualquer conclusão progressista. Preferiram voltar a uma forma pré-capitalista da sociedade. À vida ultra-especializada e, afinal, vazia da época anterior opõem simples dogmas de fé; a obediência cega deveria tomar o lugar do pensamento analítico, mas rico em matizes. Dessa maneira, porém, o espírito se movimenta, não para a frente, mas para trás: não se abole o trabalho intelectual vazio em muitas ciências em favor do emprego de todas as forças espirituais produtivas nos reais interesses dos homens, apenas se simplifica o pensamento. Decerto, as necessidades da evolução econômica propulsora emprestam à maioria das correntes políticas, sociais e culturais do presente um caráter duplo, que não deve ser necessariamente conhecido pelos seus portadores; também a violenta simplificação do pensamento anda junto com sua propagação entre as massas. O mesmo é válido para os outros momentos da visão irracionalista do mundo. A negação do indivíduo em favor da comunidade apenas concebida substitui, em amplas camadas burguesas, a falsa consciência de sua pretensa autonomia individual por reflexões sociais principiantes; o enaltecimento de uma sociedade que, apesar de sua riqueza em matérias-primas e meios de produção, só engendra penúria e constante perigo de guerra, e a luta feroz contra qualquer tentativa de melhorá-la contém, involuntariamente, a confissão de que esta casa da humanidade é uma prisão. O retrocesso causado pela repulsa geral contra o pensamento contém a correção de uma progressividade que já se havia convertido no seu contrário.

Embora o materialismo não negue o pensamento analítico que, sob as atuais condições, se converteu, tanto quanto outros meios auxiliares da sociedade, de uma força produtiva num empecilho, mas passa a usá-lo corretamente, ele assume, entretanto, um papel diferente do que tinha a princípio na filosofia. A dialética materialista é também fundamentalmente diferente da hegeliana. Através do desenvolvimento dos princípios dialéticos e, mais ainda, através das representações dialéticas substancialmente elaboradas, Hegel demonstra detalhadamente como tornar frutíferos para a reconstrução mental de processos vivos conceitos a que se chegou pela análise. Mas para ele, na verdade, existe um único grande processo que contém em si mesmo como seus elementos todos os conceitos, e este processo, este "concreto, uno" o filósofo pode, de uma vez por todas, compreender e apresentar. Por isso, em Hegel, os passos individuais desta apresentação valem como proporções eternas não apenas na lógica, mas também na filosofia da natureza e do espírito. Todas as relações no sistema acabado são consideradas imutáveis. Assim, a moralidade, que Hegel define num sentido especial mediante o bem e a consciência, aparece juntamente com o direito burguês abstrato como um momento eterno da decência; nesta, o Estado também tem um significado fixo, que abrange e ressalta de forma espe-

DA DISCUSSÃO DO RACIONALISMO...   115

cial a família e a sociedade. As categorias abstratas de todas as partes
do sistema, tanto da lógica pura (p. ex., quantidade e qualidade) quanto
também de áreas culturais isoladas (como arte e religião), poderão reu-
nir-se na imagem permanente da existência concreta. Quem quer que
deseje, a qualquer momento, compreender o significado real de uma categoria qualquer, deverá, pressionado pela lógica interna da coisa, produzir o mesmo quadro da existência. Até a sua conclusão, todo o material conceitual ainda está em movimento no espírito daquele que a cada
vez o reexecuta, isto porque o significado das categorias isoladas só se
completa no todo. Como momentos da unidade mental, porém, que para
Hegel é não apenas um mero espelho, mas o próprio absoluto, eles devem ter validade imutável.

Por isso, deve-se conceber a lógica como o sistema da razão pura, como o
campo da idéia pura. Este campo é a verdade, tal como ela aparece sem invólucro
em si mesma. Por isso, pode-se dizer que este conteúdo é a representação de Deus
tal como ele é na sua eternidade, antes da criação da natureza e de um espírito finito[33].

No entanto, a lógica contém todo o sistema *in nuce*. Em Hegel, a
própria teoria pronta não mais se correlaciona com a história, existe um
pensamento abrangente, cujo produto não é mais abstrato e mutável: a
dialética está concluída.

O materialista não pode, de modo nenhum, acreditar em tal maneira inequívoca de interpretação. Não há nenhuma imagem definitiva da
realidade, nem segundo a essência, nem segundo a aparência. Já a colocação de um sujeito supratemporal, que seria o único a entendê-la, é
uma ilusão. Além disso, a superação da unilateralidade de conceitos
abstratos através do artifício da construção dialética tampouco leva,
como opina Hegel, à verdade absoluta. Ela ocorre sempre no pensamento de certos homens históricos. "O *homem* pensa, não o Eu, nem a
razão"[34]. Portanto, a filosofia materialista "tem, como seu princípio de
conhecimento, como seu sujeito, não o Eu, nem o absoluto, ou seja, o
espírito abstrato, em suma, não a razão em si mesma, mas o ser real e
total do homem"[35]. Fosse este ser imutavelmente o mesmo, como ainda
acreditavam os primeiros materialistas, inclusive Feuerbach, suas construções de pensamento teriam ao menos um e mesmo fundo subjetivo.
Seriam esboços teóricos deste ser em relação com o universo que o estaria defrontando. Assim também entendia Dilthey a cultura intelectual
da humanidade. Todavia, o materialismo dialético entende como sujeito
do pensamento não outra vez um abstrato como a essência homem, mas
a cada vez homens de uma determinada época histórica. Estes também

33. Hegel, *Wissenschaft der Logik*, Introdução.
34. Ludwig Feuerbach, "Grundsätze der Philosophie der Zukunft", § 50,
Sämtliche Werke, tomo III, Stuttgart, 1904, p. 313.
35. Ludwig Feuerbach, *ibid.*

não são hipostasiados como unidades isoladas umas das outras e do mundo, como mônadas; todo o seu ser e, com isso, também a sua consciência dependem, antes, tanto do seu dom natural quanto de todas as relações que se formaram na sociedade, no seu tempo. Por isso, segundo o materialismo, a teoria do processo social de vida é, de um lado, a construção intelectual mais ampla, à qual a investigação analítica serve de auxílio em todas as áreas; e, de outro lado, esta teoria se orienta necessariamente de acordo com a situação espiritual e material e com os impulsos dela resultantes, que são característicos de cada uma das respectivas classes sociais. Sem dúvida, algumas opiniões são definidas menos pela estrutura psíquica de um determinado grupo no processo de produção do que por peculiaridades particulares dos seus autores; elas não costumam adquirir qualquer importância social, ou são, pelo seu modo de atuar e de serem interpretadas, sujeitas a uma reformulação mais ou menos inequívoca no sentido de uma determinada classe.

Como a solução dos problemas reais e decisivos dos quais a humanidade padece, sobretudo no presente momento histórico, depende do resultado das lutas entre os grupos sociais, então quem decide sobre a força de uma teoria é, antes de mais nada, a circunstância até onde seu princípio estrutural é decidido pelas tarefas de tal grupo e não pela situação particular do seu autor. Segundo Hegel, o curso da dialética universal é fixado, de modo inequívoco, pela dinâmica imanente dos conceitos; entretanto, no materialismo, toda construção dialética vale como um produto esboçado pelos homens quando se defrontam com seu ambiente social e natural. Por isso, é dirigida, em todo o seu curso, não só pelo objeto, mas também pelo grau de evolução espiritual e pelos impulsos conscientes e inconscientes dos sujeitos. O valor de uma teoria não é decidido somente pelo critério formal da verdade – quantas pesquisas foram empreendidas, justamente no passado mais recente, que não levavam o conhecimento a um passo adiante sequer, e no entanto podem reivindicar serem verídicas; quantas dissertações têm sua razão de ser apenas na função de se afastar dos problemas decisivos, sem que se pudesse provar suas falhas lógicas! –, o valor de uma teoria é decidido por sua relação com as tarefas que são empreendidas, num determinado momento histórico, por forças sociais progressistas, e este valor não vale diretamente para toda a humanidade, mas, em primeiro lugar, apenas para o grupo interessado na tarefa. O fato de que, em muitos casos, o pensamento se afasta totalmente dos problemas do mundo humano em luta se fundamenta, entre outras coisas, na desconfiança contra os intelectuais. Ainda que o critério para este afastamento não possa, de modo algum, construir a consciência não-formada, mas unicamente a prova verdadeira de que se perdera a relação com os problemas sempre decisivos, justifica-se aquela censura, ligada à do racionalismo, contra a inteligência aparentemente desobrigada de toda causalidade, no sentido de que esta perda de relação do pensamento não significa a liberdade do julgamento, mas apenas a falta de controle do pensamento sobre seus

DA DISCUSSÃO DO RACIONALISMO...

próprios motivos. O abandono de uma terminologia historicamente definida, a contínua reformulação de conceitos e o recomeçar dos filósofos, a preocupação com expressões neutras e a busca de originalidade são traiçoeiras. Todavia, não se deve acusar a inteligência, mas sua falta de conexão com os problemas historicamente colocados. Os pensamentos mais abstratos podem ter um significado mais real do que uma colocação de problemas aparentemente concreta, que, na sua forma de expressão, se serve das palavras mais corriqueiras e populares. Prefere-se aqui sobretudo a esfera artesanal e rústica. Quanto mais se perde a relação consciente com as lutas históricas, mais firmemente reiteram os filósofos que seu modo de pensar tem chão firme e raízes sob seus pés – uma imagem auxiliar que esclarece bem aquela falha na sua insustentabilidade.

Conceitos, pareceres e teorias são fenômenos que se desenvolvem na disputa dos homens entre si e com a natureza. Na verdade, a utilidade não é de modo algum o critério do conhecimento, como opina o pragmatismo; este se legitima, antes, nos diversos campos da ciência e da vida, por meio de indícios muito variados. A teoria de que todo conhecimento é útil, ou seja, de que deveria levar diretamente à satisfação de uma necessidade prática, é falsa, mas a necessidade teórica em si, o interesse pela verdade, é conduzida de acordo com a situação do conhecedor. Se seu destino, no qual se interpenetram elementos materiais e psíquicos, leva a que, na sua obra espiritual, se imponham não só caprichos pessoais mas também as necessidades da humanidade, ela pode adquirir importância histórica. Um Deus pode não conhecer nada, porque ele não tem necessidade. Não é de modo algum apenas pela exigência, imposta diretamente pela situação material, que os processos intelectuais são dirigidos nos seus pormenores, mas da mesma forma por impulsos inconscientes, que na verdade, em última instância, são propriamente reações dos indivíduos à sua posição na sociedade. Numa teoria, por exemplo, sem levar em conta a sua exatidão ou falsidade, pode estar expressa a necessidade de auto-afirmação que não está sendo satisfeita na vida real. De fato, tais fatores irracionais assumem na vida espiritual de um grupo um papel tanto menor quanto menos sua situação obriga a repressões; mas a própria tarefa intelectual e os meios de levá-la a cabo derivam, em todo caso, das exigências que uma determinada situação impõe a certos homens.

Até a definição da verdade segundo os critérios adequados, mesmo que ocorresse simplesmente por processos psíquicos (por exemplo, por recordação), ou através de experimentos ou acontecimentos independentes do sujeito, tem condições históricas como evento no mundo real. A concordância entre julgamento e fato real nunca é dada diretamente; não existe qualquer identidade entre eles. Tanto a tarefa que o pensamento tem de resolver a cada vez, seu tipo e modo, quanto a relação entre julgamento e objeto são transitórias. Apesar disso, em cada caso definido existe a diferença entre verdadeiro e falso. A negação relati-

118   TEORIA CRÍTICA

vista desta diferença se contradiz a si mesma. Verdadeiro e falso são
qualidades diferenciáveis de estruturas teóricas; referem-se à sua relação com o objeto. Na realidade, esta não é de modo algum induzida
arbitrariamente pelos homens distintivos, mas ainda assim mediada: sem
esta mediação não existe verdade. Por isso, a teoria não é um fato dis-
sociável dos homens. Assim, ninguém pode refletir sobre si mesmo ou
ainda sobre a humanidade, como se fosse um sujeito livre de determinadas condições históricas. Decerto, um indivíduo pode abstrair-se de
certos interesses pessoais, pode excluir, na medida do possível, todas as
particularidades impostas pelo seu próprio destino, porém todos os passos de seu pensamento sempre serão reações de um determinado homem de uma determinada classe num determinado momento. Isto é decerto evidente, mas o caráter de toda a filosofia idealista contraria esta
evidência. Nela, o pensamento filosófico – confessadamente (como o
idealismo alemão clássico), ou inconfessadamente (como em Berkeley) –
é compreendido como algo que parece desenvolver-se no homem
empírico, mas, na realidade, é o pressuposto intemporal deste homem
empírico, ou, pelo menos, um processo independente dele próprio. É
que, na época burguesa, pelo menos na própria burguesia esclarecida, a
filosofia idealista ocupou amplamente o lugar da revelação. O sentido
abrangente, o conhecimento dos fundamentos do universo, não mais é
proclamado de cima, mas é descoberto ou mesmo produzido por uma
força espiritual inerente a cada indivíduo. A imagem idealista do mundo
deve trazer consigo, como o conteúdo afirmativo da religião, não os
traços dos homens socializados, mas deve valer como espelho imacula-
do de ordens eternas. Aí as correntes irracionalistas do idealismo não
levam qualquer vantagem sobre as racionalistas. De fato, em lugar do
pensamento analítico, elas impõem, como condições do conhecimento, a
intuição ou outras sensações da alma, a disposição, a alegria, o tédio, o
medo, a fé, a disciplina[36], mas a essência que o homem divisa nesta atitude, seja ela vida, existência ou nacionalidade, sempre vale como norma à qual se pode ater-se plenamente, mesmo que esta se resuma apenas no mandamento de sempre levar em conta os próprios princípios e
ações, ou de assumir livremente, por exemplo, o lugar em que cada homem foi um dia colocado em virtude do seu destino. A solenidade em-
prestada a certas atitudes e propósitos pela filosofia idealista se relaciona necessariamente com o inconsumível pensamento de um sujeito in-

---

36. Cf., sobre algumas destas condições, Martin Heidegger, *Was ist Metaphysik?*, Bonn, 1929, pp. 15-19: "O tédio profundo, flutuando para cá e para lá
nos abismos do existir como uma névoa silenciosa, aproxima todas as coisas, os
homens e a si próprio dentro de uma indiferença singular. Este tédio revela o ser
no todo... Uma outra possibilidade de tal revelação contém a *alegria* pela presença do existir... de uma pessoa querida... O estar da *disposição* revela... segundo
seu modo o ser no todo... Na clara noite do nada da angústia produz-se então a
manifestação *original* daquele ser como *tal*: que é o que *está sendo – e não nada*".

DA DISCUSSÃO DO RACIONALISMO...   119

temporal. O materialismo, ao descobrir esta ligação, destrona o espírito divinizado de maneira mais radical que o irracionalismo que nega a análise para submeter-se à fé cega.

O materialismo dialético reconhece o direito à censura contra o mero pensamento analítico. Teorias filosóficas antigas e novas que hipostasiam os resultados da análise e apresentam produtos da abstração como a base ou os elementos do ser são unilaterais e limitadas. As categorias objetivadas da filosofia irracionalista, como, por exemplo, vida e existência – mesmo que possamos defini-las como algo determinado interiormente, histórico e concreto – não são, todavia, menos abstratas que os princípios ontológicos das tendências combatidas como racionalistas, como, por exemplo, o Eu, a idéia absoluta e a soma dos sentimentos. Todas estas unidades isoladas nas quais é esquecido ou considerado não-importante o processo pelo qual elas foram adquiridas preenchem hoje as funções ideológicas de noções metafísicas. Em contraste com o irracionalismo, o materialismo tenta revogar a unilateralidade do pensamento analítico, sem rejeitá-la. Também a própria teoria dialética mantém naturalmente um caráter abstrato, já porque ela, apesar dos esforços para refletir o objeto do melhor modo possível na multiplicidade de suas formas de evolução, em sua percepção e em cada um dos seus passos, depende sempre de determinadas condições históricas. O conhecimento da totalidade é um conceito que se contradiz a si mesmo. A consciência do próprio condicionalismo, que caracteriza o pensamento racionalista, é, no estado atual da teoria, idêntico ao conhecimento da condicionalidade social dos indivíduos. Como a teoria da independência e autonomia do pensamento se subordina ao conceito de indivíduo monádico fechado em si mesmo, faz parte da idéia materialista da finidade do pensamento a teoria de que cada indivíduo está entrelaçado em todo o processo social de vida. A superação dos erros do pensamento abstrato ocorre no materialismo da mesma forma que em Hegel, por se tentar entender as categorias isoladas como dependentes de um processo que lhes dá origem. Mas este não é de novo, no materialismo, de um tipo espiritual; seu resultado não é a idéia que se compreende a si mesma e, por isso, é infinita. Ao contrário, segundo o materialismo, o indivíduo, com todas as suas categorias, depende da evolução social; isto é mostrado na teoria econômica da história. Aqui, sujeito e objeto nunca coincidem, antes encontram-se numa tensão variável, de acordo com o papel que a teoria representa na sociedade, com o grau de domínio dos homens sobre si mesmos e sobre a natureza extra-humana.

Embora a sociedade não contenha, de modo nenhum, a totalidade das condições para os destinos individuais de vida, embora, sobretudo, a pertença de um indivíduo a um determinado grupo social não signifique que ele tenha de ostentar também as capacidades e convicções típicas deste grupo, ainda assim a dependência vai mais longe do que se supõe na filosofia e na psicologia de enfoque predominantemente individualista. Sem levar em conta que, apesar do comportamento diversificado dos membros de uma classe, os pontos de vista que determinam suas ações costumam ser muito mais uniformes do que percebe o observador superficial, as diferenças reais não devem ser encaradas como diretamente naturais. Como sabemos hoje, as diferenças de caráter remontam não apenas à educação consciente, mas também, em maior grau, às experiências da infância. O inventário destas experiências, bem como suas diversas causas, são influenciados pelas particularidades da família, tal como ela evoluiu nas diferentes classes sociais no decurso da história, e como foi determinada para o indivíduo pelo destino particular da sua família. Todo indivíduo tem sua natureza, mas esta é condicionada socialmente muito além da medida explicável hoje de modo científico.

Esta concepção do indivíduo dá origem não só à atitude crítica do materialismo diante da hipostasiação do pensamento analítico, mesmo do dialético, mas também fundamenta sua posição para com o individualismo, a segunda grande censura que se faz hoje às correntes racionalistas da filosofia. Embora as ações e, mais ainda, a sorte de cada indivíduo sempre tenham sido função da sociedade, em algumas épocas, sobretudo nos períodos de florescimento capitalista, o indivíduo – decerto condicionado socialmente – foi capaz, em grandes camadas sociais, de melhorar amplamente sua posição através das suas considerações particulares, decisões e empreendimentos. Devido às circunstâncias econômicas, a vida dos homens, também nos países mais desenvolvidos, com mínimas exceções, é determinada hoje por fatores que não estão mais sujeitos à sua vontade. Todas as suas considerações, orientadas para a vantagem individual, reagem, diante dos grandes acontecimentos sociais como as crises econômicas e as guerras estreitamente ligadas a elas, de modo tão impotente que sucessos passageiros de um único indivíduo, ou mesmo de toda uma existência coroada de êxito, quando a determinação não pertence ao reduzido círculo dos senhores economicamente mais privilegiados ou de seus servidores mais chegados, dão a impressão de uma falha, de uma das pequenas inexatidões no mecanismo que nunca podem ser totalmente eliminadas. Se o materialismo, em fases anteriores, encorajava com razão os homens a se preocuparem com seu bem-estar individual, atualmente ele tem a visão clara de quanto é duvidosa esta ação. O esforço em prol do destino pessoal transformou-se amplamente em participação nas lutas sociais. Isso não deve ser mal interpretado mecanisticamente. Quem trabalha em tarefas sociais, no sentido da teoria materialista, não deseja, com base em reflexões abstratas, alcançar seu próprio bem-estar por meio de mudança social. De fato, isto seria um pensamento altamente unilateral, que, já pelo longo tempo necessário à mudança social, se mostraria vão. A transição do pensamento individualista para o conhecimento da situação social se caracteriza menos pelo fato de que um único sujeito revisa suas idéias do que pelo fato

DA DISCUSSÃO DO RACIONALISMO...

de que a teoria correta está sendo adotada por camadas sociais que, em determinados momentos históricos, são preparadas especialmente para isso pela sua posição no processo de produção. Grandes massas reprimem, por longo tempo, o conhecimento da futilidade do esforço individual na presente ordem social, mesmo que esta lhes seja revelada teórica e praticamente com toda a clareza. Pelas condições de educação que predominam na maioria dos grupos sociais sempre são reproduzidos novos mecanismos psíquicos, em virtude dos quais este conhecimento é considerado insuportável e adequadamente assimilado. O conhecimento doloroso do ponto de vista dos próprios interesses do indivíduo somente é suportado onde os valores individualistas, tanto no sentido da boa vida pessoal como da ascensão individual, não mais são considerados os mais altos. O homem típico, para quem realmente ganha força o claro saber da situação atual da sociedade, muda o sentido que este saber possuía na reflexão cética do desiludido indivíduo burguês. Neste tipo, o conhecimento constitui uma força propulsora. A todos aqueles que estão condenados a uma existência desesperada, devido à manutenção de formas antiquadas de vida social, ela remete a uma meta alcançável somente através da solidariedade: a mudança desta sociedade para uma forma adequada às necessidades da comunidade. Na solidariedade não se nega simplesmente o interesse próprio; pois ele produz, como consciência da inutilidade do esforço individual no mundo presente, um impulso permanente para a atividade. Mas perde a forma que lhe era característica na época burguesa, ou seja, seu contraste com o interesse da comunidade.

Na concepção irracionalista da "decomposição", a acusação de que o pensamento destrói seu objeto alia-se à censura à sua tendência individualista. Esta concepção não só visa a atitude de um homem que, incapaz de entregar-se aos grandes valores da vida, desfia abstratamente, por debilidade e ressentimento, as experiências entusiasmantes para outros, como também deseja que a depreciação de tudo quanto é grande pela análise seja feita em favor do indivíduo indiferente à coletividade e preocupado apenas com a autoconservação. A crítica racionalista é atacada não só porque expõe teorias religiosas, metafísicas ou de outras ideologias do pensamento e o conseqüente risco de sua justa decomposição, mas também porque mede normas e valores segundo os fins individualistas. De fato, o racionalismo cartesiano já era individualista quando declarava como critério de sua falsidade a contradição de julgamentos contra a razão presente em cada indivíduo de acordo com seus dotes. O indivíduo tornado absoluto transformou-se amplamente na medida para normas e teorias, e com o Eu monádico seus fins respectivos foram hipostasiados. Ao contrário da tese da igualdade dos homens, que a burguesia, após a tomada do poder, reinterpretou, mudando-a de um postulado para uma afirmação, o homem é um ser historicamente determinado. As diferenças socialmente condicionadas são bastante grandes. E assim como, no irracionalismo atual, estas diferenças são enaltecidas como sendo impostas pela natureza e tendo origem divina, como no tempo da escravidão, no período liberal elas foram negadas dogmaticamente. O indivíduo que pensa exclusivamente na vantagem pessoal aparece como o protótipo do homem. A *ratio* era sua *ratio*; a utilidade, a concordância com as suas finalidades e, finalmente, a concordância com as finalidades da empresa de negócios que segue sua própria dinâmica. A base desta evolução residia no princípio da livre economia de bens, a mesma que, após uma imensa projeção de toda a vida social, se converte em grilhão. Nela a lei da vantagem econômica domina como lei natural às reações psíquicas dos homens. O irracionalismo condena a forma de pensar que corresponde a esta lei. Combate o interesse próprio, assim como combate também o raciocínio.

A separação racionalista do homem em duas metades autônomas, corpo e alma, havia subtraído da teoria científica todo o evento psíquico inconsciente ou semi-inconsciente. Salvo raras exceções na psicologia francesa (sobretudo em La Rochefoucauld e Vauvenargues) e na filosofia alemã (sobretudo na obra teórica de Goethe e do Romantismo), a parte propriamente psíquica da vida humana foi tratada quase que exclusivamente na literatura. Os impulsos não-individualistas escaparam, assim, da atenção do racionalismo; sua psicologia converteu-se na teoria do *"self-interest"*. É mérito do irracionalismo moderno ter atacado esta deficiência. Todavia, enquanto a teoria freudiana, que pela sua estrutura pertence ao período liberal, interpretou o homem, pelo menos nas décadas de sua formação, como o produto de uma disputa entre consciente e inconsciente, uma dialética que se desenrola entre o Ego e o Id sob a pressão do ambiente social, o irracionalismo começou a idolatrar o inconsciente. Ele escolhe dogmaticamente fatores isolados teórica e totalmente não-esclarecidos, como, por exemplo, a influência inconsciente da solidariedade histórica, fora de raça e de paisagem, e os coloca diretamente no lugar do pensamento racional do indivíduo que ele desacredita. Todavia, é um grande erro tanto reduzir a certos fatores imaginados eternos a condicionalidade do pensamento, que é dirigido por toda a situação de vida, bem como certamente pelo objeto, quanto negar esta condicionalidade segundo a maneira racionalista.

A exposição da reflexão puramente egoísta, da "vantagem própria", tem, como a do pensamento analítico, um conteúdo certo numa forma errada. Atualmente, a ação voltada apenas para a vantagem individual é fútil para a maior parte da humanidade. A centralização de todos os esforços na simples manutenção da vida, a melhor adequação possível da própria vida às condições reinantes, o medir constante de todos os acontecimentos com relação ao próprio bem-estar e ao dos parentes, constituíram, num estágio econômico desaparecido, a forma de reação adequada de indivíduos esclarecidos. Até onde o pensamento ainda hoje ostenta exclusivamente este caráter, ele, de fato, não

DA DISCUSSÃO DO RACIONALISMO...   123

é racional, mas racionalista. Mas, se é verdade que o indivíduo depende da sociedade total e hoje os interesses da comunidade têm de predominar sobre a busca cega dos interesses próprios, então a base desta
verdade é que a sociedade, na sua forma atual, se acha em contradição
com os interesses próprios da maioria dos homens. Não é reprimir os
interesses individuais, mas superar esta contradição a tarefa que, segundo a teoria materialista, deve ser resolvida somente através de uma
determinada mudança das relações de produção, a base de toda a estrutura social. O irracionalismo, porém, nega o direito à autoconservação do indivíduo e vê no todo diretamente o sentido e a meta de toda ação humana, como se o interesse no todo não fosse mediado pelo
interesse dos indivíduos em si próprios e nos semelhantes, mas por
submissão incondicional. Assim como ele quer adquirir a imagem de
processos vivos, não através da reconstrução intelectual a partir dos
resultados da análise, mas através da experiência direta, a participação
no evento político e social não ocorrerá com respeito às reais necessidades humanas, mas por dedicação incontrolada do indivíduo ao todo,
tal como ele existe. Mediante os dois, ele se converte no servidor do
poder dominante no dado momento. Como foi exposto acima, a hosti-
lidade ao pensamento protege unicamente a inverdade, ou seja, os
falsos conteúdos de fé da metafísica e da religião. A dedicação ao todo, o "benefício comum" é um princípio bem-vindo mesmo ao mau
poder. Isto é tão dogmático quanto o proveito próprio, enquanto o todo não tem na felicidade dos homens seu corretivo duradouro. Sem o
cumprimento do mandamento hegeliano de "que o objetivo do Estado
é o interesse comum como tal e aí, como sua substância, a manutenção
dos interesses especiais"[37], a exigência da plena dedicação a ele conti-
nuaria sendo um mero dogmatismo.

Do ponto de vista da história mundial, a coerção imposta a amplas camadas atrasadas da cidade e do campo, a fim de que aprendam
a reprimir os próprios e estreitos interesses, pode ser, sem dúvida,
uma medida salutar que seria inevitável mesmo em outras circunstâncias. À sua forma antiquada de produção corresponde uma atitude espiritual, a qual não permite qualquer adaptação racional ao atual estado do conhecimento, mas apenas uma assimilação imposta pela autoridade. A exigência de renúncia aos próprios interesses, a exortação à
disciplina e ao heroísmo, o elogio da pobreza são dirigidos, especificamente, aos grupos progressistas da sociedade que têm "pela sua
substância" muito mais o interesse geral do que sói acontecer naquele
todo em cujo nome é feita esta exigência. Desse modo, o irracionalismo, com sua crítica justa em si mesma ao individualismo, fica abaixo
do liberalismo com seu ataque ao pensamento. É um "contramovi-
mento". Na crítica, na destruição, que como princípio lhe é odiosa, ele

37. Hegel, *Grundlinien der Philosophie des Rechts*, § 270.

124 TEORIA CRÍTICA

continua coroado de sucesso; na "construção" que ele afirma como princípio, na conquista de novas áreas de vida, ele é capaz de produzir algo somente quando os elementos que se lhe opõem cessam de agir forçosamente dentro dele mesmo: com auxílio do pensamento e do motor dos interesses específicos.

O impulso nu e cru de autopreservação, a colocação puramente egoísta de objetivos, ao lado da qual outros impulsos se estiolam, caracterizam hoje, de fato, uma vida miserável. Se esta opinião passar de uma reflexão teórica para um princípio dominante, adquirirá certamente uma função ideológica particular. O irracionalismo filosófico de Nietzsche e de Bergson chamara a atenção das próprias camadas dominantes para seu empobrecimento interior condicionado pela economia, ao lembrar-lhes suas próprias possibilidades, as possibilidades da "vida". Se os dominadores se servirem de idêntica exortação à comunidade, sem com isso fornecer toda vez um fundamento racional, ligado aos interesses próprios dos indivíduos, então ele se transformará numa exigência predisposta a suportar pacientemente a existência cheia de privações que a comunidade tem de levar nas circunstâncias dadas. Significa a renúncia à prestação de contas. Se o pensar racional não está de modo algum reduzido à medida de objetivos egoístas, como o quer a ideologia liberal extrema, todavia toda fundamentação racional de uma ação pode relacionar-se somente com a felicidade dos homens; um regime que renunciasse à prova de que seus atos têm este sentido para os súditos, seria mero despotismo. Este não precisa ser necessariamente mau ou apenas reacionário: as teorias de Estado que tratam as formas do regime com desprezo pelo seu conteúdo e que dedicam maior atenção à representação dos interesses do que à sua execução, há muito já ultrapassaram sua época. Existe um despotismo esclarecido, ou mesmo revolucionário. A causa decisiva de seu caráter é seu relacionamento com os reais interesses dos homens dominados. Mesmo que não haja uma medida absoluta pela qual se possa julgar este caráter nos diferentes períodos — ou porque a inflexibilidade e a injustiça do despotismo se explicam não só por si mesmas, mas também pelo grau de evolução das massas que ele domina — define-se sua função social, seu significado progressista ou reacionário, em toda a época atual, pela forma como sua prática corresponde aos interesses da comunidade. Mesmo que se considerassem os períodos mais cruéis da humanidade apenas teleologicamente, ou seja, em relação com sua maior evolução, com a formação do homem no sentido de que ele conserve na memória "algumas poucas exigências primitivas do convívio social"[38], a finalidade desta evolução é definida apenas por certos interesses humanos. Atualmente, a discrepância en-

---

38. Nietzsche, "Zur Genealogie der Moral", II Dissertação, Aph. 3, *Gesammelte Werke*, ed. Musarion, tomo XV, p. 324.

DA DISCUSSÃO DO RACIONALISMO... 125

tre os interesses vitais dos homens e a manutenção das formas de vida existentes domina todos os acontecimentos históricos. O irracionalismo que nega os interesses individuais nas massas exigindo a obediência irreflexiva e o sacrifício cego, em vez de alterá-los na sua estrutura mediante a reflexão sobre as bases do processo social e elevá-los acima da mera busca do lucro, não serve hoje inconscientemente a interesses particulares negados.

O erro lógico reside aqui na utilização não-dialética dos conceitos de todo e de parte. Na verdade, em contraste com a metodologia positivista do liberalismo, pode-se perceber corretamente que o todo não só é mais do que a soma de suas partes, mas também é algo totalmente diferente, ou melhor, que a soma é um caso-limite de totalidades. Esta idéia já estava contida na crítica irracionalista ao pensamento abstrato. Exprime na acentuação expressa da autonomia do todo "apenas a tautologia de que o todo como todo não é igual às partes, mas ao todo"[39]. Doravante, a relação entre o todo e a parte aparece unilateralmente, de tal maneira que a parte no todo seria definida apenas por este sozinho e de modo algum por si mesmo. A verdade simples de que o todo não é nada sem as partes, justamente aquela que a teoria positivista de seu lado manteve unilateralmente firme, desempenha um papel subordinado na teoria irracionalista do todo. Mas deve-se compreender que a dinâmica de cada todo é determinada, conforme seu caráter, tanto pelos seus elementos quanto pela estrutura que lhe é particular; e o importante na história humana é que também a estrutura do todo, as formas da vida social, conseguem o controle dos elementos, ou seja, dos homens que vivem neles.

No período liberal e, decerto, também no subseqüente, a sociedade e todas as suas instituições, a vida cultural toda, foram dominadas pelos homens apenas aparentemente; eles se imaginavam tomando as decisões mais importantes, seja nos seus empreendimentos comerciais, seja nos parlamentos, seja ainda na pessoa dos seus líderes políticos, enquanto justamente aquela esfera que em última instância determina o curso geral da história, quer dizer, a esfera econômica, se privava de qualquer regulamentação racional. Por isso, as necessidades que dela resultam, as questões vitais da humanidade no seu sentido estrito, atuam cegamente, ou seja, sob o desnecessário desenvolvimento de penúria social, guerras e retornos ao estado de barbárie da sociedade. Já que o processo de produção da humanidade carece de organização e controle próprios, ou, melhor, já que os monopólios modernos como tentativas isoladas de organização aumentam ainda mais a desorganização geral, o todo da vida social, que em última instância independe da economia, se subtrai também à vontade humana. Faz frente aos indi-

---

39. Hegel, "Wissenschaft der Logik", 2º Livro, in *Sämtliche Werke*, Glockner, tomo 4, Stuttgart, 1928, p. 644.

126 TEORIA CRÍTICA

víduos como poder de destino estranho a eles, como uma segunda natureza. No entanto, exatamente até onde chega a determinação de seres conscientes pela natureza cega, a limitação do domínio da liberdade através do império da necessidade, reinam o acaso e a morte sobre a vida. Por isso, é importante que o todo social caia sob o controle de suas partes não só na aparência, mas também na realidade. Por outro lado, estas mesmas partes, apesar do controle, também serão no futuro dominadas, em certa medida, pelo todo, porque aquilo que elas criaram deve de novo reagir a elas próprias. Isto é entendido por si mesmo: é uma frase que vale geralmente para processos vivos.

O uso não-dinâmico dos conceitos de todo e parte está, geralmente, na base da teoria irracionalista do indivíduo e da comunidade. Desempenha, atualmente, um papel, sobretudo na filosofia universalista emanada de Othmar Spann. Especificamente, dois erros de método dominam hoje as discussões sobre indivíduo e comunidade. Em primeiro lugar, na fixação unilateral da proporção, encara-se com deficiência a natureza de cada processo a examinar, no qual se definem totalidade e elementos a cada vez de maneira diferente. Isto está expresso em conclusões que dificilmente são superáveis na sua primitividade metafísica, porém facilmente assimiláveis. Quando, por exemplo, sobre a frase "O todo vem antes da parte"[40] se afirma que, desse modo, não é fixada qualquer relação causal, trata-se apenas da prioridade lógica; o modo causal de observar não ocupa "nenhum lugar na sociedade"[41]. No entanto, evidencia-se imediatamente que a esta declaração atribui-se uma importância apenas terminológica e de modo nenhum objetiva; pois aquela frase, decerto sem sentido na pura lógica, é aplicada indiferentemente a problemas genéticos da realidade. Sua transposição para problemas sociais acontece de modo totalmente mecânico:

> Uma vez reconhecido o fato de que comunidade ou totalidade espiritual constitui fundamento e essência de todos os fenômenos sociais, resulta por si só que a realidade primariamente essencial repousa na "sociedade" e o indivíduo é apenas aquilo que se forma derivado dela (porque parte dela). O indivíduo não resulta agora como autárquico mas como totalidade que se desagrega[42].

Resultam assim duas características: *a*) O todo, a sociedade, é a verdade genuína e *b*) o todo é o primário (conceitualmente primeiro), o indivíduo está, por assim dizer, realmente presente apenas como componente, como membro da mesma, é, por conseguinte, o derivado[43].

---

40. Othmar Spann., *Gesellschaftslehre*, Leipzig, 1930, p. 562.

41. *Ibid.*, pp. 562 e ss.

42. Othmar Spann, "Universalismus", *Handwörterbuch der Staatswissenschaften*, tomo VIII, Jena, 1928, p. 456.

43. Othmar Spann, *Gesellschaftslehre, ibid.*, p. 100.

DA DISCUSSÃO DO RACIONALISMO...

A maioria das atuais deduções filosóficas e sociológicas sobre indivíduo e sociedade não costumam fundar-se num modo de observação mais rigoroso. Não são, de modo nenhum, superiores aos seus adversários individualistas que afirmam a tese oposta, ou seja, a prioridade lógica e ontológica das partes sobre o todo; de fato, elas estão muito mais perto da verdade, na medida em que sua teoria se ajusta às ciências naturais mecânicas, vistas superficialmente, e, na sociologia, os indivíduos têm uma primazia pelo menos no sentido, acima exposto, do controle pretendido. Ambas as partes não percebem que a enfatização exclusivamente de um lado da relação é "uma abstração vazia"; ambas incorrem em metafísica pura.

A discussão hodierna sobre a relação entre indivíduo e comunidade incorre, porém, num segundo erro. O problema não costuma ser apresentado em conexão consciente com as reais necessidades de determinados grupos humanos, ou seja, não a partir da prática histórica, mas como se os homens atuantes tivessem de guiar-se sempre e eternamente da mesma forma, de acordo com a resposta universalmente válida ao problema filosófico do todo e da parte, do indivíduo e da comunidade. Em vez de ser vista como um momento na realização de suas tarefas, que certamente exerce uma ação própria, a informação filosófica é considerada uma norma eterna que confere sentido e finalidade à ação. O filósofo acredita determinar os objetivos do homem e, justamente porque ele não está muito certo sobre o entrelaçamento do pensamento com as reais necessidades e com as verdadeiras lutas dos homens, incorre facilmente na cega dependência dos poderes reinantes. A investigação da relação entre o todo e a parte no campo abstrato da lógica, ou uma observação de princípio sobre indivíduo e comunidade, podem talvez ser empregadas acessoriamente também para a teoria que está lutando pelo melhoramento da sociedade atual; mas normas fixas, elaboradas a partir destas considerações, podem prestar apenas serviços extracientíficos. A preocupação com tais problemas remotos e considerados eternos, bem como o retrocesso à essência supostamente original ou verdadeira ou real, em todo caso, pré-histórica do homem têm uma função ideológica na medida em que eles produzem algo para o qual são, por princípio, inúteis: a obtenção ou justificação de um determinado comportamento exigido pelos homens, que consiste na subordinação passiva. Não costuma aparecer neste contexto a idéia de que ontologia, antropologia, folclore ou psicologia são meras cópias do passado e não modelos para o futuro. Com efeito, não só a pré-história do homem, mas também a natureza extra-humana deve servir de modelo. Se uma criança, numa travessura, quisesse referir-se à sua "natureza", ou um pequeno malfeitor, à sede de poder como impulso humano original, por certo se lhes diria que o homem é capaz de fazer isso. Entretanto, os filósofos, como justificativa para a situação indigna do mundo, servem aos povos as mais absurdas comparações, tiradas da teoria das plantas, das raças e

128 TEORIA CRÍTICA

da evolução. Tais considerações originárias de afastadas áreas do saber e, mais ainda, da ignorância servem apenas para confundir as fixações de metas humanas, que certamente dependem em várias maneiras do respectivo estado do conhecimento científico. A separação radical de Max Weber entre fixação de metas e ciência é insustentável. No entanto, mesmo uma ciência evoluída e menos ainda a atual biologia filosofadora[44], não seria capaz de, por exemplo, prescrever as metas, motivá-las por si só, ou justificá-las. Na luta por uma ordem melhor, a sofisticação da teoria desempenha, ao contrário, um papel importante como elemento crítico, corretivo, propulsor e fortificante. Se hoje se tenta, por meio da ciência e da filosofia, obter a prova abstrata de que a comunidade é sempre tudo e o indivíduo, com exceção de alguns heróis, é sempre nada, estes esforços nada têm a ver com a função progressista da ciência. Pertencem à história dos métodos ideológicos de dominação e não à história do conhecimento humano.

O irracionalismo não domina o limitado pensamento individualista com a ajuda da idéia de que a maior parte da humanidade tem um interesse comum na organização racional da sociedade, mas exige a renúncia à felicidade individual em favor de entidades metafísicas. Conhecer as causas da miséria das massas, que consiste na penúria atual e, mais ainda, na perspectiva de um declínio doloroso das guerras ligadas a este sistema, seria capaz de mudar a humanidade não só na sua conscientização, mas também em todo o seu ser psíquico. A simples preocupação com o progresso pessoal, a tendência exclusiva à vantagem econômica, assim como a reação compulsiva a fundamentos "racionais", manteve-se certamente independente no decurso da época burguesa e converteu os homens daquelas camadas que ainda acreditam ter oportunidades no sistema atual, em autômatos da autoconservação individual. Quando, diante da impossibilidade de satisfazer adequadamente os instintos individualistas, negam o indivíduo real como sentido da vida e, em seu lugar, designam a sociedade momentaneamente dada como o verdadeiro Eu, estes indivíduos dirigem seus desejos insatisfeitos de ascensão social em parte para a unidade coletiva a que pertencem e, nos seus pensamentos e sentimentos, equipam diretamente o Estado com aquelas qualidades individualistas que a época liberal inculcou em cada um como sendo ideais. Satisfazem seus próprios desejos de importância social em indivíduos representativos. Neste caso, o pensamento individualista não foi, na verdade, dominado, mas apenas transferido. Correspondentemente, considerações racionalistas, que devem ser extintas no indivíduo, são também altamente legítimas na grande política. Com referência ao Estado, o pensamento não pode de modo algum bastar egoistamente. O conceito ra-

---

44. Cf. a excelente crítica dela por Max Hartmann, em *Die methodologischen Grundlagen der Biologie*, Leipzig, 1933.

DA DISCUSSÃO DO RACIONALISMO...

cional de comunidade se baseia, entretanto, no conhecimento dos interesses comuns de vida. Estes unem aqueles grupos que, devido ao atual estado da sociedade, favorecido pelo irracionalismo, ou mesmo eternizado pela intenção, deveriam prejudicar-se mutuamente e exterminar-se na guerra. O aparente e, em parte, realmente existente contraste dos interesses da humanidade dividida em nações, ao qual a filosofia irracionalista e sua visão do mundo, em sua exortação à submissão do indivíduo ao todo que lhe é agregado, pode aliar-se com um resquício de fundamento racional, resulta da deteriorada organização e divisão do mundo, que significou outrora uma promoção da vida; mantê-la é hoje do interesse apenas de uma pequena parte da humanidade. Esta deve eliminá-la, sob perigo de extermínio.

O irracionalismo, ao exaltar ideologicamente a renúncia economicamente condicionada, contribui para que os homens se reconciliem com ela. Facilita a adaptação das massas à sua situação atual e, pela satisfação psíquica que ele outorga, arregimenta forças que outrora lhe ficariam necessariamente alheias, para o serviço da política dominante. Constitui uma tese sócio-política importante dizer que a mitigação imediata de necessidades físicas pode ser substituída, pelo menos parcial e temporariamente, por outras satisfações das massas. A atitude psíquica que, em toda parte, resulta da adaptação às más condições de vida com o auxílio do irracionalismo atual, é um certo tipo de abnegação. Nesta atitude ascética, os homens se fixam tanto em valores individualistas como no egoísmo mais desenfreado – só que estas idéias são positivamente transferidas para o todo e se apresentam no próprio indivíduo com sinais invertidos: no lugar do poder pessoal está agora a obediência; no lugar da riqueza, a pobreza; no lugar da libertinagem, a castidade.

Numa vida que transcende as formas burguesas da existência em sentido progressista, os objetivos individualistas não são nem combatidos nem suprimidos, mas se escondem por trás das metas decisivas para toda a sociedade. A moral do sacrifício e da autonegação resulta, entretanto, da adaptação de existências egoístas a uma situação que impossibilita a satisfação adequada dos impulsos. Já que, neste caso, os indivíduos mudam por assim dizer seus impulsos apenas quanto ao sinal e que, também nesta transformação, pelo menos uma parte da massa egoísta de impulso se conserva na sua forma original, costuma geralmente estar presente nesta abnegação, a par da ascese, uma parte de egoísmo selvagem, de ambição e de sede de poder social e se expressa em todo lugar onde a realidade lhe deixa uma pequena folga. O fato de ser a renúncia exercida conscientemente em favor da comunidade existente não significa, de maneira alguma, que a capacidade de amar dominasse, no caráter destes homens, os instintos de conservação; em tal caso, a idéia do sacrifício não desempenha, decididamente, um papel tão importante nas suas opiniões, e seu sentimento do mundo não teria, de forma alguma, o matiz "trágico" a que a literatura de hoje atribui tanto valor. O conceito de comunidade que nos ocupa aqui não depende do conhecimento da mesma origem da miséria própria e alheia: neste caso, seria comum primeiramente apenas a miséria, e a comunidade como marca da vida social não pareceria real, mas, sobretudo, algo que é mister realizar. A comunidade a que se aplica o sacrifício é, ao contrário, definida de cima pura e simplesmente como uma entidade a venerar. Aparentemente, ela pode ser anunciada como algo existente, pois sua realização não é diferenciada apenas do cumprimento de exigências materiais, mas não tem nenhuma ligação com elas. Ela é um símbolo por meio do qual se processa a inversão dos impulsos individualistas, a reconciliação com a realidade dada. Forças psíquicas, que em outras instâncias poderiam ser dirigidas para a sua transformação, atuam agora no sentido de manter o sistema. Na medida também em que este, sem dúvida de maneira cada vez mais casual e sob terríveis perdas de atrito, mantém e renova a vida da sociedade, dispensa a dedicação ao existente, a atuação para esta má realidade, não totalmente de sentido positivo, racional, assim como, inversamente, a luta pela sua transformação, deve *a priori* paralisar algumas forças cujo desencadeamento ele visa. Cada atividade nesta realidade contraditória assume, ela mesma, um caráter contraditório. A renúncia aos interesses individuais e sua transferência para o símbolo da comunidade pode, assim, ser relativamente útil e racional, não só para os mais poderosos economicamente, mas também, por algum tempo, para outras camadas, ou mesmo para a maioria de uma das estruturas existentes de poder. Partindo da teoria mais abrangente, esta razão aparece, todavia, na sua limitação: a pequena vantagem que os homens, dentro de um dos grupos de poder rivais em sua forma atual, podem ganhar às custas de uma outra, ao colocar na balança seu direito à felicidade, e até a própria vida, é adquirida não apenas a este preço, mas também pela prolongação e piora da miséria sem sentido, pela injustiça e barbárie do mundo inteiro. Os resultados desta condição têm de recair finalmente também sobre aqueles que originariamente levavam vantagem, ou sobre os seus. A consciência desta insensatez do sacrifício para os indivíduos que o efetuam está, de fato, presente no irracionalismo, até faz parte de sua essência. Acontece assim que, de acordo com ele, os sacrifícios do nosso tempo "devem ser avaliados bem mais alto, já que foram feitos no limite do absurdo"[45].

O mecanismo psicológico através do qual os impulsos mudam seus sinais foi amplamente pesquisado pela psicologia. Pelos conceitos de ambivalência e formação de reação, Freud designou os fatos fundamentais da vida psíquica que aqui são essencialmente atuantes[46].

45. Ernst Jünger, *ibid.*, p. 170.
46. Cf. sobretudo Freud, *Gesammelte Werke*, tomo X, Frankfurt am Main, 1967, pp. 219-225.

DA DISCUSSÃO DO RACIONALISMO... 131

Todavia, Nietzsche, sobretudo, ao reinterpretar a impotência, viu o significado social da capacidade psíquica de converter a necessidade em virtude. Segundo ele, o ideal ascético é "um artifício na manutenção da vida"[47]. Os meios psicológicos pelos quais são combatidas, na classe inferior, as atuações depressivas da renúncia imposta pela situação econômica, ele os estudou nos seus mínimos pormenores. Ao lado da "hipnotização", menciona, primeiramente, a "atividade maquinal e o que pertence a ela – como a regularidade absoluta, a obediência pontual incondicional, o de-uma-vez-por-todas do modo de viver, o preenchimento do tempo, uma certa permissividade, até uma disciplina da 'impessoalidade', do esquecer-se a si mesmo, da 'incuria sui' "[48]. A análise de Nietzsche se refere, de fato, diretamente ao sacerdote. Ele descreveu, porém, sua técnica de uma maneira que se ajusta perfeitamente ao irracionalismo mais recente:

> Justamente quando ele tinha de lidar com sofredores das classes inferiores, com escravos do trabalho ou presos (ou com mulheres: que em geral são ambas as coisas ao mesmo tempo, escravas do trabalho e prisioneiras), era necessário pouco mais do que um pequeno artifício de mudança de nome e da conversão, para fazê-los ver, futuramente, em coisas odiadas, um benefício, uma felicidade relativa: a insatisfação do escravo com sua sorte em todo caso *não* foi inventada pelos sacerdotes. Um meio muito apreciado na luta contra a depressão é a prescrição de uma pequena alegria, que é facilmente alcançável e pode ser convertida em regra: usa-se esta medicação muitas vezes em ligação com o recém-mencionada[49].

Pela evolução social desde Nietzsche, ficou de certa forma ultrapassado o seu estudo relativo, sobretudo, à prática do cristianismo, o qual sem isso compreendia apenas algumas de suas funções históricas. A religião, que na época mais recente adquirira muitos traços humanísticos, adaptou-se atualmente à situação alterada da realidade pelo amplo abandono destes traços, e aproximou-se fortemente do lado biologista da filosofia de Nietzsche. Além disso, ela é largamente complementada, na sua luta contra a insatisfação, por novas forças educacionais. Todavia, a análise nietzschiana da "revalorização", apesar de suas deficiências, é significativa também para estas novas funções sociais. Em lugar de conceitos religiosos aparecem, em larga escala, categorias simbólicas de outra ordem, ou ambos são válidos um ao lado do outro. O que se exigia na religião em nome de Deus acontece agora para o todo, para a comunidade. A verdadeira vida, que antigamente era obra da graça, deve resultar agora da vinculação vital à natureza, dos poderes, do sangue e da terra. A opinião correta diante do racionalismo evanescente, ou seja, que a razão não cria por si mesma e que as forças intelectuais são uma expressão da condição

47. Nietzsche, "Zur Genealogie der Moral", *ibid.*, Aph. 15, p. 399.
48. *Ibid.*, Aph. 18, p. 417.
49. *Ibid.*

132 TEORIA CRÍTICA

humana em geral, é injustamente hipostasiada quando interpreta as diferenças desta condição, em indivíduos e povos, como sendo impostas diretamente pela natureza e não como resultado de uma evolução que integra momentos sociais e extra-sociais. A natureza é aí provida arbitrariamente de acentos de valor ou de desvalor, dependendo da referência aos do próprio grupo ou aos do adversário. Às vezes, ela é confundida com Deus, ou ainda divinizada.

O pensamento materialista tampouco é capaz de estabelecer uma tese válida de uma vez por todas para o problema do sacrifício, ele não é radical como a metafísica. Como as tendências históricas a que está ligado, na verdade determinadas pela ameaça à felicidade e à vida dos indivíduos, não visam, porém, apenas a autoconservação do próprio indivíduo, a existência não representa para ele, de modo algum, o objetivo mais alto e único. Indiscutivelmente, na prática histórica, pode ser exigido o abandono da existência, e a preocupação exclusiva com isso pode desvalorizar inteiramente o homem. Os motivos pelos quais o indivíduo participa desta prática não se baseiam, certamente, apenas no intelecto, mas surgem do caráter total da pessoa que age; mas, sem a teoria correta da totalidade social, a atuação social, mesmo quando é tão sofisticada nas minúcias técnicas, continua entregue ao puro acaso; só aparentemente ela serve a suas próprias metas, na realidade serve a uma constelação de interesses que lhe é velada. A teoria da sociedade pela qual se orienta a atuação não é – como foi dito acima – uma soma simples de elementos conceituais abstratos, mas a tentativa de reproduzir, com auxílio de todas as ciências individuais, uma imagem do processo social de vida, imagem que pode levar a um profundo conhecimento do estado crítico do mundo e das possibilidades iniciais de uma ordem racional. A exposição desta teoria pressupõe a análise, e a partir dela deve-se, de fato, temer muito por aquele conceito dogmático de comunidade. Contradiz o materialismo não o risco da vida em si, mas o de interesses contrários ao homem, aquele sacrifício que pressupõe o *sacrificium intellectus* ou, pelo menos, a falta de intelecto. A exigência de permanecer totalmente à altura do conhecimento sempre possível não é racionalismo para os grupos sociais progressistas, mas resulta forçosamente da sua situação de vida. Sem dúvida, o conhecimento por si só pouco lhes importa. Ele, como a atuação da qual participa, só adquire importância em conexão com as lutas por uma humanização da vida. Dissociados de toda miséria e esperança, os verdadeiros pensamentos dos homens não têm qualquer valor para eles.

Mas será que a luta pela realização de um mundo mais digno não indica mesmo um sentido mais profundo? Não haverá uma destinação da história, oculta talvez aos indivíduos, de tal modo que cada um que ocupa o seu lugar serve a algo superior, incognoscível e mesmo assim digno de veneração? Racionalismo e irracionalismo deram muitas respostas positivas a estas questões. Caem aqui na metafísica otimista e,

DA DISCUSSÃO DO RACIONALISMO... 133

com isso, tornam atualmente ainda mais fácil para si mesmos o seu pessimismo social. O materialismo não conhece uma segunda realidade, nem uma que esteja na base da nossa, nem tampouco uma que a cubra por cima. Felicidade e paz, que não são dadas aos homens na terra, eles as perderam não só aparentemente, mas realmente e para toda a eternidade; pois a morte não é a paz, mas leva verdadeiramente ao nada. O amor aos homens, como o entende o materialismo, não é dado a seres que são abrigados, após sua morte, na eternidade, mas a indivíduos seriamente efêmeros.

Também a saída da filosofia moderna de colocar a chegada da morte, perante o desvanecimento da esperança no além, "como realização necessária de um sentido da vida"[50], esta tentativa especial de uma reconciliação intelectual com a realidade absurda não se sustenta diante do conhecimento materialista. Ela carece de todo tipo de otimismo ideológico e, por isso, torna-se mais difícil reconciliar-se com o curso da história mundial. Todas as energias, mesmo as mais desesperadas, ela as dirige para o aquém e sem dúvida expõe, assim, a única fé que ela admite, a esperança nas possibilidades terrenas do homem, o desengano. Em contrapartida, o otimismo metafísico e religioso não é reduzido a lobrigar mesmo a menor chance para os homens neste mundo e aferrar-se firmemente a ela.

Por isso, em épocas como a atual, quando o futuro da humanidade parece correr o maior risco e o iminente retorno à barbárie parece ameaçar diretamente a parte do mundo mais promissora a desfraldar todas as capacidades culturais, evidencia-se de forma especialmente crassa a renúncia incondicional do modo de pensar materialista a toda possibilidade ideal de harmonização. Todas as diferentes respostas que o racionalismo e o irracionalismo como ramos da metafísica idealista fornecem nos instantes mais turvos da existência: as idéias eternas e a vida inesgotável, o Eu autônomo e o sentido verdadeiro da existência, o núcleo indestrutível da personalidade e o mandamento divino ao seu povo, evidenciam-se como formas conceituais abstratas, nas quais é eternizado o reflexo de uma realidade efêmera. Racionalismo e irracionalismo adquiriram, ambos, a função de reconciliar-se com o existente: o racionalismo deu ao período liberal a convicção de que o futuro está antecipado na razão do indivíduo. A história universal era, por assim dizer, o desabrochar do ser racional que cada um possuía em seu âmago; o indivíduo podia sentir-se imperecível na sua substância. A fé racionalista no progresso não exprime tão-somente o respeito pelas ilimitadas possibilidades de ostentação humana de poder e o desejo moral de um futuro melhor para a humanidade, mas é ao mesmo tempo a projeção narcisista do próprio Eu condicionado no tempo, para toda a eternidade. No capitalismo tardio, que define a

50. Max Scheler, *Schriften aus dem Nachlass*, tomo I, Berlim, 1933, p. 26.

maioria dos indivíduos como simples elementos da massa, o irracionalismo fornece, então, a teoria de que a essência desses indivíduos continua a existir na unidade histórica abrangente à qual eles pertencem a cada vez e – se fossem apenas obedientes – não teriam com que se preocupar: seu Eu melhor seria acolhido na comunidade após a morte. Desta forma, tanto o racionalismo como o irracionalismo estão a serviço da transfiguração.

Parece ser uma contradição da sua origem histórica dizer que esta característica não faltará inteiramente ao materialismo. Banir da alma o medo e o desespero através do pensamento é o motivo fundamental declarado da filosofia epicurista; adjudica à teoria o poder da cura[51]. Mas, em contraste com a filosofia idealista, também na Antiguidade o materialismo não prestou este serviço psicológico, de tal modo que exilou um imortal e criou para os homens, como Platão nos conceitos eternizados, ou como os estóicos no curso da natureza divinizada, uma pátria, à qual poderiam esperar retornar. O materialismo, ao revelar os ídolos metafísicos que sempre se constituíram numa peça principal da sua teoria, desviava, ao contrário, a capacidade de amor do homem, dos produtos de sua fantasia, dos meros símbolos e miragens, para os seres reais, vivos. Não só da solidariedade com eles, mas também da clareza da consciência pode resultar uma maior resignação em alguns caracteres. Constatar o sofrimento comum e designar as circunstâncias dolorosas que em geral parecem escondidas da luz da consciência pelo aparelho ideológico, já pode ter um efeito libertador.

Nessa altura, não é o pensamento pura e simplesmente que pode adquirir um tal significado, mas aquela estrutura na qual os pensamentos se relacionam entre si e com a realidade. O saber ainda tão diferenciado e cuidadoso diz por si só muito pouco para o materialismo. O importante é que, no centro do saber, existem alguns poucos conhecimentos que podem esclarecer a realidade no respectivo momento histórico. A simples quantidade de saber desempenha aqui um papel bastante subordinado. Enquanto, por exemplo, em diversos períodos da Antiguidade e mesmo aí apenas às vezes, para certas camadas dominantes, foram decisivamente importantes um conceito mais preciso da substância e o livrar-se do medo dos deuses, na Renascença o saber correto centrava-se numa antropologia e cosmologia progressistas. Sutis divergências de opinião sobre objetos, que em outros tempos poderiam ser indiferentes para o caráter das teorias filosóficas e seus seguidores, caracterizavam então homens e pensamentos. Atualmente, determinados conhecimentos fundamentais na essência da sociedade é que são mais significativos para a verdade de um conceito total do que ter ou não ter conhecimentos especializados mais extensos. Nestes próprios conhecimentos básicos, porém, chega-se

---

51. Cf., por exemplo, Lucrécio, *De rerum natura*, II, 58-60, e V, 1-55.

DA DISCUSSÃO DO RACIONALISMO...

também ao matiz aparentemente mais insignificante. O limite que se poderia traçar hoje, entre os homens, acerca do peso do seu conhecimento, teria de guiar-se menos pela extensão de sua formação científica do que por certas características no seu comportamento, nas quais se exprime sua posição diante das lutas sociais. Para aquele que possui a compreensão decisiva, os conhecimentos, em caso de necessidade, caem em outras áreas; a partir da uma formação inoportunamente estruturada, porém, o caminho está talvez semeado de obstáculos difíceis. Às vezes, da ciência individual, na sua limitação, para a superstição há apenas um pequeno passo: alguns representantes de tais ciências, que produziram algo excelente em seu próprio campo, provam isto, tão logo falam de coisas que interessam especialmente a todos os homens. A massa dos conhecimentos, que é extremamente importante, sem dúvida, para toda a sociedade como meio de produção, hoje não mais significa para o indivíduo, tudo quanto significou no período positivista da ciência, pois a partir da dialética de Hegel impôs-se a opinião de que o progresso do conhecimento não mais se processa pela soma de dados. O que caracteriza as etapas da ciência não é o aumento de fatos e teorias, mas a incoerente transformação de categorias fundamentais. A esta, decerto, antecede sempre a progressiva revisão do saber individual; ela acontece, necessariamente, em vista dos mais altos princípios do sistema que fornecem a medida da correção. O processo de revolução das categorias fundamentais, que desta forma está sendo apenas preparado, eleva então o conhecimento em geral a um plano mais alto e se refere a toda a sua estrutura. Se, por conseguinte, o pensamento materialista e sua propagação, além de seu papel histórico como arma nas lutas sociais, exercem também uma influência libertadora e afirmativa sobre o indivíduo e, portanto, significam justamente um auxílio psíquico em dados momentos como os atuais, isto não ocorre porque o materialismo considera a posse do saber, independente de todas as tarefas práticas e metas, um bem precioso, mas porque alguma algema psíquica da qual os homens padecem hoje se abre ao soar a palavra certa, e porque esta palavra pode eliminar amplamente o violento isolamento dos homens entre si, tão próprio da época atual. A verdade possui esta força, embora ela não apenas renuncie a todo consolo ideológico, mas esteja empenhada em destruí-lo.

Na disputa entre racionalismo e irracionalismo, o materialismo não se alia a nenhum dos dois lados. Desde que o cartesianismo tornou a substância espiritual isolada de toda realidade espacial, o racionalismo tem uma forma definida de pensamento, a descoberta de conceitos abstratos e o entabulamento de relações puramente estáticas entre eles se tornaram absolutos como a atividade máxima do homem. Em conexão com isto, ele manteve uma psicologia intelectualista e explicou as ações humanas a partir somente dos seus motivos conscientes. Como sua antropologia era definida, desde o início, por um conceito da

136 TEORIA CRÍTICA

substância espiritual isolada, a mônada, na qual alcança sua expressão verdadeira a unilateralidade do homem na época burguesa, mas está presente a sua dependência de todo o processo social de vida, ou nela podia desempenhar um papel o todo social com suas exigências apenas como promoção ou entrave de fins egoísticos, ou estas reivindicações se lhe apresentavam em forma mitologizada como consciência ou lei divina. "O irracionalismo – como o lado adverso do racionalismo – só fala deste com olhar vesgo, enquanto que este é cego"[52]. Mediante seu conceito de comunidade ele remete os problemas não-solucionados para o "refúgio do irracional". Ele tem sua origem lógica na insuficiência do racionalismo diante dos problemas da sociedade. Seu poder se origina do atual período de decadência de uma sociedade de indivíduos autoconscientes. O falso conceito racionalista de igualdade, que se fundamenta logicamente na hipostasiação da inteligência abstrata de cada indivíduo e, em vez de transformar-se na exigência da estruturação racional das circunstâncias, se converte em doutrina metafísica, dá hoje um alento à verdade. Da luta competitiva entre os indivíduos burgueses, preocupados apenas com seus próprios interesses, saíram vencedores somente grupos muito pequenos, em virtude das leis da economia em evolução. De fato, a esmagadora maioria dos homens perde sua individualidade e se converte em massa, que é capaz de agir apenas de forma heterônima, embora nas metas que se lhe propõem devam ser incluídas, em certa medida, bem ou mal, suas próprias necessidades. O irracionalismo constata corretamente a falência do racionalismo e tira disso a conclusão errada. Ele não critica por acaso o pensamento unilateral e o interesse egoísta, em favor de uma organização do mundo, tal como ela corresponderia às forças realmente disponíveis da humanidade. Antes, ele deixa essencialmente intocadas as leis econômicas que levaram às circunstâncias atuais e cuida das finalidades dos economicamente poderosos que são apenas os executores daquelas forças econômicas, na medida em que aciona seu aceite cego mediante o mandamento da submissão ao suposto todo e geral. Ele é um empecilho a uma reformulação da sociedade, ao reconhecer aparentemente a sua necessidade, mas limita essa reformulação à mudança interior e mera renovação no espírito. Ele faz – o que pode adequar-se a camadas retrógradas que estão em íntima relação com esta filosofia – do complicado problema social um problema primitivamente pedagógico. Das particularidades do período em que ele aparece, resulta tanto o caráter negativo do irracionalismo como o caráter positivo do racionalismo, que está ligado às grandes realizações criativas da burguesia. Na atualidade, ele se torna presa fácil do seu adversário; a história deixou para trás, há muito tempo, a época

---

52. Martin Heidegger, *Sein und Zeit, ibid.*, p. 136.

DA DISCUSSÃO DO RACIONALISMO...

dos sistemas racionalistas. A razão que está contida no nome do racionalismo atua hoje na teoria cujo método ele mesmo desenvolveu sob o título de dialética.

7. Sobre o Problema da Verdade

(1935)

A consciência filosófica, cheia de contradições, das últimas décadas está também dividida acerca do problema da verdade. Dois pontos de vista contrários ocupam, na vida pública e não raro no comportamento do mesmo indivíduo, um lugar irreconciliável entre si. Segundo um deles, o conhecimento tem sempre uma validade limitada. O fundamento disto reside tanto no objeto quanto no sujeito cognoscitivo. Cada coisa e cada relação de coisas modifica-se no tempo e, assim, cada julgamento sobre situações da realidade tem de perder, com o tempo, a sua verdade.

Tudo o que existe individualmente nos é dado no tempo, ocupa um determinado lugar no tempo, dura por longo tempo e desenvolve neste tempo atividades diversas, e suas qualidades são consideradas talvez mutáveis: assim, a relação com o tempo está ligada necessariamente a todos os nossos juízos sobre existência, qualidades, atividades e relações de objetos singulares, e cada juízo deste tipo pode valer apenas por um tempo determinado[1].

Também do lado do sujeito, a verdade é considerada necessariamente limitada. O conhecimento não é constituído apenas pelo objeto, mas também pelas particularidades individuais e específicas do homem. Este elemento subjetivo foi observado, sobretudo, na moderna ciência do espírito. A psicologia das profundezas parecia destruir a ilusão pura

---

1. CH. Sigwart, *Logik*, vol. I, Freiburg im Breisgau, 1889, p. 111.

140   TEORIA CRÍTICA

e simplesmente da verdade absoluta mediante a prova de que a função da consciência começa somente em conexão com processos psíquicos inconscientes, e a sociologia transformou numa disciplina de orientação filosófica a teoria de que cada idéia pertence a um tipo espiritual que esteja ligado a um grupo social, a uma "posição". O relativismo da era atual possui essencialmente características subjetivistas, mas não indica apenas a relação da espiritualidade deste período com a verdade em geral. Em contraste com ele aparece, antes, a tendência à fé cega, à submissão absoluta, que, como o contrário do relativismo, sempre está ligada necessariamente a ele e, no presente mais recente, caracteriza mais uma vez a situação cultural. Na filosofia, desde que o conceito de intuição do ser, conceito interpretado a princípio de forma rígida, sofreu uma distorção metafísica, surgiu um novo dogmatismo. Neste processo da história das idéias reflete-se o fato histórico de que o todo social de que faziam parte as tendências liberais, democráticas e progressistas da forma cultural dominante, continha também desde o início o seu contrário – servidão, acaso e mero domínio da natureza – o qual, por força da própria dinâmica do sistema, ameaça no fim destruir com certeza os traços positivos. A parcela da atividade autônoma dos homens na conservação e renovação da vida social recua totalmente para trás do esforço de conservar mecanicamente uma ordem em dissolução. O espírito público é, em larga medida, dominado por alguns julgamentos rígidos e poucas idéias hipostasiadas.

O surgimento desta contradição na atualidade repete, de forma distorcida, uma discórdia que desde sempre permeia a filosofia da época burguesa. Ligando a dúvida métodica universal de Descartes com seu catolicismo convicto, ela adquire, de modo histórico-filosófico, a primeira forma exemplar. Já se estende até às partes isoladas do sistema. Torna-a evidente não só a coexistência irreconciliável entre a fé e o saber contraditório, mas também a própria teoria do conhecimento. A teoria de uma *res cogitans* fixa, de um Eu fechado em si mesmo e independente do corpo, que se afirma como a solução absoluta da tentativa de dúvida e se mantém inalterada na metafísica de Descartes e de seus discípulos idealistas, se revela uma ilusão correspondente da situação do indivíduo burguês, que existia antes da indagação e não é fundamentada por ela. A existência autônoma da alma individual, princípio com que Descartes deu um sentido filosófico ao mundo, não é mais fácil de conciliar com os critérios e com todo o espírito da geometria analítica que ele mesmo descobriu do que sua proclamação de que o espaço era a única entidade física que continha o dogma religioso da transubstanciação. A dúvida permanente sobre a realidade da verdade material, a ênfase constante dada à insegurança, à condicionalidade e à finidade de todo saber definido, ao lado diretamente de conhecimentos aparentes de fatos eternos, além da fetichização de categorias e entidades isoladas – esta discrepância já permeia a filosofia cartesiana.

SOBRE O PROBLEMA DA VERDADE

Sua expressão clássica encontra-se em Kant. O método crítico solucionaria o problema de diferenciar o saber apenas condicionado e empírico do saber "puro", e levou à conclusão de que o saber puro somente é possível através das condições do condicional. O sistema das condições necessárias e subjetivas do conhecimento humano constitui a meta exclusiva da filosofia transcendental. Ao ceticismo de Hume Kant opõe nada mais que o saber das formas sensoriais e conceituais do conhecimento e o que é possível deduzir dele. No entanto, o que se realiza com base nestas condições, a teoria do nosso mundo real, e não de um mundo apenas possível, o conhecimento da natureza e da sociedade humana existentes, carece para Kant do predicado de verdade genuína e é apenas relativo. Tudo o que conhecemos da realidade, dos objetos no espaço e no tempo, diz respeito, segundo ele, a aparências, e por estas ele acredita ter provado "que elas não são coisas (mas apenas tipos de representação), tampouco as coisas são definições de si mesmas"[2]. Com relação ao conhecimento do mundo, ele não é menos um relativista cético do que os idealistas "místicos" e "exaltados" que combate. Na fase mais recente da filosofia transcendental, este relativismo subjetivista é formulado claramente: "*Todo existente* é (ao contrário do falso ideal de um existente absoluto e de sua verdade absoluta) em última instância relativo e, com todo o relativo em algum sentido banal, é relativo à *subjetividade transcendental*. Mas ela é somente 'em si e para si'..."[3]. Ao lado da filosofia teórica cautelosa e diferenciada, que continha certamente a fundamentação do pensamento na esfera não-histórica da subjetividade transcendental, encontram-se em Kant os postulados da razão prática e – ligada a eles por conclusões em parte bastante discutíveis – a absolutização das relações de propriedade do atual direito público e privado. Na *Crítica da Razão Prática*, que fetichiza o conceito de dever, ele não venceu a necessidade de um sustento espiritual firme, mas apenas a satisfez de maneira mais atualizada do que a ontologia racionalista de sua época. A própria filosofia teórica já contém o pressuposto de que há um conhecimento absoluto, livre de toda experiência sensorial, de que somente este merece o nome de verdade. Também a crítica da razão pura depende do pressuposto de que conceitos puros e juízos estão prontos *a priori* na consciência e que a metafísica não só existiu desde sempre, como também existirá certamente para toda a eternidade. A obra de Kant encerra em si mesma o contraste das escolas filosóficas alemã e inglesa. A solução das contradições que ela revela, a mediação entre crítica e sistema dogmático, entre um conceito mecanicista da ciência e a teoria da liberdade inteligível, entre a fé em leis eternas e uma teoria isolada da prática, ocuparam em vão, em escala

---

2. Kant, *Prolegomena*, § 13, n. III, ed. Academia, vol. IV, p. 293.

3. Husserl, "Formale und transzendentale Logik", *Jahrbuch für Philosophie und phänomenologische Forschung*, vol. X, Halle, 1929, p. 241.

142   TEORIA CRÍTICA

crescente, seu próprio pensamento até os últimos anos de sua vida e constituem ao mesmo tempo o testemunho de sua grandeza. De um lado, uma análise profunda, uma desconfiança cética para com a teoria em geral e, de outro, a predisposição a uma fé ingênua em princípios rígidos, isolados, são uma característica do espírito burguês, tal como ele aparece, na filosofia de Kant, em sua forma mais apurada.

A falta de influência de métodos avançados do especialista em sua atitude frente aos problemas mais importantes da época, a união de excelente conhecimento natural-científico com infantil credulidade bíblica refletem esta relação ambígua com a verdade. Já aludimos aqui à relação do positivismo, esta corrente especialmente forte da moderna filosofia, com a superstição mais crua[4]. Auguste Comte não só assentou a base de um culto extravagante, mas também se vangloriou de compreender as diversas teorias do além. William James encaminhou-se[5] para o misticismo, até mesmo para o mediunismo. O cérebro lhe parece menos uma promoção do que um entrave dos conhecimentos iluminadores que existem "ready-made in the transcendental world" e afloram como experiências telepáticas tão logo é "anormalmente" reduzido o limiar do cérebro. "A palavra 'influx', usada nos círculos de Swenderborg", descreve muito bem o fenômeno[6]. O pragmatista F.C.S. Schiller, citado por James, declara abertamente: "Matéria não é o que produz conhecimento, mas o que o limita", e entende o corpo como "um mecanismo para a inibição da consciência"[7]. É possível seguir esta tendência ao espiritismo através da história posterior do Positivismo. Na Alemanha, parece ter atingido seu fim na filosofia de Hans Driesch, na qual um cientificismo exagerado está ligado a um indisfarçado ocultismo em todas as questões deste mundo e do além. Ademais, a estreiteza ocultista, tanto na sua lógica como na teoria do conhecimento, adquire, através da formalidade e rigidez intencionais e da redução monomaníaca de todos os problemas do mundo a uns poucos experimentos biológicos, uma expressão grotesca, bem como manifesta, por outro lado, o equívoco de uma ciência auto-suficiente, independente da história, revestindo pseudocientificamente seus erros bárbaros com religião e práxis.

O fato de alguém desenvolver, num determinado ramo da ciência, capacidades altamente críticas e de estar, nos problemas da vida social, ao nível de grupos retrógrados e de idolatrar as frases mais insensatas, só no ocaso da época atual é que se transformou na atitude típica do especialista. Nos primórdios da ordem burguesa, a dedicação a estudos

---

4. Cf. "Materialismo e Metafísica", acima, p. 54 e ss.

5. J. S. Bixler, *Religion in the Philosophy of William James*, Boston, 1926, pp. 126 e ss.

6. William James, *Human Immortality*, Boston e New York, 1898, pp. 26 e ss.

7. F. C. S. Schiller, *Riddles of the Sphinx*, London, 1891, pp. 293 e ss.

SOBRE O PROBLEMA DA VERDADE

isolados de direito e de ciências naturais, sem qualquer consideração pelos vínculos sociais e religiosos, constituía diretamente um momento da libertação da tutela teológica do pensamento. Todavia, a mudança da estrutura social implicou que este produzir em todos os campos da vida, tanto na ciência quanto nas áreas do trabalho industrial e da agronomia – produzir despreocupado da relação racional com o todo – se tornasse reacionário e obstrutivo. Este caráter abstrato e a aparente independência da instituição científica burguesa se destacam na massa dos estudos isolados e empíricos que carecem de qualquer ligação com uma teoria e uma prática, ligação produzida por uma terminologia clara e por um material de categoria; do mesmo modo, naquelas aspirações científicas que, sem razão inteligível, procuram esvaziar seus conceitos de todo material empírico, sobretudo na desmedida matematização de muitas ciências do espírito. A atitude convencional do cientista nas questões dominantes da época, a limitação de sua atenção crítica à sua especialidade, antes fizeram parte dos elementos da melhoria da situação geral. Os intelectuais deixavam de preocupar-se exclusivamente com a salvação eterna de sua alma ou, pelo menos, de converter esta preocupação em norma para todos os esforços teóricos. Entretanto, esta atitude assumiu um sentido diferente; em vez de ser uma marca da coragem e teimosia necessárias, abster-se das energias intelectuais nas questões culturais e sociais em geral, colocar entre parênteses os interesses históricos e as lutas atuais, constitui mais um sinal do medo e da incapacidade de uma atuação racional do que da dedicação às verdadeiras tarefas da ciência. A essência de fenômenos psíquicos se transforma com a totalidade social.

Não é nossa intenção examinar aqui em detalhe as causas históricas da relação discrepante para com a verdade. A luta competitiva dentro da economia burguesa, por meio da qual se desenvolveram as forças desta sociedade, produziu um espírito crítico que não só foi capaz de libertar-se das burocracias da Igreja e do Absolutismo, mas também, impulsionado pela dinâmica da engrenagem econômica, conseguiu colocar a seu serviço, em escala fantástica, a natureza. Mas este poder é seu apenas aparentemente. Decerto, estão disponíveis os métodos para a produção da riqueza social, são amplamente conhecidas as condições dos efeitos benéficos da natureza, e a vontade humana é capaz de produzi-los. Mas este espírito e esta vontade existem de forma falsa e dilacerada. Do conceito de um sujeito que tem poder sobre uma coisa faz parte a capacidade de decidir-se e servir-se desta coisa de acordo com as suas intenções. Mas o domínio sobre a natureza não é exercido segundo um plano e intenção uniformes, mas constitui tão-somente um meio para indivíduos, grupos e nações, que o empregam na luta entre si e que, ao desenvolvê-lo, ao mesmo tempo o limitam crescentemente e o conduzem a fins destrutivos. Por isso, os representantes deste espírito, com sua capacidade crítica e seu pensamento evoluído, ainda não se tornaram realmente seu senhor, mas são conduzidos pelas constelações alternantes da luta geral, as quais, embora produzidas pelos próprios homens, os defrontam como forças imprevisíveis do destino. Esta dependência aparentemente necessária, que se evidencia cada vez mais em forma de tensões e crises destrutivas, de miséria e ruína geral, se converte, para a maior parte da humanidade, numa incompreensível fatalidade. Todavia, na medida em que for considerada impossível a modificação das relações básicas pela prática, nasce a necessidade de atribuir-lhes um sentido unicamente através da fé. A convicção de que uma constelação restritiva e dolorosa é invariável em sua essência desafia o pensamento a interpretá-la profundamente, a fim de que ele possa resignar-se a ela sem se desesperar. A morte como fim inevitável sempre constituiu a base da ilusão religiosa e metafísica. Um pressuposto da necessidade metafísica que permeia a história desta época é que o mecanismo interior desta sociedade que produz insegurança e pressão permanente não penetra na clara consciência; ele não é aceito como objeto de uma prática modificadora, mas como um elemento necessário e eterno. A fé inabalável, que fazia parte da argamassa do edifício social da Idade Média, desapareceu. Os grandes sistemas da filosofia européia sempre eram destinados a uma elite educada e não funcionam diante das necessidades psíquicas daquela parcela de cidadãos e camponeses em vias de empobrecimento e aviltamento social, os quais, por outro lado, estão ligados necessariamente, pela educação, pelo trabalho e pela esperança, a esta forma de sociedade e não conseguem acreditar na sua transitoriedade. Esta condição constitui o pressuposto do desejo, que há décadas domina a situação intelectual, de introduzir um sentido eterno na vida sem perspectiva, por meio de práticas filosóficas como contemplação e intuição e, finalmente, pela submissão cega a uma personalidade, seja ela um profeta antropossófico, um poeta ou um político. Na medida em que se limita a ação por conta própria e finalmente se perde a capacidade de fazê-lo, existe também a disposição de encontrar segurança no abrigo acolhedor de uma fé ou de um homem, que passa a valer como receptáculo e encarnação da verdade. Em alguns períodos precedentes da sociedade atual, as expectativas de um progresso constante em seu próprio ambiente atenuavam a necessidade de atribuir à realidade um sentido transfigurante, e as forças racionais e críticas ganharam maior peso no pensamento público e no individual. Na medida em que esta forma de convívio social sofre uma crescente insegurança e várias crises, todos aqueles que consideram eternos seus princípios básicos estão, entretanto, sujeitos às instituições que devem substituir a religião perdida.

Naturalmente, este é apenas um aspecto da situação social da qual resulta, nos tempos modernos, a relação vacilante com a verdade. Uma análise pormenorizada da falsa autoconsciência burguesa que, em vista da dependência e da insegurança de seus representantes, mantinha a ideologia da total liberdade interior, poderia demonstrar que aquela aceitação liberal da opinião alheia, própria do relativismo, e o medo

SOBRE O PROBLEMA DA VERDADE

diante da própria decisão que leva à crença na rígida verdade absoluta têm uma raiz comum: o conceito abstrato, subjetivado de indivíduo que, nesta ordem econômica, domina irremediavelmente o pensamento. Mas iremos tratar aqui menos da condição do fenômeno do que de seu significado objetivo. Será que, realmente, resta apenas a escolha entre a aceitação de uma verdade conclusiva, tal como é propagada por religiões e escolas filosóficas idealistas, e a opinião de que cada proposição, cada teoria é sempre apenas "subjetiva", ou seja, verídica e válida para um homem, um grupo, uma época, ou para a humanidade como espécie, mas que comumente carece de autoridade objetiva? A tentativa mais grandiosa de elevar-se acima desta discrepância, o próprio pensamento burguês empreendeu na formulação do método dialético. Nele não aparece mais, como em Kant, apenas o sistema dos fatores subjetivos de conhecimento como meta da filosofia; a verdade aceita não é mais tão vazia que se deva na prática refugiar-se na fé compacta. Reconhecendo ser o conteúdo concreto condicional e dependente, "negando" cada verdade "finita" tão decididamente como em Kant, ela não deve, segundo Hegel, simplesmente passar pelo crivo ao selecionar o verdadeiro saber. No conhecimento da condicionalidade de cada opinião isolada, na negação de sua ilimitada pretensão à verdade, não se está destruindo em geral este saber condicional, mas incluindo-o sempre no sistema da verdade como opinião condicional, unilateral e isolada. Somente através desta contínua limitação e correção crítica de verdades parciais é que se produz este mesmo sistema como seu conceito concreto, como saber de intelecções limitadas dentro das suas fronteiras e do seu contexto.

Ao ceticismo Hegel opõe o conceito de negação definida. O conhecimento progressivo de unilateralidades, o progredir de uma definição isolada para outra, pelo qual Hegel não entende uma simples enumeração de características, mas a representação que acompanha, em todos os detalhes, a vida do objeto, esta crítica de todo conceito e complexo de conceitos pelo seu progressivo enquadramento na imagem mais completa do todo não elimina de modo nenhum os aspectos individuais nem os deixa intactos apenas no pensamento subseqüente, mas cada discernimento negado é mantido na progresso do conhecimento como momento da verdade, constitui um fator determinante nele e, a cada novo passo, é novamente determinado e modificado. Justamente por isso não se deve aplicar a fórmula metódica de tese, antítese e síntese como "esquema sem vida"[8]. Se, na antítese, o momento crítico, relativizador se manifesta a cada vez em oposição à parte receptiva, comprovadora de uma ordem de idéias, então a tese e a antítese formam, ambas, imediatamente, um novo discernimento, uma síntese, porque a negação não só descartou a visão original, mas também aprofundou-a e definiu-a. Por fim, não emerge em Hegel a afirmação nua de que todo

---

8. Hegel, Prefácio à *Phänomenologie des Geistes, ibid.*, vol. 2, p. 47.

146 TEORIA CRÍTICA

saber definido é transitório e nulo; o que conhecemos seriam tão-somente aparências em contraste com uma coisa ininteligível em si mesma ou com um ser intuitivamente perceptível. Se, na opinião de Hegel, o verdadeiro é o todo, então o todo não é algo diferente das partes em sua estrutura determinada, mas todo o curso de idéias, que implica todas as representações limitadas a cada vez na consciência de sua limitação.

Quando o método dialético leva a sério não só a apresentação da condicionalidade, mas também a própria coisa condicionada, ele escapa ao formalismo relativista da filosofia kantiana. Por isso, Hegel não necessita de fetichizar um conteúdo isolado como o do dever. Ele reconhece o esforço inútil de toda a filosofia idealista anterior a ele de fazer desaparecer todo o conteúdo do mundo em alguma generalidade abstrata e de declarar nulas todas as diferenças concretas diante de definições como infinito, vontade, vivência, indiferença absoluta e consciência. O pensamento subalterno, para o qual o mundo sempre aparece como uma organização misteriosa, cujo pano de fundo só o entendido conhece, o desamparo prático que atribui à filosofia a solução de um pretenso enigma, para então conhecer de uma vez por todas ou ainda desesperar-se de que não se possa encontrar uma tal solução, esta espécie de dogmatismo não existe em Hegel. Ao contrário, o método dialético levou-o rapidamente a perceber a estupidez de tal obra filosófica e a encarar aquilo que se faz passar por absoluto e eterno como algo em evolução, em fluxo constante.

Todavia, enquanto que este método no próprio Hegel ainda faz parte de um sistema idealista, ele não libertou seu pensamento da velha contradição. Tanto a indiferença final diante de conhecimentos, idéias e metas determinados, própria do relativismo, como também a hipostasiação de estruturas conceituais, a incapacidade do dogmatismo de satisfazer na teoria e na prática a historicidade do próprio pensamento, caracterizam também a sua filosofia. Seu lado dogmático tem sido atacado freqüentemente na crítica do conhecimento, sobretudo desde os meados do século XIX. No lugar daquelas teorias que transformaram em essência um conceito abstrato, ou seja, tentaram elevar acima da história este aspecto limitado por idêntico ao ser em si e desta forma se degeneraram em fé ingênua, Hegel coloca a hipostasiação do seu próprio sistema. "A finalidade", diz ele próprio na polêmica contra o ceticismo e o relativismo[9],

está colocada no saber tão necessariamente quanto a sucessão do progresso; ela se encontra lá onde não tem mais necessidade de progredir além de si mesma, onde se encontra a si própria e onde o conceito corresponde ao objeto e o objeto, ao conceito. Por isso, o progresso rumo a esta finalidade é também irrevogável, e em nenhum estágio anterior se pode encontrar satisfação.

9. *Ibid.*, p. 73.

SOBRE O PROBLEMA DA VERDADE 147

Esta, Hegel julga poder outorgá-la por meio de todas as suas idéias. A filosofia, segundo ele, proporciona o mesmo valor absoluto que a religião: a unidade total entre sujeito e objeto, um saber derradeiro, simples e eternamente válido.

O que ... o homem enredado, de todos os lados, na finalidade procura é a região de uma verdade substancial mais elevada, na qual todos os contrastes e contradições do finito possam encontrar sua última solução, e a liberdade, sua plena satisfação. Esta é a região da verdade em si, não do verdadeiro relativo. A verdade mais alta, a verdade como tal, é a dissolução do contraste e contradição mais elevado. Nela, o contraste entre liberdade e necessidade, entre espírito e natureza, entre saber e objeto, lei e impulso, o contraste e a contradição em geral, qualquer que seja a forma que assumam, não tem mais qualquer valor e força como contraste e contradição... Entretanto, a consciência comum não consegue ultrapassar este contraste e se desespera na contradição ou joga fora e se ajuda aliás de outra maneira. Porém, a filosofia ingressa em plenas definições contraditórias, reconhece-as de acordo com o seu conceito, ou seja, não como absolutas sem sua unilateralidade, mas em dissolução, e coloca-as na harmonia e unidade, que é a verdade. Compreender este conceito de verdade é tarefa da filosofia... Pois também a filosofia não tem outro objeto a não ser Deus, e dessa forma é essencialmente uma teologia racional, um serviço religioso contínuo em favor da verdade[10].

Segundo o próprio Hegel, a teoria de uma verdade absoluta, fechada em si mesma, tem de colocar em harmonia, numa região espiritual mais elevada, os "contrastes e contradições não resolvidos no mundo". Ele sublinha, sobretudo nas dissertações e escritos da última fase, que não se pode encontrar "a região da verdade, da liberdade e da satisfação"[11] nas instituições da realidade, mas sim nas esferas espirituais da arte, da religião e da filosofia, e opõe esta tranqüilidade e satisfação das idéias não só ao desespero cético, mas também à atitude ativa, que "de uma ou de outra maneira" tenta vencer a imperfeição das condições existentes.

Esta limitação dogmática não é apenas uma falha por assim dizer aleatória de sua teoria, que se poderia descartar sem alterar nela algo essencial; ao contrário, ela está ligada indissoluvelmente ao caráter idealista de seu pensamento e está presente em todos os pormenores de sua dialética. Não se pode censurar-lhe que a opinião exterior da qual, como acentua criticamente Trendelenburg[12], já se origina o conceito básico da dialética, o movimento, desempenhe um papel no pensamento geral de Hegel. Ele mesmo salientou o papel da experiência na filosofia. No entanto, Hegel, ao refletir sobre o seu próprio sistema, esquece um lado totalmente determinado da fórmula empírica. A opinião de que seja este a realização da verdade encobre-lhe o significado do interesse

10. Hegel, "Vorlesungen über die Ästhetik", *ibid.*, vol. 12, pp. 146 e ss.
11. *Ibid.*, p. 147.
12. Trendelenburg, *Logische Untersuchungen*, Leipzig, 1870, vol. I, pp. 42 e ss.

148   TEORIA CRÍTICA

condicionado pelo tempo, interesse que está presente nas diversas representações dialéticas através da tendência do pensamento, da escolha
do teor do material, do emprego de nomes e palavras, e desvia a
atenção do fato de que sua parcialidade consciente e inconsciente diante
das questões da vida deve atuar necessariamente como um elemento
constitutivo de sua filosofia. Suas noções de povo e de liberdade, por
exemplo, que em muitas partes de sua obra constituem a norma, não são
conhecidas nas suas hipóteses temporais e na sua transitoriedade, mas,
ao contrário, têm como ponto de partida, na forma de realidade e forças
conceituais, as evoluções históricas das quais elas são tiradas. Como
Hegel não reconhece e não mantém as tendências históricas definidas
que se manifestam em sua própria obra, mas ao filosofar se sente como
o espírito absoluto e, conseqüentemente, conserva uma distância e indiferença aparentes, algumas partes de sua obra carecem de transparência
e, apesar da agudeza revolucionária e da mobilidade de método, adquirem aquele traço de arbitrariedade e pedantismo que a liga tão estreitamente às condições políticas de seu tempo. No pensamento idealista ao
qual ela deve a sua existência, a dialética é afetada pelo dogmatismo. Já
que as conceituações a que chega o método devem ser momentos de um
sistema no qual o pensamento "não mais tem necessidade de ir além de
si mesmo", as circunstâncias que elas captam passam também por
imutáveis e eternas. Mesmo que, futuramente, muita coisa aconteça na
história, mesmo que assumam a liderança outros povos que não as
nações até agora importantes, como os eslavos[13], por exemplo, nem por
isso irá dominar algum novo princípio de organização social, ou se tornará decisiva alguma constituição modificada da humanidade. Qualquer
mudança histórica em que surgisse uma nova forma de convívio humano tampouco poderia deixar intocados os conceitos de sociedade, liberdade, justiça etc. Alcançar-se-ia com isso a concatenação de todas as
categorias, até as mais abstratas. A opinião de Hegel de que seu pensamento atinge as características de todo ser existente, cuja unidade, into-
cada pelo vir-a-ser e perecer dos indivíduos, permanece a hierarquia e
totalidade perfeitas tais quais aparecem no sistema, significa, conseqüentemente, a eternização intelectual das condições terrenas originais. A dialética mantém uma função transfiguradora. Os regimes nos
quais, segundo Hegel, têm seu lugar eterno tanto a dominação e a servidão como a pobreza e a miséria, são sancionados porque o contexto
conceitual em que estão enquadrados equivale a algo mais elevado, ao
divino e absoluto. Assim como a religião e a deificação de uma raça ou
de um Estado, ou a adoração da natureza oferecem ao indivíduo que
sofre um ser que não morre e está eternamente perfeito dentro de si,
Hegel acredita poder desvendar um sentido eterno, em cuja contem-

---

13. Cf. Hegel, "Vorlesungen über die Philosophie der Geschichte", *ibid.*,
vol. 11, p. 447.

SOBRE O PROBLEMA DA VERDADE 149

plação o indivíduo, com toda a sua miséria pessoal, deve sentir-se amparado. É este o traço dogmático, metafísico e ingênuo de sua teoria.

Seu relativismo está ligado diretamente a isso. A idéia dogmática de que todas as opiniões definidas que jamais se opuseram entre si na verdadeira luta histórica, todas as profissões de fé de determinados grupos, todas as tentativas de melhoramento seriam doravante vencidas e abolidas, a opinião do pensamento abrangente de que a cada ponto de vista seja atribuído seu direito parcial e sua limitação última, sem tomar partido conscientemente e decidir-se por um único contra os outros, é esta a própria alma do relativismo burguês. O empenho de fazer justiça a cada idéia e a cada personalidade histórica e de atribuir aos heróis das revoluções passadas seu lugar no panteão da história, ao lado dos generais da contra-revolução vitoriosa, esta objetividade aparentemente suspensa no ar, condicionada pela dupla tomada de posição da burguesia contra a restauração absolutista e o proletariado, se impôs no sistema hegeliano tanto quanto o *pathos* idealista do saber absoluto. Evidencia-se que a tolerância para com todas as opiniões passadas e conhecidas de modo limitado não é menos relativista que o ceticismo negativista. Ela revela tanto mais inequivocamente a sua inerente desumanidade, quanto mais são exigidas pelo tempo a expressão e defesa imoderada de determinadas verdades e direitos. Se, apesar de sua filosofia não se encontrar numa relação consciente com um princípio prático definido, Hegel era impelido, nos detalhes, não só pelo espírito prussiano conservador, mas também por interesses progressistas, ele, no entanto, por causa de seu dogmatismo, não reconheceu e não defendeu como seus próprios fins e interesses progressistas estas tendências expressas na sua ciência. Parece falar de si mesmo quando descreve como "a consciência deixa cair, como se fosse um casaco vazio, a imagem de um bem *em si*, que ainda não possui realidade"[14]. Em Hegel, os impulsos progressistas, tanto quanto em Goethe, se inserem sub-repticiamente na reflexão aparente que compreende e harmoniza, do mesmo modo, toda a realidade. Em compensação, o relativismo posterior dirige suas provas de condicionalidades limitadoras principalmente contra as próprias idéias progressistas, que ele procura assim aplainar, ou seja, equipara a tudo o que passou. Na sua conceituação, este novo, tal qual o antigo, aparece facilmente como simples racionalização e ideologia. Quando o conhecimento da verdade de determinadas idéias fica por trás da demonstração de condições, da coordenação em unidades históricas, este relativismo imparcial se revela como um amigo do sempre existente. O dogmatismo que ele contém latente em si mesmo é a afirmação do poder presente; pois o poder futuro precisa, na sua luta, de uma decisão consciente; a já existente serve de limitação a uma mera compreensão e contemplação. Que a imparcialidade significa uma adesão e a indiscrimina-

---

14. Hegel, "Phänomenologie des Geistes", *ibid.*, vol. 2, p. 300.

150 TEORIA CRÍTICA

da objetividade, uma tomada de posição subjetiva, é uma proposição dialética, que, sem dúvida, conduz o relativismo para além de si mesmo.

No materialismo, a dialética não vale em definitivo. Conceber a situação reinante como condicional e transitória não se equipara diretamente aqui à sua abolição e dominação. Hegel esclarece:

> Somente se sabe ou mesmo se sente que algo é uma *barreira*, falta, se se estiver ao mesmo tempo *além* disso... É ... uma simples inconsciência não reconhecer que justamente a definição de algo como finito ou limitado contém a prova da *presença real* do infinito, do ilimitado; que o conhecimento de um limite só pode existir enquanto o infinito está *aquém* da consciência[15].

Este ponto de vista pressupõe o axioma do idealismo de que conceito e existir são, na realidade, a mesma coisa e que, por isso, toda realização pode acontecer no puro meio do intelecto. Renovação e elevação interior, reforma e desenvolvimento psíquico sempre foram a saída que ele indicava; enquanto o agir e mudar do mundo exterior foram, em geral, considerados importantes, aparecia este como mera conseqüência daquele. O materialismo, ao contrário, afirma que a realidade objetiva não é idêntica ao pensamento do homem e nunca pode dissolver-se nele. Por mais que o pensamento tente, em seu próprio elemento, imitar a vida do objeto e assim amoldar-se a ele, tampouco é o pensamento ao mesmo tempo o objeto em questão, a não ser na auto-observação e reflexão – e nem mesmo aí. Por isso, o conceito de uma falta não significa já a superação; conceitos e teorias constituem um momento de sua eliminação, um pressuposto da atuação correta, que no seu decurso é continuamente redefinida, assimilada e melhorada.

É simplesmente impensável uma teoria isolada e final da realidade. Se for levada a sério a definição formal da verdade, que atravessa toda a história da lógica, segundo a qual ela seria a concordância do conhecimento com o seu objeto[16], segue-se a isto a contradição à concepção dogmática do pensamento. Se a concordância não é apenas um fato, nem uma realidade imediata, tal como aparece na teoria da evidência e da intuição e na mística, nem se realiza na pura esfera da imanência espiritual, como parece na lenda metafísica de Hegel, todavia, ela sempre é produzida por ocorrências reais, por atividade humana. Já no exame e na constatação de fatos, e muito mais na verificação de teorias, desempenham seu papel a orientação da atenção, a sutileza dos métodos, a estrutura do material categorial, em suma, a atividade humana que corresponde a determinado período histórico. (Não se discutirá aqui a questão de saber até que ponto a "ontologia formal" anunciada por Husserl, que se refere "em universalidades vazias a um possível mundo

---

15. Hegel, *Enziklopädie*, § 60.
16. Cf. Hegel, "Wissenschaft der Logik", *ibid.*, vol. 5, p. 27.

SOBRE O PROBLEMA DA VERDADE 151

em geral"[17], ou a apofântica formal, que igualmente em universalidades vazias se refere a todos os possíveis depoimentos em geral, ou ainda outras partes da lógica pura e da matemática, carecem de qualquer ligação com esta atividade e, sem consideração por tal atividade, possuem algum valor real de conhecimento.)

Mesmo que certas interpretações filosóficas da matemática dêem importância, com razão, à aprioridade, ou seja, à ausência de toda consideração empírica nas construções matemáticas, os modelos matemáticos da física teórica, nos quais, no final das contas, se evidencia o valor cognitivo da matemática, estão estruturados em relação com os fenômenos que se podem produzir e constatar com base no respectivo grau de desenvolvimento do aparato técnico. Quanto menos a matemática, dentro de suas deduções, precisa interessar-se por esta relação, tanto mais sua forma é também condicionada a cada vez pelo aumento da capacidade técnica da humanidade como ela mesma o é pelo desenvolvimento da matemática. Todavia, a verificação e a comprovação de idéias relativas ao homem e à sociedade não consiste apenas em experiências de laboratório ou na pesquisa de documentos, mas em lutas históricas nas quais a própria convicção desempenha um papel essencial. A falsa opinião de que a ordem existente seria harmônica segundo sua essência, constitui um momento na renovação da desarmonia e da decadência, ela se transforma num fator de sua própria refutação prática; a teoria correta das condições vigentes, a doutrina do aprofundamento das crises e da aproximação de catástrofes são, por certo, sempre comprovadas em todos os detalhes, mas a imagem de uma ordem melhor, que lhe é inerente e pela qual se orienta a afirmação da miséria do presente, a idéia que lhe é imanente do homem e de suas possibilidades, é determinada, corrigida e confirmada no decurso de lutas históricas. Por isso, não se deve considerar a atuação como um apêndice, como um mero além do pensamento, mas ela participa da teoria em toda parte e não pode ser desligada dela. Exatamente por isso, o mero pensar não traz aqui a satisfação de possuir firme e seguramente a coisa e de estar unido a ela. Decerto, deve-se atribuir o máximo valor às conquistas da mente humana como um fator na libertação do domínio da natureza e numa melhor estruturação das condições. Grupos sociais e detentores do poder que o combatiam, todos propagandistas de alguma espécie de obscurantismo, tinham suas razões escusas e sempre levaram os homens à miséria e à escravidão. Mas, se o conhecimento pode, em certas situações históricas e pela sua mera presença, impedir desgraças e converter-se em poder, o esforço em transformá-lo isoladamente no objetivo mais alto e em meio de salvação baseia-se num mal-entendido filosófico. Geralmente não se pode fixar *a priori* qual o sentido e valor de um determinado conhecimento. Isto depende muito mais da respectiva si-

---

17. Husserl, "Formale und transzendentale Logik", *ibid.*, p. 240.

152   TEORIA CRÍTICA

tuação global da sociedade, da situação concreta a que ele pertence. Pensamentos que, tomados isoladamente, são idênticos segundo o seu conteúdo, podem num momento ser imaturos e fantásticos, no outro ultrapassados e desimportantes e mesmo assim formar, num determinado momento histórico, fatores de um poder que muda o mundo.

Não existe nenhum eterno mistério do mundo, nenhum segredo universal, cuja solução definitiva coubesse ao pensamento; esta idéia, que ignora tanto a mudança permanente dos homens cognoscitivos e dos seus objetos quanto a invencível tensão de conceito e realidade objetiva e fetichiza e autonomiza o pensamento como uma força mágica, corresponde, hoje, ao estreito horizonte de indivíduos e grupos que, devido à sua incapacidade de mudar o mundo pelo trabalho racional, recorrem a receitas universais, prendem-se a elas compulsoriamente, memorizam-nas e repetem-nas com monotonia. Ao separar a dialética da ligação com o conceito exagerado do pensamento isolado, completo em si mesmo e que, por si próprio, propõe sua destinação, a teoria que ela institui perde necessariamente o caráter metafísico de definitividade, a consagração de uma revelação, e se transforma num elemento em si transitório, entrelaçado no destino dos homens.

Nem por isso a dialética inconclusa perde a marca da verdade. Na realidade, a descoberta de condicionamentos e unilateralidades no pensamento alheio e no próprio constitui um momento importante do processo intelectual. Hegel, tanto quanto seus sucessores materialistas, sempre afirmou, acertadamente, que este traço crítico e relativizador faz parte necessariamente do conhecimento. Mas a certeza e a confirmação da própria convicção não precisam da idéia de que, aqui e agora, conceito e objeto se tornem um só e o pensamento possa descansar. Por mais que as experiências adquiridas em observações e conclusões, na pesquisa metódica e nos acontecimentos históricos, no trabalho diário e na luta política resistam aos meios de conhecimento disponíveis, elas são a verdade. A reserva abstrata de que uma crítica justificada será algum dia exercida sobre o estado específico do conhecimento, de que ela está sujeita à correção, se expressa, entre os materialistas, não na liberalidade contra opiniões contrárias ou até em indecisão cética, mas na vigilância contra os próprios erros e na agilidade do pensamento. Eles não se comportam menos "objetivamente" do que a lógica pura, quando ela ensina que "a alocução relativista de uma verdade subjetiva, que para um seria esta, para o outro a contrária, tenha então que passar por absurda"[18]. Já que é com certeza impossível aquele conceito de verdade supra-histórico e, por isso, exagerado que se origina da idéia de um espírito infinito puro, em última análise, então, do conceito de Deus, não tem mais sentido orientar o conhecimento que possuímos por esta

---

18. Husserl, *Logische Untersuchungen*, vol. I, Halle an der Saale, 1913, p. 115.

SOBRE O PROBLEMA DA VERDADE

impossibilidade e nesse sentido chamá-lo relativo. A teoria que consideramos certa pode desaparecer um dia, porque desapareceram os interesses práticos e científicos que desempenharam algum papel na formação do conceito, e sobretudo os objetos e situações aos quais eles se referiam. Então, esta verdade está, de fato, irremediavelmente perdida; pois não há um ente sobre-humano que, após os verdadeiros homens terem mudado ou até depois da extinção da humanidade, tenha retido no seu espírito universal a relação hodierna entre conteúdos de pensamentos e objetos. Somente quando é comparada a uma existência sobre-humana e imutável é que a verdade humana parece de uma qualidade inferior. Enquanto ela permanecer necessariamente inacabada e por isso "relativa", é simultaneamente absoluta; pois a correção posterior não significa que algo verdadeiro antes tenha sido antes não-verdadeiro. Decerto, no progresso do conhecimento provou-se ser errada muita coisa que antes se tomou erroneamente por verdadeira; no entanto, a revolução das categorias resulta do fato de que a relação entre conceito e realidade no seu todo e nas suas partes está sendo atingida e transformada pelas forças, tarefas e mudanças históricas. Da firmeza com que os homens tiram conseqüências dos seus conhecimentos, do esclarecimento com que adaptam e refinam suas teorias da realidade, em suma do emprego descompromissado do conhecimento reconhecido como verdadeiro dependem, em grande parte, a direção e o resultado das lutas históricas. Não só é "a" história que se incumbe da correção e posterior definição da verdade, de modo que agora o sujeito cognoscitivo – tomando consciência de que também sua verdade diferenciada, que contém as outras em si mesma, não é a verdade toda – precisa somente assistir, mas a verdade está sendo propulsionada quando os homens que a possuem se mantêm inflexíveis diante dela, empregam-na e impõem-na, agem de acordo com ela, levam-na ao poder contra todas as resistências dos pontos de vista atrasados, restritos e unilaterais. O processo do conhecimento abrange tanto a real vontade e atuação históricas quanto a experiência e compreensão. Esta não pode progredir sem aquela.

A dialética, liberta da ilusão idealista, vence a contradição entre relativismo e dogmatismo. Presumindo que o proseguimento da crítica e sua definição não termina com o próprio ponto de vista e desta forma não a hipostasiando, ela não abandona de modo nenhum a convicção de que seus conhecimentos no contexto total dentro do qual estão inseridos seus pareceres e conceitos não só são válidos para indivíduos e grupos isolados, mas também de modo geral, isto é, a convicção de que a teoria oposta é falsa. Além disso, a lógica dialética contém a proposição da contradição; mas, no materialismo, ela despiu totalmente seu caráter metafísico, não mais porque aqui parece significativo como idéia um sistema estático de proposições sobre a realidade, nem mesmo qualquer relação de conceito e objeto não-conciliada historicamente. A lógica dialética não invalida de modo algum as regras do entendimento. Tendo como objeto as formas motrizes do processo progressivo de conhecimento, também pertence à sua área a ruptura e reestruturação de sistemas e categorias fixos e, dessa forma, também em geral o concurso de todas as forças intelectuais como momento da prática humana. Numa época que, na sua desorientação, tenta converter tudo em fetiche – inclusive o campo abstrato da razão – e que gostaria de substituir o apoio divino perdido, por seus filósofos se terem regozijado com as relações aparentemente supratemporais de conceitos e proposições isoladas como sendo a verdade intemporal, a lógica dialética aponta para a discutibilidade do interesse em tal "rigor" e para a diferenciada existência da verdade, que ela absolutamente não nega. Se é verdade que alguém tem tuberculose, decerto este conceito pode ser mudado com a evolução da medicina ou mesmo tornar-se totalmente desimportante; mas não tem razão quem hoje, com o mesmo conceito, chega à diagnose contrária, e justamente não no sentido de um entendimento mais elevado que inclui a constatação da tuberculose nesta pessoa, mas negando o diagnóstico com base no mesmo estágio da medicina. A verdade vale também para aquele que a contradiz, a ignora ou a declara insignificante. Não é aquilo em que o indivíduo acredita e pensa de si mesmo, não é o sujeito em si que decide sobre a verdade, mas a relação das idéias com a realidade; e, se alguém imagina ser o enviado de Deus ou o salvador de um povo, não é ele que decide sobre isso, nem mesmo a maioria dos compatriotas, mas a relação de suas afirmações e atos com o fato objetivo da salvação. As condições proclamadas por estas opiniões devem ocorrer realmente e se encontrar no curso dos acontecimentos. Atualmente, estão face a face diversas opiniões sobre a sociedade. Segundo uma delas, tendo em vista o estágio de desenvolvimento dos meios de produção e da técnica, o estado físico e psíquico miserável das massas e a situação crítica do todo resulta necessariamente da perduração de um princípio ultrapassado da cooperação social. Segundo as outras, isto não se deve ao princípio, mas à sua desordem ou amplificação, ou a fatores intelectuais, religiosos ou puramente biológicos. Nem todos em conjunto são verdadeiros, mas apenas a teoria, que sabe conceber tão profundamente o evento histórico, que a partir dele é possível desenvolver com a máxima aproximação a estrutura e a tendência da vida social nas diversas esferas da cultura. Tampouco ela constitui um exceção do fato de ser condicionada, como geralmente todo pensamento e todo conteúdo mental, mas a circunstância de corresponder a uma determinada posição social, de estar ligada ao horizonte e aos interesses de certos grupos não muda em nada o fato de que ela vale também para os outros que são obrigados a negar sua verdade, a reprimi-la, apesar disso, a senti-la afinal na própria carne.

Aqui é o lugar de definir o conceito de eficiência que domina a lógica de muitas tendências aliás divergentes. "... assim como aprovamos a ciência do médico", diz Epicuro[19], "não por causa da sua própria habilidade, mas devido à sua higiene, e a arte do timoneiro encontra reco-

SOBRE O PROBLEMA DA VERDADE 155

nhecimento não pela sua destreza, mas por sua utilidade, porque ele domina o método da navegação correta, assim a sabedoria que deve ser vista na arte de viver não seria desejada se não rendesse algo". Rendimento e eficiência como critério de ciência e verdade é um motivo que não mais desapareceu da história da filosofia. O verso de Goethe: "somente é verdadeiro o que é fecundo", e a afirmação: "Tenho notado que considero verdadeiro o pensamento que é fecundo para mim, que corresponde ao resto do meu pensar e ao mesmo tempo me promove"[20], parecem indicar uma teoria pragmatista do conhecimento. Algumas expressões de Nietzsche sugeriram uma interpretação semelhante: "O critério de verdade reside no aumento do sentimento de poder... O que é verdade? – Inércia; a hipótese da qual resulta satisfação: gasto mínimo de esforço intelectual etc."[21]. "Verdadeiro significa: 'útil à existência do homem'. Conhecendo, porém, muito vagamente as condições existenciais do homem, a decisão sobre verdadeiro e falso, rigorosamente falando, deve basear-se somente no sucesso"[22].

Se, em Goethe e em Nietzsche, a classificação de tais idéias, nas quais se defrontam idéias contrárias, é necessária na totalidade do seu pensamento para a devida compreensão do sentido, formou-se, no entanto, na filosofia especializada, desde meados do último século, uma escola especial que coloca no centro dos seus sistemas o conceito pragmatista de verdade. Desenvolveu-se principalmente na América, onde o pragmatismo se tornou, com William James e finalmente com John Dewey, uma tendência filosófica característica. Segundo este ponto de vista, para o valor de verdade de teorias é decisivo aquilo que se realiza com elas. Sua faculdade de produzir os efeitos desejados para a existência espiritual e física do homem é ao mesmo tempo seu critério. A promoção de vida vale como sentido e medida de toda ciência. "Se falamos da verdade, falamos então de acordo com nossa teoria de verdades no plural, de comportamentos que ocorrem no campo dos fatos e que têm em comum uma única virtude, a de que elas compensam"[23]. Se duas teorias se prestam igualmente bem para a produção de um determinado efeito desejado, pode-se, para diferenciar o seu valor, no máximo perguntar se para uma delas é preciso mais energia mental do que para a outra. A comprovação de eficácia dos pensamentos no trabalho é idêntica à sua verdade, e assim o pragmatismo, especialmente no seu desen-

19. Epicuro, *Die Nachsokratiker*, tradução de W. Nestle, vol. I, Jena, 1923, p. 202.

20. Goethe, Carta a Zelter, 31.12.1829.

21. Nietzsche, "Der Wille zur Macht", *Gesammelte Werke*, ed. Musarion, vol. XIX, af. 534 e 37, pp. 45 e ss.

22. Nietzsche, *ibid.*, vol. XI, p. 28.

23. William James, *Pragmatismus*, trad. por Wilhelm Jerusalem, Leipzig, 1908, p. 137.

156 TEORIA CRÍTICA

volvimento mais recente, atribui a importância principal não tanto à simples confirmação de um parecer mediante a ocorrência dos fatos afirmados, quanto à promoção da atividade humana, à libertação de toda espécie de inibições interiores, à ascensão dos indivíduos e da vida em comum.

Se idéias, opiniões, conceitos, pensamentos, teorias, sistemas auxiliam na reorganização efetiva do meio existente, na superação de qualquer distúrbio e dificuldade determinada, então o testemunho de sua validade e de seu valor consiste em que se conclua esta obra. Se têm êxito em sua função, são autênticos, sadios, válidos, verdadeiros. Se falham em esclarecer a confusão, em eliminar defeitos, se, ao serem aplicados, aumentam a confusão, a insegurança e os danos, então são falsos. A firmação, eficiência, comprovação manifestam-se nas obras, nas conseqüências... Aquilo que realmente nos conduz é verdadeiro, e a capacidade comprovada de tal conduta é exatamente aquilo que se entende por verdade[24].

Esta opinião se aparenta estreitamente ao positivismo da França. Se Bergson não tivesse adotado de Comte o pragmatistamente limitado conceito utilitarista de ciência, não se entenderia a necessidade de uma metafísica separada, suplementar, vitalista. A intuição isolada é o ideal de uma verdade objetiva que deve produzir, numa existência contemplativa, a aceitação da teoria pragmatista do conhecimento. O conceito pragmatista de verdade, em sua exclusividade, desde que não seja complementado por nenhuma metafísica contrária, corresponde à ilimitada confiança no mundo existente. Se for concedido à excelência de cada pensamento tempo e ocasião de vir à luz, se sempre for assegurado no fim o sucesso do verdadeiro – mesmo que seja depois de muita luta e resistência –, se a idéia de uma verdade perigosa e explosiva não puder em geral penetrar no campo de visão, então a forma social atual é sagrada e – mesmo que apresente imperfeições – de uma imensa capacidade evolutiva. No pragmatismo está implícita a fé na estabilidade e nas vantagens da livre concorrência. Onde esta, em se tratando do presente, é abalada por um sentimento da injustiça reinante, como na filosofia largamente pragmatista de Ernst Mach, o problema da mudança necessária constitui mais uma confissão pessoal, um aditamento utópico, ligado apenas exteriormente à parte restante, do que um princípio organizador da formação de conceitos. Aquele ideal é, portanto, facilmente isolável da maneira empiriocrítica de pensar sem violentá-la.

O conceito de comprovação contém diversos elementos que, na literatura pragmatista, nem sempre podem ser distinguidos um do outro. Uma opinião pode ser comprovada sem dar lugar a dúvidas quando se descobrem as circunstâncias objetivas cuja existência se afirma, portanto com base em experiência e observação mediante o emprego de meios corretos e conclusões lógicas, e, além disso, quando ela pode na prática

---

24. John Dewey, *Reconstruction in Philosophy*, New York, 1920, p. 156.

SOBRE O PROBLEMA DA VERDADE 157

ser útil ao seu representante ou a outros homens. Também na primeira destas relações se produz um benefício para a ordenação e orientação do pensamento. James fala aí de uma "função indicativa que vale o esforço"[25]. Ele vê que esta comprovação teórica, a concordância entre idéia e realidade, o reproduzir, muitas vezes não significa outra coisa senão "que no caminho a que nos levam nossas idéias não encontramos qualquer contradição que parta da respectiva realidade, qualquer perturbação"[26]. Se, porém, a diferença entre esta verificação teórica da verdade e seu significado prático perturbar a "promoção de vida" num dado momento histórico, produz-se então aquela idéia de um progresso retilineamente paralelo de ciência e humanidade que, fundamentado filosoficamente pelo positivismo, se transformou numa ilusão comum no liberalismo. No entanto, quanto mais uma ordem social dada se transforma, de uma promoção das forças produtoras de cultura, em seu entrave, tanto mais fortemente a verdade verificável contradiz os interesses ligados a esta forma e coloca os donos da verdade em oposição à realidade existente. Desde que lhes importa mais a comunidade do que a própria existência, os indivíduos têm razão de aprimorar e promover a verdade, embora expressá-la possa colocá-los em perigo, pois o êxito da sua luta em favor de melhores princípios da sociedade depende decisivamente da clareza teórica. Não vê o pragmatismo que a mesma teoria se torna uma força aniquiladora para aqueles outros interesses, na mesma medida em que aumenta a atividade das forças promotoras do progresso e as torna mais operantes. A doutrina gnosiológica, segundo a qual a verdade é promotora da vida ou, melhor, todo pensamento "lucrativo" deve ser também verdadeiro, contém uma ilusão harmônica, caso esta teoria do conhecimento não faça parte de um todo no qual encontram sua expressão verdadeira as tendências que caminham para uma condição melhor e promotora da vida. Desprendida de uma teoria definida da sociedade em geral, cada teoria do conhecimento permanece formalista e abstrata. Não apenas expressões como vida e promoção, mas também termos aparentemente específicos da teoria do conhecimento como verificação, afirmação, comprovação e outros permanecem vagos e indefinidos na mais esmerada definição e na transposição para uma linguagem matemática, se não forem definidos e não estiverem ligados à verdadeira história pela sua pertença a uma unidade teórica abrangente. Também para eles vale a proposição dialética de que cada conceito possui validade real somente como momento do todo teórico; ele adquire seu real significado somente se tiver progredido para além do seu entrelaçamento com outros conceitos até a unidade teórica, e for reconhecido nisso o seu papel. Que vida é promovida pelas idéias às quais se deve adjudicar o predicado de verdade? Em que consiste a

25. *Ibid.*
26. *Ibid.*, p. 134.

TEORIA CRÍTICA

promoção no período atual? Será que a idéia é também verdadeira se o indivíduo que a teve sucumbiu, enquanto avançam a comunidade, a classe, o povo pelos quais ele luta? Que significa prova? Deve a força de caluniadores e infames servir de prova para as afirmações com cuja ajuda eles chegaram a comprovar-se? Não pode, por acaso, a mais crua superstição, a mais ingênua inversão da verdade sobre universo, sociedade, justiça, religião e história alistar nações inteiras e provar-se eficaz na vida de seus autores e seu séquito? Inversamente, significa a derrota das forças libertadoras o desmentido de sua teoria?

O conceito de comprovação desempenha também um papel no modo materialista de pensar. Sobretudo, seu significado crítico diante da hipótese de uma verdade sobre-humana transcendente que, em vez de ser por princípio acessível à experiência e à prática, permanece reservada à revelação e intuição de eleitos, transforma-a numa arma contra toda espécie de misticismo. Todavia, da mesma forma que teoria e prática estão ligadas na história, tampouco reina entre elas uma harmonia pre-estabelecida. O que se pode teoricamente admitir como certo não está por isso mesmo já simultaneamente realizado. A atividade humana não é nenhuma função inequívoca da intelecção, mas um processo que está a cada momento determinado do mesmo modo por outros fatores e resistências. Isto se evidencia claramente na atual situação da teoria da história. Uma série de tendências da sociedade estão teoricamente representadas na sua interação: a aglomeração de grandes capitais diante da decrescente participação do indivíduo médio em relação à riqueza da sociedade total; o aumento do desemprego, interrompido por períodos cada vez mais curtos de relativa prosperidade; a crescente discrepância entre a divisão do trabalho social nas diversas espécies de propriedade e a necessidade da comunidade; o deslocamento da produtividade das metas construtivas para as destrutivas; o agravamento dos contrastes dentro e fora das nações. Marx comprovou serem necessários todos estes processos, quando se podia estudá-los apenas em poucos países desenvolvidos e em desenvolvimento, e a visão de uma constituição liberal do mundo ainda parecia excelente. O ponto de vista da história, que de fato acabou se confirmando hoje, no entanto, interpretou, desde o início, estes processos num sentido muito definido, ou seja, como tendências que, pela mobilização dos homens movidos por esta teoria, poderiam ser impedidas de levar a uma volta da sociedade à barbárie. A teoria confirmada pelo curso da história era pensada não só como teoria, mas como o momento de uma prática libertadora e ligada a toda a impaciência da humanidade ameaçada. A prova da fé inabalável, que está contida nesta luta, se liga intimamente à já ocorrida confirmação daquelas tendências preditas, mas ambas as seqüências da verificação não significam diretamente a mesma coisa; a mediação constitui, porém, o esforço verdadeiro, a solução dos problemas históricos concretos com a teoria reforçada pela experiência. Nesta altura, opiniões isoladas sempre podem se mostrar erradas, cronologias podem ser desmentidas, melho-

SOBRE O PROBLEMA DA VERDADE   159

ramentos podem fazer-se necessários, aparecem fatores históricos que
não foram levados em consideração, muita tese defendida e mantida
com paixão provou ser um erro. Todavia, com este emprego, não se
perde em absoluto a conexão com a teoria como um todo. Insistir no
seu conteúdo doutrinário confirmado e nos interesses e metas que o
constituem e o dominam é o pressuposto da correção ativa dos erros. A
crença firme naquilo que se reconheceu como verdadeiro é tanto um
elemento do progresso teórico quanto a receptividade a novas tarefas,
situações e correspondente centralização dos pensamentos.

Se num tal processo de comprovação os indivíduos ou grupos que
lutam por condições mais racionais sucumbissem completamente e a situação social dos homens se desenvolvesse para trás, coisa que toda
concepção histórica que não degenerou em fatalismo tem de admitir
formalmente como possibilidade imaginável, então seria desmentida a
confiança no futuro que faz parte da teoria certamente não só como um
apêndice externo, mas como força formadora de conceito. No entanto,
mesmo assim não se justifica a fútil demonstração de críticos bem-in-
tencionados que utilizam cada constatação prematura, cada análise falha
de uma situação momentânea dos defensores da causa da liberdade como prova contra a sua teoria no todo, ou mesmo contra a teoria em geral. As derrotas de uma grande causa, que contrariam a esperança em
sua próxima vitória, fundamentam-se muitas vezes em erros que não
invalidam o conteúdo teórico da concepção global, por mais longe que
possam chegar suas conseqüências. Se a direção e o conteúdo da atividade e, portanto, o sucesso entre os grupos historicamente progressistas, estão ligados mais estreitamente à sua teoria do que entre os detentores do simples poder, cuja fala serve apenas de meio auxiliar mecânico para sua ascensão e apenas supre a linguagem da força aberta e secreta com a do ardil e do engodo, mesmo que pelo teor se assemelhasse
à verdade, ainda assim o conhecimento dos combatentes vencidos, na
medida em que reflete a estrutura da época atual e a possibilidade potencial de uma época melhor, não malograria pelo fato de que a humanidade se arruína com bombas e gases venenosos. Não é tão simples
conceber o conceito de comprovação como critério da verdade. A verdade é um elemento da práxis correta; no entanto, quem a identifica diretamente com o sucesso passa por cima da história e se transforma no
apologista da realidade nunca reinante; desconhecendo a inviolável diferença entre conceito e realidade, ele retorna ao idealismo, ao espiritismo e ao misticismo.

Na literatura marxista encontram-se formulações que estão próximas da teoria pragmática. "A teoria se transforma imediatamente em
prática", escreve Max Adler[27], "porque na teoria, tal como o marxismo
nos ensinou a entendê-la, nada pode estar certo que não sirva na práti-

---

27. Max Adler, *Marx als Denker*, Berlim, 1908, p. 75.

160   TEORIA CRÍTICA

ca; então, a teoria social é apenas a recapitulação da própria prática".
No entanto, identificando a teoria à prática, não se deve esquecer a sua
diferença. Já que todo aquele que age com responsabilidade tem o dever de aprender dos reveses da prática, então estes não são capazes de
apagar a estrutura fundamental da teoria, já que devem ser entendidos
unicamente como reveses. Segundo o pragmatismo, a comprovação das
idéias e sua verdade se fundem; segundo o materialismo, a comprovação, a prova de que idéias e realidade objetiva se conjugam, constitui
ela mesma um processo histórico que pode ser detido e interrompido.
Por pouco que esta opinião respeite uma verdade em princípio fechada,
irreconhecível ou a existência de idéias que não precisem de qualquer
realidade, o conceito de uma convicção que, pela dada constelação do
mundo, está dissociada de comprovação e sucesso, coincide *a priori*
com a inverdade. Isto também se aplica aos conflitos históricos. A possibilidade de uma forma racional de convívio humano está suficientemente comparada desde as catacumbas para ser evidente. À demonstração plena pertence o sucesso universal; este depende da evolução
histórica. Que entrementes a miséria perdure e o terror se alastre, a
força terrível que oprime aquela comprovação universal não possui força para provar o contrário.

São nitidamente evidentes os contrastes na volumosa refutação que
sofreu o pragmatismo da parte de Max Scheler, na Alemanha do após-
guerra[28]. Scheler não ignorou o direito relativo do pragmatismo:

> O chamado "saber apenas pelo saber"... não existe em lugar nenhum e não
> pode e também não "deve" existir; e seriamente não existiu jamais e em nenhum
> lugar do mundo. Se o pragmatismo destina às ciências positivas, exatas, em pri-
> meiro lugar uma finalidade prática de domínio, isso decerto não é errado; é,
> porém, uma fútil presunção julgar a ciência positiva "boa" ou "distinta" demais
> para dar aos homens liberdade e poder de dirigir e guiar o mundo[29].

Além disso, ele compreendeu que a formação do critério do trabalho prático nesta teoria foi conseguida exclusivamente com o modelo da
ciência natural inorgânica e depois transferida mecanicamente indife-
renciada para todo o conhecimento. Se ele tivesse submetido o próprio
conceito de práxis a uma análise, ficaria evidente que este não é absolutamente tão claro e simples, como aparece no pragmatismo, onde reduz
e empobrece a verdade. Decerto, o sentido do critério não se desenvolve em experimentos natural-científicos. Sua essência consiste em isolar
com nitidez a afirmação, o objeto e a verificação; a indefinição e a discutibilidade da situação reside na impronunciada relação entre a função
científica específica e a vida dos indivíduos e da comunidade, na apa-

---

28. Max Scheler, "Erkenntnis und Arbeit", *Die Wissensformen und die
Gesellschaft*, Leipzig, 1926.
29. *Ibid.*, pp. 250 e ss.

SOBRE O PROBLEMA DA VERDADE

rente naturalidade e evidência do ato teórico. O não-solucionado, o problemático em sua relação com a vida concreta, histórica, na qual ele se entrelaça de modo análogo, se torna evidente tão logo se analisam com maior profundidade as categorias decisivas, a escolha do assunto e dos métodos. A prática como comprovação leva propriamente à crítica da filosofia positivista que hipostasia a ciência natural e seus conceitos fundamentais; não há necessidade do auxílio da metafísica. Assim como as questões da ciência natural são solúveis dentro dela mesma e com seus meios específicos, e se subtraem a qualquer outra competência, o saber factual é abstrato em si mesmo e adquire sua plena verdade somente na teoria que compreende a ciência natural nesta determinada situação histórica como um momento de toda a evolução social. Se, no entanto, a prática for compreendida como critério não só no caso específico do experimento físico e da técnica que se fundamenta nele, mas também na teoria da história, mostra-se sem mais delonga que ele sempre contém toda a situação da sociedade num dado momento histórico. Para determinar se este ou aquele julgamento dos Estados totalitários atuais está correto, se eles, por acaso, aparecem apenas em países politicamente atrasados e com fortes resquícios de uma aristocracia rural, ou se, ao contrário, devem ser considerados forma de regime adequada à atual fase econômica e, por isso, devem ser necessariamente esperados em outros territórios; se, além disso, esta ou aquela teoria da expansão colonizadora é exata; se para falar de problemas mais abstratos – a contínua substituição factual, a matematização da lógica e da economia política é mais adequada a estas áreas no seu nível científico atual, em contraste com a manutenção de uma formação conceitual que reflete a situação histórica – para decidir tais questões pelo critério da prática, é necessário não só a atenção diante de acontecimentos isolados ou de grupos de acontecimentos, ou a comparação em termos de conceitos universais como o da promoção, mas também uma determinada teoria de toda a sociedade que, ela mesma, é imaginável apenas em conexão com determinados interesses e tarefas, com posicionamento e atividade próprios.

Scheler não persegue este movimento do conceito no qual se evidencia que a prática como critério abstrato da verdade se transforma na teoria concreta da sociedade e se desfaz do formalismo que ela ostenta no pensamento não-dialético da escola pragmatista; ele não leva esta categoria até às conseqüências que contradizem o sistema do pensamento burguês, no qual ela assume um lugar fixo e se consolida, mas ao saber verificável e criticável pela prática ele contrapõe outras formas de saber, que devem valer paralelamente e sem ligação interior com ele. Em vez de reconhecer na absolutização filosófica da ciência mecânica natural o reflexo ideológico da sociedade burguesa, que pôde elevar consideravelmente a razão e, com isso, "o poder e a liberdade" humanos na técnica pragmática da produção, ele tem de impedir, segundo seu próprio princípio, a reorganização necessária e cada vez mais premente

162 TEORIA CRÍTICA

das relações humanas na produção e, assim, negar e aniquilar os mesmos critérios da razão, do poder e da liberdade que ela reconhece, gnosiologicamente, em áreas isoladas; além disso, em vez de referir às suas próprias idéias e critérios a realidade e a ciência burguesa que ele combate e desta forma relacionar ambas, sociedade e idéias, na sua unilateralidade e abstração e contribuir para sua erradicação, ele, semelhantemente a Bergson e a outros filósofos deste período, anuncia formas próprias, especiais e mais altas de conhecimento. Em face dos contrastes cada vez mais profundos entre o proveito para a ciência e a utilidade para os homens, entre o ganho de grupos privilegiados e o da sociedade em geral, entre a vantagem na facilitação da produção e na da vida, o critério de utilidade tornou-se um princípio delicado. Scheler não se aprofunda mais na dialética que adota, mas coloca a ciência útil no último degrau da hierarquia do saber. Voltado para estágios anteriores da evolução humana, ele propaga as duas formas do "saber de educação" e do "saber de redenção", em contraste com o "saber de dominação" ou do "saber de realização". Ele se declara totalmente concorde com as "novas classes sub-burguesas", na concepção pragmática "da metafísica exigente e racionalista do empreendimento burguês"[30], mas combate, ao mesmo tempo, de maneira mais violenta, o clássico idealismo alemão e o materialismo histórico que daí se originou. Seria um contra-senso pensar

que o espírito humano e os fatores ideais pudessem algum dia dominar positivamente e segundo um plano os fatores reais. O que J.G. Fichte, Hegel ("Idade da Razão") e, na sua esteira – apenas relegado a um plano futuro da história – Karl Marx sonharam em sua teoria acerca do "salto para a liberdade"... permanecerá para todo o sempre apenas um sonho[31].

Em contraposição a esta liberdade, na qual a ciência teria de desempenhar, de fato, um papel importante, pode e deve o mundo, assim profetizava Scheler, esperar o surgimento de grupos nobres e intelectualmente elevados. Se burguesia e proletariado "são totalmente não-criativos para todo saber educacional e salvador"[32], doravante isto será remediado pelo fato "de que o crescente e progressivo capitalismo poderá pouco a pouco produzir novamente uma camada inteira de homens puramente cognoscitivos e, ao mesmo tempo, homens tais que hajam rompido igualmente com as autoritárias teorias de classe, com a metafísica burguesa e proletária – ou seja, com o mecanicismo absoluto e o pragmatismo filosófico. Sobre esta elite e somente em suas mãos repousa o futuro da evolução do saber humano... O futuro, no entanto, possui um nova elevação autônoma do espírito filosófico e metafísico

30. *Ibid.*, p. 485.
31. *Ibid.*, p. 44.
32. *Ibid.*, p. 484.

SOBRE O PROBLEMA DA VERDADE 163

genuíno"[33]. Com referência à passagem supracitada, Epicuro define a meta univeral da ciência e da sabedoria como o prazer e a felicidade dos homens. A concepção de Scheler e o presente que ele anuncia encontram-se, de fato, em inconciliável contradição com este pragmatismo materialista mais amplo.

Ao analisar o conceito de comprovação, como ele desempenha um papel no pensamento dialético não-conclusivo, evidencia-se que a decisão quanto a determinadas verdades depende de processos históricos ainda não acabados. Enquanto o progresso na teoria e na prática é condicionado pelo fato de que, em contraste com a neutralidade relativista, são realmente mantidas e aplicadas uma teoria definida, correspondente ao mais alto grau de conhecimento alcançável, e as idéias e metas relacionadas com ela por ação recíproca, em contrapartida esta aplicação reage à estrutura da teoria e ao sentido dos seus conceitos. Isto não vale somente no sentido de uma correção de erros. Também categorias como história, sociedade, progresso, ciência etc. sofrem com o tempo uma mudança em sua função. Elas não são entidades autônomas, mas elementos do respectivo conhecimento total que os homens desenvolvem na disputa entre si e com a natureza e que nunca será idêntico à realidade. Isto se refere também à própria dialética. Ela é a suma dos métodos e das leis que o pensamento segue a fim de reconstituir a realidade tão exatamente quanto possível, e que correspondem na medida do possível aos princípios formais das verdadeiras evoluções.

As peculiaridades do pensamento dialético: relativizar todo juízo determinativo, mesmo o mais variado porém excludente, graças à consciência da mudança tanto do sujeito e objeto como da sua relação (o que acontece no idealismo a partir de um pressuposto absoluto, e no materialismo, com base em experiência progressiva)[34]; o esforço, não de contrapor características, mas de demonstrar, pela análise de cada qualidade geral com vistas ao objeto determinado, que esta generalidade, tomada exclusivamente, contradiz ao mesmo tempo o ob-

---

33. *Ibid.*, p. 486.

34. Na "Phänomenologie" (*ibid.*, p. 36), o próprio Hegel qualificou a dialética como "ciência da experiência que a consciência faz". Esta definição que Nicolai Hartmann (por exemplo, no artigo "Hegel und das Problem der Realdialektik", trad. francesa da obra compilada *Études sur Hegel*, Paris, 1931, cf. especialmente pp. 17 e ss.) admite como a única abalizada, adquire, na concepção do materialismo, uma importância mais fundamental do que na própria lógica hegeliana, pois a metafísica conclusiva de Hegel exclui na futura evolução da história a experiência decisiva, que altera as estruturas conceituais em vigor. O ponto de vista contemplativo de Hartmann o leva naturalmente a desconhecer a ação recíproca entre conceito e objeto, de tal modo que ele entende a natureza dinâmica do pensamento unilateralmente a partir do esforço do sujeito para seguir a realidade, ajustar-se a ela, como "lei subjetiva do pensamento" (*id.*, p.20). Não se coloca aqui o problema da relação de ambos estes princípios que se altera no processo histórico, na prática, mas ambos serão mantidos em seu isolamento.

164 TEORIA CRÍTICA

jeto, que pelo contrário, para ser compreendido corretamente, tem de ser relacionado também com a qualidade oposta, portanto, em última instância, com o sistema total do conhecimento; o princípio daí resultante, de aceitar como verdadeira cada intelecção apenas em conexão com o conhecimento teórico total e, por isso, formulá-lo conceitualmente de maneira que, na formulação, fique garantida a ligação com os princípios estruturais e as tendências práticas que dominam a teoria; a regra, relacionada com isto, de distinguir, na firmeza das idéias e metas importantes, na manutenção das tarefas históricas da época, o estilo de representação mais pelo tanto-quanto do que pelo ou-ou; o princípio de demonstrar a indissolubilidade do elemento retardante e do progressista, do lado conservador e do desagregante, do lado bom e do mau das condições definidas na natureza e na história dos homens; o empenho, não de se contentar com as justificadas separações e abstrações da ciência especializada, para então, ao compreender a realidade concreta, recorrer à metafísica e à religião, mas de relacionar entre si os conceitos analiticamente adquiridos e de reconstruir a realidade por meio deles; – estas e todas as outras características da razão dialética correspondem à forma da intrincada realidade, que continuamente se transforma em todos os pormenores.

Se, porém, tais leis gerais de movimento do pensamento que são abstraídas de sua história passada e formam o conteúdo da lógica dialética geral, aparecem como relativamente constantes e, por isso, também extremamente vazias, então as formas explícitas de representação dialética de uma determinada área de objeto correspondem à sua característica e perdem, com a alteração de seus fundamentos, também sua validez como formas da teoria. A forma atual da sociedade está compreendida na crítica da economia política. Do conceito básico de mercadoria é deduzido aqui, numa construção puramente mental, o conceito de valor. A partir dele Marx desenvolve as categorias de dinheiro e capital num contexto fechado; todas as tendências históricas desta forma de economia, o acúmulo de capitais, a decrescente possibilidade de sua utilização, o desemprego e as crises são estabelecidos com este conceito e deduzidos em'seqüência rigorosa. Entre o primeiro conceito mais geral, cuja abstratividade é superada em cada passo teórico, e as únicas decorrências históricas, deve existir – pelo menos segundo a intenção teórica – uma conexão mental fechada, na qual cada tese decorre necessariamente da primeira colocação, o conceito de livre troca de mercadorias. Conforme o desígnio teórico, cujo êxito não é examinado aqui, o conhecimento de todos os processos sociais nas áreas econômicas, políticas e todas as demais áreas culturais deve ser facilitado por aquele conhecimento original. Esta tentativa de levar até o fim a teoria na forma fechada de uma seqüência de pensamentos em si necessária tem um sentido objetivo. Na necessidade teórica reflete-se a real compulsoriedade com que decorre a produção e reprodução da vida humana nesta época, a autonomia que os pode-

SOBRE O PROBLEMA DA VERDADE 165

res econômicos adquiriram frente aos homens, a dependência de todos os grupos sociais da própria legitimidade do aparelho econômico. Que os homens não possam realizar seu próprio trabalho segundo sua vontade comum, mas sob um princípio que os coloca em oposição entre si individualmente ou em grupos, que não possam produzir com seu trabalho segurança e liberdade, mas insegurança geral e dependência; que, em vez de usar a imensa fortuna social para sua felicidade, caiam na miséria, na guerra e na destruição e, em vez de senhores, se tornem escravos do seu destino – isto se expressa na forma da necessidade lógica que é própria da verdadeira teoria da sociedade atual. Seria, portanto, uma opinião errônea dizer que os acontecimentos numa sociedade futura possam ser deduzidos segundo os mesmos princípios e com a mesma necessidade que as linhas de evolução da sociedade atual.

Com a estrutura da sociedade, de cuja análise elas são adquiridas e em cuja representação desempenham um papel, mudará também o sentido das categorias. O conceito de tendência histórica perde o elemento de obrigatoriedade que lhe era próprio nos períodos históricos passados, enquanto, por outro lado, permanece ligado à categoria da necessidade natural, que de fato é limitável, mas nunca totalmente superável. No momento em que as finalidades dos indivíduos coincidem realmente com as da comunidade e estão integradas no todo da sociedade, em que o homem não mais encarna a autodeterminação absoluta apenas em sua imaginação, mas é, na realidade, um membro da sociedade que se autodetermina livremente, o conceito de indivíduo perde o caráter de mônada solitária e, ao mesmo tempo, seu lugar absolutamente central no sistema do pensar e do sentir, que ocupava nos últimos séculos. Enquanto que lá onde da estrutura econômica emerge necessariamente o contraste entre fins específicos e gerais, e a propalada opinião do triunfo consumado sobre o princípio individualista baseia em parte num engano consciente e em parte numa impotência sonhadora, a categoria do Eu, com a supressão desta condição, perde sua função predominante de total contenção em relação ao mundo e adquire um outro significado. Enquanto a vida resultar não do trabalho solidário, mas da concorrência destrutiva entre sujeitos individuais, cujo relacionamento é mediado essencialmente pela troca de mercadorias, o Eu, o ter, o meu e o não-meu desempenham, no viver, na linguagem e no pensamento, em todas as manifestações culturais, um papel fundamental, predominante e decisivamente caracterizador em todos os detalhes. Neste período, o mundo se decompõe em Eu e não-Eu, como na filosofia transcendental de Fichte, e a própria morte significa, se esta circunstância não for suavizada pelo consolo metafísico ou religioso, a aniquilação absoluta. Tanto quanto a categoria da tendência e do indivíduo, todos os outros conceitos sócio-teóricos serão afetados pela mudança da realidade. As categorias mais formais, como legitimidade social, causalidade, necessidade, ciência etc., tanto

166 TEORIA CRÍTICA

quanto as mais materiais, como valor, preço, classe, família, nação etc., adquirem uma outra fisionomia nas estruturas teóricas que correspondem a uma nova situação.

Na lógica tradicional, interpreta-se esta mudança dos conceitos de maneira tal que as espécies originais no sistema de classificação de uma área científica são especificadas por novas subespécies. Então, no conceito genérico de tendência entram tanto as tendências históricas da sociedade atual quanto as tendências possivelmente diferentes numa sociedade futura. Apesar de todas as mudanças históricas, as definições, por exemplo, de Aristóteles, segundo as quais a *polis* se compõe de indivíduos e grupos e é diferente de seus elementos não apenas quantitativamente, mas qualitativamente, podem ser incluídas numa maior categoria formal da sociedade em geral, que é válida para todas as formas da sociedade, e, assim, são preservadas na sua validade universal. Desse modo, para o próprio Aristóteles, a escravidão, decerto, ainda pertencia a esta categoria maior, enquanto que, nos sistemas conceituais posteriores, significa apenas mais uma subespécie da sociedade, à qual se opõem outras espécies determinadas. O realismo conceitual que domina a filosofia platônica e em parte a medieval e cujos resíduos absolutamente não são superados na lógica mais recente (por exemplo, na moderna fenomenologia), absolutizou a característica da lógica discursiva que compreende todas as mudanças como mero acréscimo de novas subespécies às espécies universais e estabeleceu o ponto de vista metafísico de que toda mudança tem de ser interpretada como uma diferente personificação ou emanação de idéias e essências fixas em especificações e exemplares sempre novos. Assim, o essencial ficaria sempre o mesmo, existiria um reino de idéias imutáveis, e toda mudança se referiria apenas aos níveis inferiores da existência, portanto, ela não seria propriamente real e se apresentaria apenas aos sentidos embotados dos homens. A filosofia hegeliana, ao hipostasiar a estrutura das categorias tratadas em seu quadro, contém, ela mesma, ainda algo deste realismo e incorre no dualismo de essência e aparência que ela tanto combateu. O destino dos indivíduos historicamente definidos, as diversas situações da história presente e futura se tornam, diante das idéias que supostamente se acham na base da história passada, algo fútil e ilusório. A lógica discursiva "do entendimento" é limitada apenas dentro do sistema de Hegel, ela mantém seu poder coisificante sobre sua filosofia como um todo no sentido de uma lenda metafísica. A lógica do entendimento deduz daí que, tendo em vista o conteúdo alterado dos conceitos, sua coordenação com os anteriores sob as mesmas espécies pode tornar-se indiferente e enviesada e ser necessária uma nova definição, uma nova ordem e hierarquia dos conceitos. Mais tarde, talvez, a categoria tendência seja tão reestruturada que sua relação com os conceitos de intenção planejada, de um lado, e de força natural, de outro, se transformará; o conceito de Estado muda a relação com as categorias von-

SOBRE O PROBLEMA DA VERDADE

tade, poder, violência, comunidade etc. Tais perspectivas definidas resultam não da observação do sistema classificatório atualmente válido dos fenômenos sociais, mas da própria teoria do desenvolvimento histórico, da qual aquele representa apenas um inventário conceitual organizado. A lógica tradicional não investiga em detalhe a conexão entre o movimento concreto do pensamento, tal como se processa em contínuo entrelaçamento com a vida social, e os sistemas da razão classificadora; ela a aponta como objeto da história da ciência ou da história da cultura numa área isolada por ela. Ela mesma trata das relações dos conceitos fixos da maneira como se chega, julgando e concluindo, de um para outro e como se desenvolve a partir dele o que cada um contém. A lógica tradicional é "uma ciência das leis necessárias do pensamento, sem as quais não existe qualquer uso do entendimento e da razão, e que são, por conseguinte, as condições sob as quais o entendimento pode e deve concordar consigo mesmo – as leis e condições necessárias para seu uso correto"[35]. Sua tarefa consiste em "esclarecer conceitos claros"[36]; para isso ela procede analiticamente, tira do conceito o que está dentro dele, ele próprio "permanece o mesmo, somente a forma é mudada... Assim como pela simples iluminação de um mapa nada se acrescenta a ele mesmo; assim também, pelo simples esclarecimento de um dado conceito por meio da análise de suas características, este conceito não é aumentado a mínima coisa"[37]. A lógica tradicional nada tem a ver com a alteração do "mapa", com a exposição de novos sistemas de ordenação. Usando, porém, os conceitos sem uma estrita orientação pelo respectivo sistema de referência, no qual todas as experiências até agora da área em questão foram coordenadas sem a leitura correta do "mapa", que tem de ser efetuada segundo as leis da lógica, então cada esboço de pensamento permanece necessariamente vago ou, antes, totalmente inócuo. A representação imitativa do objeto ocorre pelo concurso metódico de todas as forças de conhecimento na construção teórica. "O entendimento tabelar", além do "sumário"[38] deste conteúdo que ele próprio não expõe, dá certamente também o material conceitual. "As ciências empíricas", a pesquisa e a análise, "elaboraram a matéria" para a representação dialética, "ao encontrar as definições, classes e leis gerais"[39]. O significado real deste trabalho, o valor de conhecimento do entendimento, se baseia no fato de que a realidade conhece não apenas uma mudança contínua, mas, ao mesmo tempo, estruturas relativamente estáticas. Que a evolução não progrida gradativamente, mas

35. Kant, *Logik*, ed. por Jäsche, ed. Academia, vol. IX, p. 13.

36. *Ibid.*, p. 63.

37. *Ibid.*, p. 64.

38. Hegel, "Phänomenologie des Geistes", *ibid.*, p. 50.

39. Hegel, *Enzyklopädie*, § 12.

168 TEORIA CRÍTICA

aos pulos significa ao mesmo tempo que entre estes "pontos de junção", pulos e revoluções existem períodos nos quais as tensões e contradições imanentes e que os extrapolam, aparecem como elementos de uma totalidade relativamente fechada, fixa, até que a respectiva forma existencial se transforme numa outra. Este constatar e classificar é, portanto, uma condição necessária da verdade, se bem que não propriamente sua forma verdadeira, seu movimento e seu progresso.

Por conseguinte, não só considerando a mudança historicamente condicionada das categorias fundamentais, mas também todo o processo mental compreensivo do objeto, a lógica tradicional é insuficiente e abrange apenas algumas partes. Ao desempenhar um papel definido na construção dialética de um acontecimento, um conceito se reduz a um momento dependente de um todo mental, que possui qualidades diferentes da soma de todos os conceitos integrados nele; somente então este todo, a construção do objeto determinado, pode realizar-se de uma maneira adequada ao respectivo conhecimento, quando os conceitos são integrados nele, no sentido que lhes corresponde nos sistemas das ciências individuais, nos inventários sistemáticos de definições cientificamente fundadas – enquanto se tratar em geral de conceitos que forem da competência das ciências especializadas. Em *O Capital*, Marx introduz os conceitos básicos da clássica economia política inglesa: valor de troca, preço, horário de trabalho e outros, de acordo com as suas definições exatas. Foram empregadas todas as definições mais avançadas com base na experiência científica da época. No entanto, no curso da apresentação, estas categorias adquirem novas funções; contribuem para um todo teórico, cujo caráter contradiz tanto as idéias estáticas dentro das quais elas se originaram quanto, sobretudo, a sua aplicação não-criticamente isolada. O conjunto da economia materialista é oposto ao sistema da economia clássica, e, no entanto, são aceitos alguns conceitos. As formas dialéticas de evolução do pensamento mostram ser as mesmas que as da realidade. Assim como um átomo de hidrogênio observado isoladamente possui suas características definidas e, na ligação molecular com outros elementos, adquire novas qualidades, e reapresenta as antigas tão logo é rompida a ligação, também os conceitos devem ser tratados dessa forma, conservam isoladamente as suas definições e em conexão se tornam elementos de novas unidades de sentido[40]. Na "fluidez" dos conceitos reflete-se o movimento da realidade.

A dialética materialista inacabada não pensa o "racional" como perfeitamente dado em algum lugar da história, nem acredita em conduzir à solução dos contrastes e tensões, ao fim da dinâmica histórica mediante a execução de meros pensamentos e suas simples conse-

40. Cf. "Da Discussão do Racionalismo na Filosofia Contemporânea", acima, pp. 112 e s.

SOBRE O PROBLEMA DA VERDADE 169

qüências. Ela carece do momento da dialética idealista, que o próprio Hegel chamou de "especulativo" e, ao mesmo tempo, de "místico"[41], ou seja, da noção de conhecer o supostamente absoluto e, assim, ser ela própria absoluta. Ela não hipostasia qualquer sistema de categorias, por universal que seja. Para chegar ao "positivamente racional", não basta suprimir os contrastes em pensamento, mas é necessária a luta histórica, cujas idéias condutoras e pressupostos teóricos estão embutidos naturalmente na consciência dos combatentes. No entanto, o resultado não é antecipado apenas teoricamente; pois não é determinado por uma unidade bem definida como, por exemplo, o "curso da história", cujos princípios deveriam ser fixados uniformemente e de uma vez por todas, mas, sim, pelos homens que disputam entre si e com a natureza, e entram em novas relações e estruturas e desse modo se transformam. A solução de contradições no pensamento subjetivo e a realização de contrastes objetivos podem estar ligadas estreitamente entre si, mas de modo nenhum são diretamente idênticas. Uma sociedade livre, no sentido da livre evolução dos indivíduos e no sentido da liberdade industrial com base na desigualdade, se torna, num determinado período histórico, ideativa e realmente contraditória. A dissolução em pensamentos ocorre mediante o conceito de uma forma diferenciada, mais elevada de liberdade, que influi decisivamente na dominação real, mas não coincide com ela em absoluto e antecipa o futuro apenas de maneira abstrata e incerta. A lógica da dialética inacabada, ao levar em conta a possibilidade de que a alteração se refira também a todo o material de categorias existentes, sem por isso considerar menos verídica a teoria formada por este, corresponde exatamente à idéia hegeliana da diferenciação entre dialética e entendimento, sem a superestrutura de um novo dogmatismo. "O *racional* se mantém, nos conceitos, na sua rígida firmeza e diferenciação de outros; o *dialético* mostra-a na sua transição e na sua dissolução"[42]. Decerto, o primeiro é imanente ao segundo: sem firmeza e ordenamento dos conceitos, sem razão não há racional, tampouco o dialético. Todavia, o entendimento se torna metafísico tão logo ele absolutiza, como existência e continuação da verdade, sua função conservativa e propagadora de conhecimento dado, sua função constatadora de coordenação e conclusão, ou seus resultados. A reviravolta, a abolição e reestruturação do conhecimento, sua relação variável com a realidade, sua mudança de função original em resultado da sua interligação com a história caem fora dos processos ideativos, abrangidos pela lógica tradicional, que têm o entendimento como tema. Tomada isoladamente, ela leva ao conceito errado de um pensamento desprendido, com resultados irremovíveis, eternos, independentes. Nietzsche disse

41. Hegel, *Enzyklopädie*, § 82, Aditamento.
42. Hegel, *Philosophische Propädeutik*, § 12.

170 TEORIA CRÍTICA

que uma grande verdade "quer ser criticada, não venerada"[43]. Isto vale para a verdade em geral. Ele poderia ter acrescentado que cabe à crítica não apenas o momento negativo, cético, mas também, da mesma forma, a independência interior de não deixar cair o verdadeiro, de se manter firme na sua aplicação, mesmo que isto possa alguma vez desvanecer-se. Ao processo do conhecimento pertence, no indivíduo, não apenas a inteligência, mas também o caráter, e, num grupo, não apenas a adaptação à realidade variável, mas igualmente o poder de afirmar e impor suas próprias opiniões e idéias.

Aquilo que discutimos no início, a ambigüidade do espírito burguês frente à verdade em contraste com o pensamento dialético, se exprime, de forma bastante clara, na posição diante da religião. Diante do materialismo primitivo que domina a vida econômica, ela se retrai cada vez mais para o íntimo dos seus sujeitos. A prática da concorrência geral que caracteriza a realidade contemporânea foi cruel desde o início e tornou-se, com exceção de poucos períodos, crescentemente desumana. Seus meios e efeitos, que em determinados momentos históricos levaram à subordinação a pequenos grupos econômicos, à cessão do poder aos elementos culturalmente mais atrasados da sociedade, ao extermínio das minorias, contradizem abertamente os princípios fundamentais do Cristianismo. Portanto, numa época em que, apesar das grandes resistências, ler e escrever deveriam transformar-se por motivos econômicos em habilidade geral e em que o texto da Bíblia não podia permanecer por muito tempo um segredo para as massas, teria sido óbvio, há muito tempo, sacrificar também abertamente o princípio contraditório do cristianismo ao princípio da realidade e propagar como a verdade exclusiva e mais elevada o positivismo vulgar dos fatos nus juntamente com a crença no sucesso, que são imanentes a esta forma de vida. Mas a crassa contradição existente aí foi realmente compreendida dentro da burguesia apenas por excêntricos religiosos (como Tolstói e Kierkegaard). A propaganda monística de Strauss e de Haeckel, que a acentuava desde a pesquisa, via somente a diferença decerto relacionada com isto entre a ciência natural isolada e a revelação e não compreendia tanto o espírito do evangelho quanto a realidade histórica. Estes materialistas da ciência natural tinham que permanecer sectários; pois a religião era imprescindível para os grupos sociais a que eles pertenciam. O caminho para a revelação do abismo não foi trilhado pela intelectualidade dominante nos últimos séculos, mas a religião foi por tanto tempo despojada de um claro conteúdo definido, formalizada, ajustada, espiritualizada, banida para a mais íntima intimidade dos sujeitos, até reconciliar-se com qualquer atuação e com toda prática pública que era comum nesta realidade ateísta.

---

43. Nietzsche, *Gesammelte Werke*, ed. Musarion, vol. XI, p. 15.

SOBRE O PROBLEMA DA VERDADE

Desde que os indivíduos começaram a pensar com maior independência, ou seja, desde o surgimento da nova ordem econômica, a filosofia tem cumprido, em todos os campos, cada vez mais inequivocamente, a função de apagar a discrepância entre, de um lado, a prática vivencial reinante e, de outro, as doutrinas e idéias teóricas e práticas, cristãs ou ligadas ao cristianismo. A razão disto coincide, por um lado, com a raiz do dogmatismo burguês em geral. O indivíduo isolado, que na sua abstratividade é tomado ao mesmo tempo por absolutamente livre e responsável, é, na época atual, dominado necessariamente pelo medo e pela insegurança. Além desta indigência interior, que se fundamenta diretamente no princípio atomístico da ordem existente, a consideração exterior pela paz social contribuiu para que se despendessem grandes energias mentais em disfarçar a inconciliabilidade da ciência moderna e da prática de vida em geral tanto com as opiniões religiosas sobre a gênese e a estrutura do mundo, quanto com as idéias de amor ao próximo, justiça e bondade divina. Troeltsch, este marcante filósofo da religião na Alemanha pré-guerra, expressou abertamente o seu temor:

> Quem conhece os homens apenas razoavelmente, achará de todo impensável que a autoridade divina possa algum dia desaparecer sem prejuízo para a lei moral, que o homem médio, que geralmente pensa em termos mais grosseiros, poderia prescindir deste subsídio para a força de motivação do ético. Para ele será sempre inviável a abstração de uma lei válida por si mesma, com respeito à lei terá sempre de pensar num legislador e guardião. Assim, talvez pense de modo um pouco grosseiro, mas não de forma tão irracional... Onde a moral ateísta aboliu nas massas a autoridade divina, comprovadamente sobrou pouco do espírito daquela lei. Um ódio violento a toda autoridade e um desencadeamento desmedido do egoísmo como a coisa mais óbvia do mundo tem sido aqui, com poucas exceções, a conseqüência logicamente muito bem compreensível[44].

Ele não é capaz de imaginar uma situação social em que um "guardião", na forma de um ser transcendental ou na de "uma lei válida por si mesma", tivesse de frear o "desmedido" egoísmo das massas. A manutenção dogmática do tradicional mundo de idéias é para ele uma hipótese indiscutível, um *thema probandum*. No entanto, ele vê ao mesmo tempo

> que o próprio axioma protestante-confessional deve ser revisto e formulado com maior isenção, que sua produção deve remontar a uma fundamentação mais ampla e mais geral e tornar-se muito mais independente da realidade eclesiástica imediata, que sua formulação deve deixar campo livre à investigação histórica de pormenor e à discussão com resultados seguros da ciência e deve ser constantemente revisável de novo a partir deste trabalho. Decerto, existe aí a possibilidade de que alguém finalmente elimine o próprio cristianismo como axioma[45].

---

44. Troeltsch, "Zur religiösen Lage, Religionsphilosophie und Etnih", *Gesammelte Schriften*, vol. II, Tübingen, 1922, p. 535.

45. *Ibid.*, pp. 190 e ss.

172   TEORIA CRÍTICA

Nesse ínterim, os axiomas aos quais a teologia liberal anterior ainda podia recorrer foram abolidos. "Kant e Schleiermacher, Goethe e Hegel ainda viviam sob a influência de um valor axiomático que hoje não mais existe desta forma"[46]. Por isso, ele recomenda recorrer à filosofia crítica de Kant, "que tenta demonstrar os últimos pressupostos na organização da consciência e não na metafísica"[47]. Procura refúgio numa "crítica da consciência religiosa"[48] e espera

encontrar o apoio firme através de uma teoria geral da religião e de sua evolução histórica. No entanto, de seu lado, esta própria teoria terá de ter suas raízes numa teoria transcendental da consciência, e, partindo deste último apoio de toda orientação científica, deste último e correto pressuposto, teria de responder a ambas estas perguntas: a questão do direito da religião em geral e da diferença valorativa de suas formulações históricas. Dessa forma, a teologia é remetida à filosofia da religião. Só a partir desta é que ela poderá construir substância e valor do cristianismo, de forma a satisfazer assim o espírito moderno da falta de pressupostos. Os últimos pressupostos encontram-se na filosofia do transcendentalismo...[49].

De acordo com isso, o "direito da religião em geral" e, mais ainda, a preferência pela cristã é questionável, e emerge claramente a incerteza total, o caráter relativista deste pensamento, pronto a fazer concessões não ao egoísmo das massas, mas à ciência aparentemente sem pressupostos. Apenas uma coisa se conserva a qualquer preço: "Em toda mudança deve haver uma verdade constante. Isto é uma exigência de toda crença ideal; renunciar a ela significa renunciar ao sentido do mundo"[50]. Se ao menos se mantiver esta crença tão necessária num sentido eterno, pode-se chegar a um entendimento com a metafísica idealista, com o judaísmo, o islamismo, o confucionismo e as idéias redentoras do bramanismo e do budismo[51].

Este comportamento ambíguo diante da religião caracteriza a época toda e encontra, em manifestações como as de Troeltsch, apenas uma expressão ideológica especialmente clara. Isso constitui um elemento da insinceridade objetiva que, apesar da boa consciência dos participantes, dominava o ambiente espiritual. Que atualmente a mentira crassa e manifesta ocupe uma posição de honra em muitos lugares da consciência pública, não significa, se observarmos atentamente os precedentes, uma reviravolta incompreensível. A posição da burguesia implicou que a evolução intelectual em questões morais e religiosas se

---

46. *Ibid.*

47. *Ibid.*, pp. 191 e ss.

48. *Ibid.*

49. *Ibid.*

50. *Ibid.*, p. 311.

51. Cf. *ibid.*, p. 802.

SOBRE O PROBLEMA DA VERDADE

deteve, e domínios centrais como que por uma convenção tácita se mantiveram à meia-luz. A filosofia religiosa da Idade Média esboça o horizonte intelectual que correspondia à sociedade de então; seus resultados mais importantes constituem, portanto, testemunhos históricos de evidente grandeza. Enquanto a irreligiosidade que caracteriza a ciência natural e a técnica modernas, estas realizações especificamente burguesas, não encontrou um lugar correspondente na consciência geral e não foram resolvidos os conflitos ligados a isto, permaneceu inerente à intelectualidade oficial um traço de hipocrisia e de indulgência para com certos tipos de erros e injustiças, que afinal se estendeu por sobre a vida cultural de povos inteiros. O único grande espírito que, em vista da maligna condensação desta névoa desde os meados do último século, conseguiu libertar-se das ilusões e obter a visão que é possível a partir das posições da grande burguesia, foi Nietzsche. Decerto, deve ter-lhe escapado que a seriedade intelectual que lhe importava não se coadunava com este ponto de vista social. Nem no caráter individual nem no nacional se encontra a causa da sujeira que ele combateu, mas na estrutura da totalidade social que em si contém ambas. Ele, como filósofo tipicamente burguês, ao fazer da psicologia, embora a mais profunda que existe até hoje, a ciência fundamental da história, desconheceu a origem da decadência espiritual e o caminho para sair dela e, por isso, o destino que tomou a sua própria obra ("Quem dos meus amigos teria visto naquilo mais do que uma pretensão indevida, felizmente de todo inconseqüente"[52]) tem sua razão necessária.

A insinceridade filosoficamente imposta nas questões de religião não pode ser eliminada do mundo por um esclarecimento psicológico ou de outro tipo. Em contraste com Nietzsche, que centraliza negativamente o problema religioso e a moral cristã e, assim, se converte em ideólogo, é possível também eliminar este lado da situação dada, apenas dominando-o historicamente através de formas mais elevadas de vida da sociedade. No pensamento dialético, os fenômenos religiosos também são relacionados com o conjunto do conhecimento e julgados sempre em conexão com a análise de toda a situação histórica. Por mais importante que seja o reconhecimento da irreconciliabilidade entre conteúdo religioso e conhecimento progressista, o presente prova tanto mais que, por outro lado, pode ser equívoca a centralização de toda a problemática cultural em torno de questões religiosas. Na literatura da contra-revolução católica na França, em Bonald e em de Maistre, na obra do monarquista católico Balzac, podemos encontrar uma análise mais penetrante da sociedade burguesa do que nos críticos

---

52. Nietzsche, "Ecce Homo", *Gesammelte Werke*, ed. Musarion, vol. XXI, p. 275.

da religião contemporânea na Alemanha. Os crentes Victor Hugo e Tolstói descreveram com a maior grandiosidade o horror das condições vigentes e as combateram mais veementemente do que os iluministas Gutzkow e Friedrich Theodor Vischer. Na prática da vida diária, esforços orientados pelo pensamento dialético podem levar à colaboração temporária com grupos e tendências religiosamente ajustados e à oposição radical a tendências e grupos anti-religiosos. O círculo histórico de tarefas, que atualmente é responsável por uma atitude sem ilusões e voltada para o futuro, não opõe os homens primariamente com base na sua convicção religiosa. O empenho definido, decerto teoricamente explicável, por condições justas, que condicionam a livre evolução dos homens, o interesse na supressão de situações de servidão, que são indignas e perigosas para a humanidade, ou a falta deste interesse possibilitam hoje uma identificação mais rápida de grupos e indivíduos do que sua atitude para com a religião. O nível diferente de cultura dos grupos sociais, na medida em que se trata de problema social, implica, pela negligência total da educação e por outros fatores, que a religião pode significar algo totalmente diverso para camadas e existências diferentes. Não é preciso apenas experiência e instrução teórica, mas também um certo destino na sociedade, para não exaltar o pensamento para a criação de ídolos, nem para desvalorizá-lo como suma de meras ilusões, para não convertê-lo em legislador absoluto da ação, em guia inequívoco, nem afastá-lo das metas e tarefas da prática com as quais ele se encontra em ação recíproca. A expectativa de que o poder de conviver com a verdade prosaica se torne generalizado enquanto não forem removidos os princípios da inverdade, é uma ilusão utópica.

8. Autoridade e Família[1]

(1936)

Cultura

A história da humanidade foi subdividida em eras das maneiras mais diversas. A forma como isso se fez a cada vez não foi determinada, como em outras formulações conceituais, exclusivamente pelo objeto, mas igualmente pelo estágio do conhecimento e pelo interesse do cognoscitivo. Hoje ainda se usa, normalmente, a distinção entre Antiguidade, Idade Média e Idade Moderna. Originariamente, esta divisão procede da ciência literária e, no século XVII, foi transferida para a história geral. Nela está expressa a convicção, que tem seu começo já na Renascença e foi completada no Iluminismo, de que o tempo que medeia a queda do Império Romano e o século XV constitui uma época opaca da humanidade, como que uma hibernação da civilização, e de que ela deve ser entendida apenas como uma transição. A ciência moderna considera esta divisão extremamente insuficiente, não só porque a chamada Idade Média, mesmo quando é avaliada apenas pragmaticamente, representa um progresso considerável, na medida em que abrange realizações culturais decisivas e produziu invenções técnicas revolucionárias[2], mas também porque, de um lado,

---

1. Publicado como "Parte Geral" da coletânea *Studien über Autorität und Familie*, ed. por Max Horkheimer, Paris, 1936.

2. Cf., por exemplo, Lefebvre des Noëttes, "La 'nuit' du moyen âge et son inventaire", in *Mercure de France*, 1º-maio-1932, e *Zeitschrift für Sozialforschung*, II, 1933, pp. 198 e ss.

176 TEORIA CRÍTICA

não podiam se manter os critérios comumente citados desse corte no século XV e, de outro, porque eram aplicáveis racionalmente apenas a áreas limitadas da história universal.

Em outras periodizações, o fator subjetivo é muito mais acentuado. Assim, a concepção que os Padres da Igreja e os escolásticos tinham das épocas é dominada pelas idéias sobre a criação do mundo, o nascimento de Cristo e o esperado fim deste mundo, embora tenham sido inseridos, especialmente entre os dois primeiros eventos, diversos segmentos da história bíblica ou da universal. Lembrando a historiografia romana, que considerou a fundação da Cidade como o mais importante princípio de divisão da história, a Revolução Francesa estabeleceu seu próprio começo como o início de uma nova contagem de tempo. Atualmente, ela tem sido imitada por aqueles regimes que desejam sublinhar a importância incisiva de sua ascensão ao poder. Mas o simples início de um regime político que, como nestes casos modernos, promove sem dúvida uma reforma de todo o aparelho governamental, mas tenta firmar mais do que transformar as formas de vida mais importantes da sociedade, sobretudo a economia, a divisão em grupos sociais, as relações de propriedade e as categorias básicas nacionais e religiosas, não oferece qualquer motivo suficiente à necessidade hodierna de uma estruturação válida da história. Enquanto a tripartição tradicional correspondia ao estágio de conhecimento e à direção dos interesses dos séculos XVIII e XIX, da mesma forma que a periodização eclesiástica representava a maneira essencialmente religiosa de pensar da Idade Média, estas demarcações puramente políticas, tanto quanto uma série de modernas tentativas da teoria da história de subdividir a história universal[3], ostentam não só a marca sem dúvida necessária de um interesse próprio condicionado historicamente, como também a da formalidade.

A crítica científica às divisões existentes e a crescente atenção dada a este problema originam-se, em geral, da convicção cada vez mais forte de que a história de toda a humanidade, ou pelo menos a de grandes grupos de povos europeus juntamente com certas partes da África, Ásia e finalmente da América, constituía, não uma série incoerente e caótica de acontecimentos, mas uma unidade estruturada em si mesma. De acordo com isso, as eras não apenas representam somas de acontecimentos cujo princípio e fim são fixados arbitrariamente, mas contrastam entre si porque cada uma delas revela elementos estruturais característicos e definidos e, por isso mesmo, se evidencia como unidade relativa. O fato de continuar difícil determinar linhas demarcatórias precisas não pode obscurecer a diferença acentuada entre os pontos culminantes destas épocas. Também em

---

3. Cf., por exemplo, Kurt Breysig, *Der Stufenbau und die Gesetze der Weltgeschichte*, Stuttgart e Berlim, 1905.

AUTORIDADE E FAMÍLIA

outras áreas teóricas, como, por exemplo, a biologia, é mais fácil descrever casos expressivos a partir de diversos campos do que determinar a transição.

A preocupação de distinguir entre si períodos históricos segundo características significativas foi facilitada pela pesquisa de ramos isolados da vida social. A história do direito, a da arte e a da religião tentaram suas divisões com base em critérios próprios. Abstraindo-se as tendências meramente somatórias na ciência, encontra-se muito comumente a suposição de que as linhas assim traçadas não correm por acaso paralelas, mas exprime-se nelas uma regularidade mais profunda. A razão pela qual se rejeita hoje a teoria de Auguste Comte, segundo a qual cada sociedade, por princípio, teria de percorrer os três estágios, não está no eventual erro de tentar interpretar tão unitariamente quanto possível grandes épocas da humanidade, mas na escala relativamente externa aplicada à história por uma filosofia insuficiente. O procedimento de Comte ressente-se, sobretudo, da absolutização de um grau determinado da ciência natural, ou, melhor, de uma interpretação duvidosa da ciência natural do seu tempo. Seu conceito estático e formalístico de lei faz com que toda a sua teoria pareça relativamente arbitrária, mal construída. Se ao físico, em suas pesquisas, é permitido, com razão, não levar em conta o reconhecimento de que cada teoria é, ela mesma, interligada no processo histórico, esperamos, entretanto, do filósofo da história e do sociólogo que saiba tornar visível até dentro das teorias e conceituações individuais a maneira como estas mesmas e, em geral, todos os seus passos estão arraigados na problemática do seu próprio tempo. O fato de isto acontecer com Comte, Spencer e alguns de seus sucessores apenas inconscientemente e muitas vezes em contraste com a sua própria compreensão de ciência confere às suas divisões um caráter contraditório e rígido.

A convicção de que a sociedade percorreu épocas de relativa uniformidade, ou seja, formas diversas, não é destruída pelas deficiências de sistemas sociológicos isolados. Desde Herder e Hegel ela não mais desapareceu na Alemanha, mesmo que, mais tarde, seja representada e aperfeiçoada mais na crítica da economia política e nas grandes historiografias do que na filosofia especializada. Nas suas conferências sobre as épocas da história mais recente, Ranke explica que, "salvo certas idéias básicas, imutáveis e eternas, por exemplo, a da moral, cada época tem sua tendência especial e seu próprio ideal"[4]. Do ponto de vista da história espiritual, Dilthey, em especial, formulou este pensamento:

No curso da história podemos delimitar alguns períodos nos quais, desde a constituição da vida até as idéias mais elevadas, uma unidade espiritual se forma,

---

4. Leopold von Ranke, *Weltgeschichte*, tomo IV, 3ª ed., Leipzig, 1910, p. 529.

178 TEORIA CRÍTICA

alcança seu apogeu e novamente se dissolve. Em cada um de tais períodos, existe uma estrutura interior comum a todos os outros, que determina a concatenação das partes do todo, o curso, as modificações nas tendências... A estrutura de uma determinada era se evidencia... como uma conexão das ligações individuais entre as partes e dos movimentos no grande complexo operacional de uma época. A partir de momentos extremamente diferenciados e variáveis, forma-se um todo complicado. E este determina, então, a importância que cabe a tudo o que atua na época... Nasce aqui a tarefa da análise, de reconhecer, nas diversas manifestações da vida, a unidade da valoração e da finalidade. E, na medida em que as manifestações de vida desta tendência impelem agora a valores absolutos e determinadas finalidades, fecha-se o círculo dentro do qual são encerrados os homens desta época; pois nele estão contidas também as tendências contra-reagentes. Vemos, pois, como o tempo também imprime neles a sua marca e como a tendência reinante aniquila seu livre desenvolvimento[5].

Dado que, na filosofia idealista, as eras remontam à auto-revelação de um ser espiritual, ao corresponderem, como em Fichte, a um plano universal dedutível *a priori*, ao representarem, como em Hegel, graus do espírito universal objetivador, ou ao expressarem, como em Dilthey, a natureza geral do homem a cada vez segundo um lado diferente, a escola materialista tenta chegar além deste elemento metafísico através da descoberta da dinâmica econômica, a qual é determinante para o transcorrer das eras, a sua evolução e o seu ocaso. Ela pretende compreender as transformações da natureza humana no curso da história a partir da forma sempre diferente do processo material da vida da sociedade. As modificações na estrutura psíquica que caracteriza não só as culturas individuais, mas também dentro de cada grupo isolado determinado por elas, são consideradas momentos de um processo cujo ritmo foi ditado na história pela evolução e pela contínua transformação da relação dos homens com a natureza dada a cada vez na reprodução de sua vida, ou seja, foi ditado pela necessidade econômica. Ao tentar reproduzir os grandes traços deste processo, no qual os homens agem de acordo com as suas forças contraditórias, impulsionadas ou refreadas por este mesmo processo, esta concepção acredita atingir aquilo que Dilthey denomina "o imutável, o regular nos processos históricos" e designa como o primeiro objeto do estudo, do qual "dependeria a resposta a todas as questões sobre o progresso na história, sobre a direção em que se move a humanidade"[6]. No entanto, não impera aqui qualquer fatalismo como na teoria idealista, já que os indivíduos e grupos da sociedade, trabalhando e lutando, com suas capacidades formadas decerto pela evolução histórica precedente, reagem às respectivas condições econômicas, ao passo que, no idealismo, uma força espiritual, fixada de antemão nos seus traços essenciais, é a autora do evento e, por isso, a história não aparece co-

---

5. Wilhelm Dilthey, *Gesammelte Schriften*, tomo VII, Leipzig, 1927, pp. 185 e ss.

6. *Ibidem.*

AUTORIDADE E FAMÍLIA

mo um processo da ação recíproca entre natureza e sociedade, cultura existente e em devir, liberdade e necessidade, mas como desdobramento ou representação de um princípio homogêneo.

Nas diversas concepções que surgiram na filosofia histórica e na sociologia clássicas da Alemanha e da França, está, em todo caso, sendo fixada uma dupla coisa. De um lado, a história se relaciona interiormente, e podem ser traçadas as grandes linhas pelas quais o destino do presente está ligado ao das formações sociais mais antigas. De outro lado, para o homem moderno, justamente por causa dos seus próprios problemas, sobressaem estruturas homogêneas, períodos isolados da evolução social, cada um dos quais imprime sua própria marca não só ao intercâmbio econômico, ao direito, à política, à arte, religião e filosofia, mas também aos indivíduos. A diferença entre estas épocas, que se exprime tanto na condição psíquica dos homens quanto também em suas instituições e obras, vale como diferença da cultura. Este último termo abrange também aqueles fenômenos que, sob o rótulo de civilização, são limitados muitas vezes pela cultura no sentido mais estreito e que derivam, de uma maneira especialmente transparente, da prática de vida da sociedade e se relacionam com ela. Tanto as reações e instituições humanas finalistas, quanto também as chamadas manifestações espirituais de vida das classes e do povo evidenciam traços característicos, conforme pertençam a um dos grandes contextos históricos que chamamos de épocas ou níveis de evolução da humanidade. A estes traços, que constituem como que um índice, o verdadeiro historiador atribui a pertença histórica de um acontecimento ou de uma obra isolados, da mesma forma que o biógrafo de um sábio ou poeta pode, através de uma frase recém-encontrada, determinar o período em que ela foi escrita.

Nenhum dos grandes contextos sociais conserva para sempre uma estrutura fixa, mas ocorre continuamente, entre todas as suas partes e esferas subordinadas, uma ação recíproca, característica dele mesmo. Todas as culturas até o presente contêm ao mesmo tempo normalidades que funcionam em sentidos opostos umas às outras. De um lado, existem em seu âmbito ocorrências que se repetem de forma mais ou menos semelhante, como, por exemplo, o processo mecânico de trabalho, os processos fisiológicos do consumo e propagação, bem como o decurso diário do procedimento legal e do aparelho social de circulação. De outro lado, no entanto, eles são regidos por tendências que alteram permanentemente, apesar daquela repetição, tanto a posição das classes sociais entre si quanto as relações entre todas as esferas de vida e, finalmente, levam ao declínio ou à dominação das culturas em questão. Igualmente, isto não é válido na mesma medida para todas as culturas. Assim, por exemplo, a estrutura da sociedade chinesa e as formas de vida associadas a ela conservaram, ainda no século XIX, estabilidade suficiente para opor uma certa resistência ao processo de produção da Europa Ocidental; ocorre o mesmo também na

Índia. Mas, para o regime social que predomina atualmente na Europa, que se estende também à América e imprime sua marca em todos os territórios coloniais, é altamente verdadeiro que ela, apesar dos processos que regularmente se repetem em seu quadro, configura uma formação que, por razões imanentes, conduz ao declínio. Esta forma de convivência humana encontra-se em crise evidente. A evolução deste jogo de forças, cuja teoria comum tem em mira a pesquisa histórica e a sociologia da atualidade ligadas aos grandes interesses históricos, apresenta-se ao exterior como luta dos grandes grupos nacionais de poder e, ao interior, como contraste das classes sociais. O entrelaçamento destes dois antagonismos, dos quais o segundo domina de forma cada vez mais direta a história européia e decide claramente e com uma consciência cada vez maior sobre a introdução de formas de governo e sobre a tomada de posição quanto à guerra e paz, irá confirmar o destino desta cultura, se bem que na dependência de tendências econômicas mais profundas.

A maneira de encarar a cultura que, neste momento crítico, é a mais adequada à época atual e, em conexão com isso, também às épocas anteriores refere-se ao papel das esferas individuais de cultura e às suas condições estruturais mutáveis na manutenção ou dissolução do respectivo regime social. Se é verdade que as grandes unidades sociais e, especialmente, a atual se desenvolvem com base numa dinâmica imanente, isto significa que, embora as forças nelas contidas tendam a conservar estas respectivas formas de vida pelas quais elas são de novo promovidas, elas podem, no entanto, atuar ao mesmo tempo uma contra a outra e contra estas formas e dinamitar a unidade toda. Mesmo que a direção e o andamento deste processo sejam determinados, em última instância, pelas normalidades do aparelho econômico da sociedade, o modo de agir dos homens, porém, num dado instante, não pode ser explicado somente pelos processos econômicos que ocorreram no momento imediatamente anterior. Ao contrário, os diversos grupos sempre agem com base no caráter típico de seus membros, que se formou em conexão tanto com a evolução social anterior quanto com a atual. Este caráter origina-se da atuação da totalidade das instituições sociais que funcionam de maneira específica para cada camada social. O processo de produção influencia os homens não só da maneira direta e atual, tal como eles o experimentam em seu próprio trabalho, mas também da forma como ele se situa dentro das instituições relativamente fixas, ou seja, daquelas que só lentamente se transformam, como a família, a escola, a igreja, as instituições de arte e semelhantes. Para compreender o problema por que uma sociedade funciona de uma maneira determinada, por que ela é estável ou se desagrega, torna-se necessário, portanto, conhecer a respectiva constituição psíquica dos homens nos diversos grupos sociais, saber como seu caráter se formou em conexão com todas as forças culturais da época. Conceber o processo econômico como fundamento determi-

AUTORIDADE E FAMÍLIA

nante do evento significa encarar todas as demais esferas da vida social em sua relação variável com ele e compreendê-lo, não na sua forma mecânica isolada, mas em conjunto com as aptidões e disposições específicas dos homens, desenvolvidas decerto por ele mesmo. Toda a cultura é, assim, incluída na dinâmica histórica; suas esferas, portanto os hábitos, costumes, arte, religião e filosofia, em seu entrelaçamento, sempre constituem fatores dinâmicos na conservação ou ruptura de uma determinada estrutura social. A própria cultura é, a cada momento isolado, um conjunto de forças na alternação das culturas.

Contra esta opinião, segundo a qual as organizações e os processos em todos os campos culturais – na medida em que atuam no caráter e nas ações dos homens – aparecem como elementos confrontantes, ou seja, dissolventes da dinâmica social e, de qualquer forma, constituem a argamassa de um edifício em construção, o cimento que mantém artificialmente juntas as partes separadas, ou uma parte do explosivo que com a primeira faísca despedaça o todo – contra esta opinião poder-se-ia levantar um reparo. As qualidades psíquicas de origem histórica, a predisposição a impulsos, que é característica dos membros de uma determinada sociedade conforme sua pertença grupal, nem sempre seriam determinantes da manutenção de processos ultrapassados de produção e da solidez do edifício social baseado neles, mas isso decidiria – naturalmente na medida das possibilidades econômicas – a arte de governar, a organização do poder do Estado, em última instância a força física. Pois, na história de todas as culturas diferenciadas, os conhecimentos e aptidões humanos e o aparelho material de produção a eles correspondente foram constituídos de tal forma que o processo social de vida podia desenrolar-se apenas mediante uma divisão – específica de cada época – em gerentes de produção e executantes. Ainda que a vida do conjunto dependesse desta divisão, pelo menos na época da ascensão e do apogeu, as camadas superiores da sociedade constituíam, no entanto, um núcleo relativamente pequeno, para o qual a estrutura existente não só era necessária, como também converteu-se em fonte de poder e de felicidade. Também, na medida em que as formas de convívio humano existentes até agora sempre condicionaram a existência da totalidade e o progresso cultural, inúmeros indivíduos, de acordo com a sua posição nesta totalidade, tinham de pagar o desenvolvimento desta com uma miséria sem sentido para eles mesmos e com a morte. Portanto, o fato de que, apesar disso, os homens se mantiveram dentro desta forma social nunca ocorreu sem violência. Por que, então, é necessário um conceito dinâmico de cultura, esta hipótese de uma por assim dizer argamassa espiritual da sociedade, se a argamassa está presente, antes, na forma altamente material do poder executivo nacional?

Este reparo não é fácil de descartar. Ao contrário, é uma advertência realista contra todas aquelas teorias que convertem a natureza

182 TEORIA CRÍTICA

humana, a consciência ou a razão, as idéias morais e religiosas em realidades firmes e independentes e tentam explicar o funcionamento da sociedade pela atuação de uma ou mais dessas realidades. Estes conceitos idealistas e racionalistas da história devem desconhecer o problema, justamente porque não se dão conta da própria ligação das idéias mais elevadas com a relação dos poderes na sociedade, ou pelo menos a consideram secundária. Embora, por exemplo, o conhecimento possa entrar não só como um fator importante na evolução e na estabilidade de uma sociedade, mas esteja até diretamente na raiz da socialização em geral, como afirma, além de algumas teorias do Iluminismo, também um psicólogo como Freud[7], no entanto todo o aparelho psíquico dos membros de uma sociedade de classes, a não ser que pertençam àquele núcleo de privilegiados, constitui, em larga escala, apenas a interiorização ou, pelo menos, a racionalização e complementação da violência física. A chamada natureza social, o integrar-se numa ordem estabelecida, mesmo que se justifique pragmática, moral ou religiosamente, origina-se em essência da recordação de atos de coação pelos quais os homens se tornam "sociáveis", civilizados e que ainda hoje os ameaçam se por acaso se tornarem por demais esquecidos. Foi sobretudo Nietzsche quem descobriu estas relações. O fato de se poder confiar apenas precariamente na intenção, na promessa dos homens de observar as regras do convívio tem, segundo ele, uma história terrível.

Marca-se algo com fogo, para que fique na memória: somente o que não cessa *de doer* permanece na memória" – é esta uma sentença da mais antiga (infelizmente, também da mais longa) psicologia na terra. Sentimo-nos tentados a dizer que, em todo lugar onde ainda existem solenidade, seriedade, mistério, cores sombrias na vida do homem e do povo, *persiste* algo do horror com que antigamente, em todo mundo, se prometeu, se empenhou, se louvou: o passado... nos bafeja e brota em nós, quando nos tornamos "sérios". Nunca ficou sem sangue, torturas e sacrifícios, quando o homem achou necessário gravar algo na memória, os sacrifícios e oferendas mais repulsivos (entre os quais se incluem os sacrifícios dos primogênitos), as mutilações mais repugnantes (por exemplo, as castrações), as formas rituais mais cruéis de todos os cultos religiosos (e todas as religiões, na sua base mais profunda, são sistemas de atrocidades) – tudo isso tem sua origem naquele instinto que adivinha na dor o mais poderoso auxiliar da mnemônica. ... Ah! a razão, a seriedade, o domínio sobre os afetos, toda esta coisa lúgubre que se

7. Diz assim sua descrição da evolução da cultura: "Depois que o homem primitivo descobriu que... estava em sua mão melhorar sua sorte na terra através do trabalho, não lhe podia ser indiferente se um outro trabalhava com ou contra ele. O outro assumia para ele o valor de sócio, com o qual era útil conviver". (Sigmund Freud, "Das Unbehagen in der Kultur", *Gesammelte Werke*, vol. XIV, Frankfurt am Main, 1963, pp. 458.) O passo cultural decisivo está em que "os membros da comunidade se limitam nas suas possibilidades de satisfação" (*ibid.*, p. 455).

AUTORIDADE E FAMÍLIA

chama pensar, todos estes privilégios e faustos do homem: quão caro eles se fizeram pagar! Quanto sangue e horror estão na base de todas as "coisas boas"![8].

Se, no entanto, a coação passada e a presente penetram até mesmo nas mais sublimes manifestações da alma humana, então esta mesma, bem como todas aquelas instituições mediadoras como a família, a escola e a igreja pelas quais ela é formada, tem também sua legitimidade própria. O papel da coação, que caracteriza não apenas o começo, mas também a evolução de todas as formações políticas, não pode sequer ser superestimado ao explicar a vida social na história até hoje. Ele consiste não só nas punições de qualquer um que fira a ordem imposta, mas também na fome do indivíduo e dos seus que o obriga a sempre sujeitar-se de novo às condições dadas de trabalho das quais faz parte seu bom comportamento na maioria das esferas da vida. Mas, no curso da evolução – ao menos para certos períodos economicamente marcantes – a crueldade e a publicidade das punições podiam ser abrandadas; sua ameaça foi cada vez mais diferenciada e espiritualizada, de forma que os terrores, ao menos parcialmente, se transformaram em medo e o medo, em cautela. E, assim como nos períodos de ascensão econômica, com o aumento da riqueza social, parte das funções que as punições cumpriam podiam ser assumidas pela sua contrapartida positiva, a expectativa de recompensa, os senhores e guardiães que já originariamente foram multiplicados, segundo características primitivas do aparelho psíquico, por um exército de espíritos e demônios, converteram-se, em parte, numa deidade ou num ideário, tornado mais sombrio ou mais acolhedor conforme a época. Somente isto já significa que a coação, na sua forma nua, não basta para explicar por que as classes dominadas também nas épocas da decadência de uma civilização, nas quais as relações de propriedade bem como as formas de vida vigentes em geral já se tinham transformado abertamente no entrave das forças sociais, e apesar do amadurecimento do aparelho econômico para um modo melhor de produção, suportaram o jugo por tanto tempo. Aqui o pesquisador da história precisa estudar toda a civilização; o conhecimento das condições materiais constitui, sem dúvida, a base da compreensão.

Além disso, o complicado processo histórico no qual uma parte da coação foi interiorizada não era uma simples transformação no espiritual, uma mera assimilação de terríveis experiências na razão calculadora, ou sua inequívoca projeção na esfera religiosa e metafísica, mas com isso em todo lugar se originaram novas qualidades. Assim, por exemplo, a relação dos indivíduos para com Deus demonstrava,

---

8. Nietzsche, "Zur Genealogie der Moral", *Gesammelte Werke*, ed. Musarion, vol. IV, 2ª tese, pp. 323 e 325.

184   TEORIA CRÍTICA

desde o início, não apenas o caráter de pura dependência, mas a representação divina fornecia ao mesmo tempo o quadro dos intermináveis desejos e sentimentos de vingança, dos planos e saudades, que nasceram em conexão com as lutas históricas. É verdade que a religião recebe todo o seu conteúdo mediante a assimilação psíquica de acontecimentos terrenos, mas nisto ela adquire sua própria forma, que reage, por outro lado, à predisposição psíquica e ao destino dos homens e constitui uma realidade no conjunto da evolução humana. Vale o mesmo para as idéias de moral, de arte e de todos os outros campos culturais. Embora, por exemplo, a consciência moral, o senso e a concepção do dever se tenham desenvolvido em ligação muito estreita com a coação e a necessidade dos mais diversos tipos e devam mesmo ser interpretadas em larga medida como força interiorizada, como a lei exterior incorporada à própria alma, elas, no entanto, representam, afinal, na estrutura psíquica dos indivíduos, forças específicas, com base nas quais eles não só se submetem ao existente, mas também, em certas circunstâncias, se opõem a ele. Além disso, por exemplo, a regulamentação das relações sexuais no quadro das uniões sexuais, da família, é condicionada pela economia e, em parte, foi imposta de maneira cruel. Apesar disso, o amor romântico nascido no curso desta regulamentação constitui um fenômeno social capaz de levar o indivíduo à oposição ou, mesmo, à ruptura com a sociedade. A união, de modo nenhum natural, mas historicamente desenvolvida, entre a sexualidade e o carinho, entre a amizade e a lealdade, que nos homens se converte em natureza, está incluída entre aqueles elementos culturais que podem desempenhar um papel próprio em certos desenvolvimentos sociais. São um traço do caráter humano numa época dada, que está sendo produzido sempre de novo pelas correspondentes instituições culturais e, por sua vez, as condiciona. Quando os homens reagem a mudanças econômicas, os grupos atuam aí na base de sua respectiva disposição humana, que não deve ser interpretada apenas a partir do presente imediato e também sem o conhecimento do aparelho psíquico. Se, porém, fatores culturais em todo o processo social, no qual eles decerto estão inteiramente entrelaçados, adquirem um significado próprio, de forma a atuarem como traços de caráter dos respectivos indivíduos, então as instituições baseadas neles e criadas para reforçá-los e continuá-los têm, com maior razão ainda, uma certa legitimidade, embora apenas relativa. Não só a burocracia do aparelho coercivo do Estado, como também o elenco de todas as instituições culturais em sentido mais estrito têm seu interesse e seu poder.

Atualmente, a cultura é investigada, em sentido descritivo, do lado espiritual-histórico e do lado cultural-morfológico. Aí ela é encarada essencialmente como uma unidade independente e superior frente aos indivíduos. Em contraste com isso, compreendê-la como estrutura dinâmica, ou seja, como esfera dependente e ao mesmo tempo especial em todo o processo social, não corresponde a nenhum po-

AUTORIDADE E FAMÍLIA

185

sicionamento contemplativo perante a história. Por isso, este ponto de vista não tem também a mesma importância em cada período. Na luta pela melhoria das condições humanas há períodos em que não é importante na prática o fato de a teoria levar em conta todas estas relações apenas de modo sumaríssimo. São aqueles momentos nos quais, devido à decadência econômica de um certo modo de produção, as formas culturais de vida correspondentes já estão tão relaxadas que o desespero da maior parte da sociedade se transforma facilmente em revolta e precisa apenas da vontade decidida de grupos progressistas para vencer a mera força das armas, na qual todo o sistema ainda se apóia essencialmente neste momento. Mas estes momentos são raros e breves; a ordem deteriorada é rápida e precariamente restaurada e aparentemente renovada; os períodos de restauração são longos e neles o envelhecido aparelho cultural adquire novo poder, tanto como disposição psíquica do homem, quanto também como conexão de instituições entrelaçadas. Neste caso, faz-se necessário seu estudo minucioso.

Podemos estudar, nos povos mais diferentes e nos meios mais diversos, como são eficazes as relações culturais que se desenvolveram com o processo social de vida e aparecem, então, como uma série de instituições e como caracteres definidos dos homens. Já dissemos acima que as grandes sociedades asiáticas da Índia e da China resistiram à penetração das formas de vida da Europa Ocidental. Não devemos entendê-lo como se não se tratasse aqui, essencialmente, de um contraste de interesses muito real, que afinal tem de terminar a fim de que se introduza o modo superior capitalista de produção ou um princípio econômico ainda mais avançado. Mas a capacidade de resistência daquelas culturas não se exprime na consciência, errônea para a grande maioria, de todos os seus membros, segundo a qual o modo especificamente chinês ou indiano de produção seria o mais vantajoso. Se, apesar de seus interesses contrastantes, grandes massas o têm mantido é porque aí desempenhava um papel o medo, ou mesmo a incapacidade de se libertar do velho mundo da fé e da idéia arraigado na alma de cada indivíduo. Sua maneira específica de viver o mundo foi plasmada nos trabalhos simples e sempre recorrentes e, no curso dos séculos, tornou-se um elemento necessário da vida desta sociedade, sem o quê não se podia falar nem da capacidade de resistência da sociedade em geral, nem mesmo do curso imperturbado das imprescindíveis funções diárias.

Na China, o culto dos antepassados constitui um desses fatores. Os sinólogos concordam em que ele, há séculos, representou a face da sociedade chinesa. "Como um poder que molda a vida e o pensamento chineses, ele mal pode ser sobrestimado"[9]. O fato de ele conseguir

---

9. Kenneth Scott Larouette, *The Chinese, their History and Culture*, vol. II, New York, 1934, p. 148.

186 TEORIA CRÍTICA

afirmar-se deste modo e tornar-se poder resulta das particularidades da produção chinesa. Um único ponto pode esclarecer isso. A horticultura, que também caracteriza a vida econômica[10], nos centros da cultura de arroz, exige uma série de conhecimentos, que nas circunstâncias dadas só podem ser adquiridos mediante longa experiência. Entre outras coisas, a lavoura intensiva difere da extensiva, porque a cultura do solo pressupõe conhecimentos muito exatos e diferenciados para cada área, quase para cada gleba com sua situação definida. O ancião que durante toda a sua vida observou o clima, as particularidades das espécies de plantas, suas doenças etc. é, de fato, para o jovem uma fonte de saber imprescindível. Com sua pletora de experiências, ele é o líder indicado da produção. Pode-se buscar aí uma das raízes da veneração aos mais velhos. A superioridade do ancião sobre os jovens, como princípio da idéia da relação entre as gerações, significava então, sem mais nada, que os antepassados do atual chefe de família deveriam ter sido tão superiores em poder e sabedoria a este quanto ele mesmo o é agora em relação à sua família; isto decorre, para os filhos também, da sua veneração para com seu próprio pai e avô. Por isso, a grandeza e santidade dos antepassados, pela sua distância do presente, deveria antes aumentar que diminuir; cada um tinha de parecer tanto mais divino quanto mais distante estava na longa fila dos antepassados. O respeito e a atitude de agradecimento que o indivíduo acredita dever aos seus antepassados constitui finalmente um traço fundamental de sua disposição psíquica.

Embora este resulte de relações reais e sempre esteja sendo renovado por elas, somente uma psicologia racionalista poderia supor que, na história da evolução daquela sociedade ou daqueles indivíduos, teria existido primeiramente a clara consciência desta causa da veneração e depois se teria produzido uma mistificação e falsificação intencional ou não-intencional. Antes, as relações na produção são vividas aqui originariamente em formas religiosas, e estas mesmas adquirem seu próprio significado e história. O culto dos antepassados, que como força social viva atua em cada indivíduo, desde seu nascimento, através da educação, dos hábitos e da religião, recebe seus impulsos não somente através das experiências do menino e do jovem com seus próprios pais e avós, mas também de sentimentos psíquicos extremamente variados que resultam da situação dos indivíduos e se servem desta forma cultural. Assim, por exemplo, a idéia de que os antepassados são influentes também no além e podem abençoar oferece a possibilidade de influenciar o destino imprevisível. Além disso, proporciona um meio de fugir da terrível incerteza nas decisões importantes: fazem-se consultas aos antepassados, tirando a sorte diante dos

10. Cf. K. A. Wittfogel, *Wirtschaft und Gesellschaft Chinas*, Stuttgart, 1931, pp. 337 e ss.

AUTORIDADE E FAMÍLIA

187

seus símbolos. O culto dos antepassados adquire a função de manter nos homens atribulados a paz interior e de sempre poderem reconstituí-la. Por isso, eventualmente, ainda é conservado por indivíduos e grupos sociais interiores por um período de tempo, mesmo depois que passou a contrariar os seus interesses materiais. Mesmo depois que as religiões perderam seu significado produtivo, ainda se sofriam privações por causa delas e se ofertavam sacrifícios. Na própria China, o culto dos antepassados constitui hoje um obstáculo especial ao progresso social, que certamente deverá desaparecer afinal em virtude do moderno desenvolvimento econômico, mas, antes de tudo, representa um elemento complicador das relações.

Este culto [diz Edward Thomas Williams[11]] era um obstáculo a qualquer progresso. Opôs-se não apenas à propaganda religiosa, mas também às instalações sanitárias, ao combate das endemias e a todas as reformas políticas e educacionais. Afortunadamente, este conservadorismo sucumbe agora, porque desaparece a coesão familiar.

Também na manutenção das castas indianas, sobressai de forma especialmente decisiva a circunstância de que a cultura constitui um fator próprio na dinâmica social. Embora na formação das castas o papel principal possa caber historicamente a uma divisão de trabalho relativamente original ou à subjugação por conquistadores alheios, em todo caso a classificação que no final constituía a estrutura básica de todo o processo de vida da sociedade indiana refletia-se num sistema de concepções que conquistou um poder específico não só nos interesses conscientes das camadas superiores, mas também no caráter das classes inferiores que elas dominavam. Para indicar como uma forma cultural, depois que se difundiu uma vez, é conservada sempre resistente a partir de uma nova fonte, basta aqui um breve testemunho. "O que, no fundo, causa revolta contra o sofrimento não é o sofrimento em si, mas a falta de sentido do sofrimento." Estas circunstâncias levam, segundo Nietzsche[12], à descoberta da origem da religião. As terríveis diferenças no modo de trabalho e de existência em que se desenvolve o processo indiano de vida, aquela sociedade interpretou através da idéia da migração das almas, segundo a qual o nascimento dentro de uma casta superior ou inferior seria conseqüência de ações de uma vida anterior. Resulta daí, para as camadas inferiores, uma razão especial para não desejar qualquer mudança do sistema. Por mais que o pária possa dizer a si mesmo que obedece fielmente aos preceitos, ele espera também elevar-se, na próxima reencarnação, à casta dos brâmanes e gozar de seus privilégios.

11. Edward Thomas Williams, *China Yesterday and To-Day*, New York, 1923, p. 65 (tradução minha).

12. F. Nietzsche, "Zur Genealogie der Moral", *ibid.*, p. 358.

188 TEORIA CRÍTICA

Um hindu verdadeiramente crente [escreve Max Weber[13]] terá, com respeito à sua situação lamentável de membro da classe impura, um único pensamento: deve sobretudo expiar inúmeros pecados da existência anterior. Isto, porém, tem sua contrapartida: o membro da casta impura pensa, principalmente, na possibilidade de poder melhorar, por meio de uma vida exemplar de acordo com os rituais da casta, suas chances sociais futuras quando da sua reencarnação.

Assim, a circunstância de que a ordem de castas que caracteriza a economia indiana é vivida religiosamente não só atua no sentido da incorporação sem atritos dos párias ao processo vigente de produção, mas também motiva, em geral, a lealdade desses indivíduos a esse sistema cruel. Sua sobrevivência, mesmo sua duração eterna, constitui o sentido de toda a sua existência. Se tivesse de ser abolido no futuro, justamente quando eles mesmos têm chances de gozar de suas vantagens, então todos os serviços prestados, todos os seus sacrifícios teriam sido em vão. Esta é uma das muitas razões por que até as camadas inferiores podem reagir com raiva e fanatismo às tentativas de mudanças violentas, e são facilmente induzíveis a isso. Se as antigas idéias religiosas lhes prestaram imensos serviços, sua perda significa, para gerações inteiras, que sua vida era um fracasso e não tinha sentido. Contra isto pouco pode fazer o esclarecimento teórico. Somente mediante a convivência diária com utensílios modernos e finalmente através da estruturação mais progressista da vida em geral é que as velhas idéias se transformarão eficazmente e darão lugar a novos conceitos de terra e de universo, do nascer e morrer, do corpo e da alma.

Por mais errado que fosse ver nas próprias idéias religiosas algo diferente de reflexos conciliatórios das relações terrenas, ditadas aos homens pelo seu trabalho, é verdade, no entanto, que estas idéias exercem um determinado efeito social na evolução psíquica de cada indivíduo. Se Bouglé, nos seus estudos fundamentais sobre a ordem das castas[14], observa que não se pode atribuir o nascimento do sistema de castas simplesmente à fraude sacerdotal, e continua: "O hábito do culto fechado das primeiras comunidades familiares é que impede que as castas se misturem; é a veneração diante dos misteriosos efeitos do sacrifício que os subordina finalmente à casta dos sacerdotes", isto certamente não depõe, como ele acredita, contra a concepção econômica da história, mas indica, de fato, um traço dominante da história indiana. Bouglé observou mesmo que o sistema de castas constituía, originariamente, uma forma social extremamente vital, que somente com o correr dos tempos se transformou num entrave das forças, da mesma forma que aconteceu, segundo esta concepção, também com outros sistemas sociais:

13. Max Weber, *Gesammelte Aufsätze zur Religionssoziologie*, vol. II, Tübingen, 1921, p. 120.
14. Charles Bouglé, *Sur le régime des castes*, Paris, 1908, p. 82 (tradução minha).

AUTORIDADE E FAMÍLIA

O princípio das castas tem, sem dúvida, a vantagem de libertar da barbárie uma sociedade através da ordem que lhe impõe. Mas ele também abriga dentro de si mesmo o perigo de detê-la rapidamente e por longo tempo no caminho da civilização[15].

A resistência que o sistema de castas, em conseqüência de seus esteios religiosos, opõe à penetração de novas formas sociais não significa que a religião seja independente da vida material da sociedade, mas que ela, tanto quanto outras áreas culturais, pode, graças à firmeza e força finalmente alcançadas, manter ou perturbar a sociedade, de forma a levá-la a exercer funções produtivas ou obstrutivas. Relaciona-se também com isto a idéia do *cultural lag* (atraso cultural). Ela entende que, atualmente, a vida social depende de fatores materiais e as esferas relacionadas diretamente com a economia se transformam mais rapidamente que outras áreas culturais. As atuais condições da China e da Índia não provam, entretanto, como Ogburn[16] parece acreditar, que a dependência ocasionalmente se altere, mas apenas que a entrada de um novo modo de produção costuma ser travada em primeiro lugar por fatores culturais que estão ligados ao antigo, de modo que ela é precedida de algumas lutas no campo intelectual.

Como essas remissões deviam esclarecer, a força de resistência de determinadas culturas é mediada por modos humanos de reação, característicos das próprias culturas. Como elementos do contexto histórico, estes traços pertencem à civilização; como qualidades humanas de relativa firmeza, converteram-se em natureza. Além disso, enquanto consistem nas chamadas idéias espirituais, e não em hábitos e interesses que se relacionam mais ou menos diretamente com a atual existência material, não possuem uma realidade independente. Ao contrário, sua persistência resulta do fato de que os membros de determinados grupos sociais adquiriram, graças à sua posição no conjunto da sociedade, uma condição psíquica em cuja dinâmica determinadas concepções desempenham um papel importante; em outras palavras, de que os homens persistem nelas apaixonadamente. Todo um sistema de instituições, pertencente ele mesmo à estrutura da sociedade, se acha em ação recíproca com esta determinada condição psíquica, de tal forma que ele, de um lado, reforça-a continuamente e ajuda-a a reproduzir-se e, de outro, ele mesmo é conservado e fomentado por ela.

Pode-se compreender, portanto, por que às vezes, nas teorias filosóficas e sociológicas, as instituições culturais valem como expressão da alma humana, e às vezes a figura da alma humana aparece como função das forças culturais. Ambos os modos de consideração,

---

15. *Ibid.*, p. 243.

16. Cf. seu artigo "Social Change" em *Encyclopaedia of the Social Sciences*, vol. III, New York, 1930, pp. 330 e ss.; e outras obras.

190 TEORIA CRÍTICA

tanto o subjetivista-antropológico quanto o objetivista, são relativamente justificados, porque nos diversos períodos um ou outro elemento se tem destacado com maior vigor e em geral a relação em si tem sido estruturada de forma diferente. Em todo caso, a manutenção de formas sociais antiquadas, por exemplo, não se relaciona diretamente com o simples poder ou com a ilusão das massas quanto a seus interesses materiais – o fato de que ambos se realizem e a maneira como isso ocorre é condicionado, antes, pela respectiva condição dos homens –, mas a perduração tem suas raízes também na chamada natureza humana.

Esta expressão não significa aqui uma substância primitiva, nem eterna, nem também apenas uniforme. Todas as teorias filosóficas que acreditam na movimentação da sociedade e na vida do indivíduo a partir de uma unidade fundamental e, de mais a mais, não-histórica incorrem numa crítica justificada. Como reconhecer que no processo histórico se originam novas qualidades individuais e sociais lhes causa sérias dificuldades devido à sua metodologia adialética, elas pensam, como a teoria mecanicista da evolução, que todas as qualidades humanas que aflorarão mais tarde estariam originariamente contidas em germe ou, tanto quanto algumas tendências da antropologia filosófica, que elas teriam brotado de uma "causa" metafísica da existência. Ambas as teorias, lutando entre si, carecem do princípio metódico de que processos vivos se caracterizam tanto por reviravoltas estruturais quanto por um desenvolvimento contínuo. Por exemplo, em alguns grupos sociais, como atualmente nas massas de pequenos-burgueses e camponeses de muitas regiões da Europa, o que parece ser natureza humana ou caráter é constituído de tal maneira por intimidação, desejos impotentes, conteúdos desfigurados e condições sufocantes, que a sobrevinda de revoluções no campo econômico e social poderia, em poucos anos, extinguir e transformar o que até agora era válido como substância eterna. Isto não significa, porém, que as condições tivessem propriamente infringido antes uma chamada verdadeira natureza humana, que doravante se fez valer, mas a relação entre as forças e necessidades daqueles homens e suas condições de vida tornou-se tão tensa no decorrer do tempo que, por ocasião da mudança exterior, deve ocorrer também uma alteração da estrutura psíquica. O sistema relativamente firme de comportamentos condicionados que se podem encontrar nos homens de uma determinada época e classe, a maneira como eles se ajustam à sua situação mediante manobras psíquicas conscientes e inconscientes, esta estrutura infinitamente diferenciada e sempre reequilibrada de preferências, de atos de fé, de valorizações e de fantasias, por meio das quais os homens de uma determinada camada social se conformam com suas condições materiais e com os limites de sua real satisfação, esta aparelhagem interior, que apesar de sua complicabilidade ostenta na maioria das vezes a marca da precariedade, são, em muitos casos, conservados apenas porque o abandono

AUTORIDADE E FAMÍLIA

de uma velha estrutura de vida, a transição para uma nova, especialmente se esta requer uma crescente atuação racional, exige força e coragem, em suma um grande esforço psíquico. Isto é também uma das razões pelas quais se podem esperar reviravoltas na história universal apenas porque os homens mudaram antes. Elas costumam ser causadas ativamente por grupos nos quais a decisão não se origina de uma natureza psíquica enrijecida, mas o próprio conhecimento se transforma em poder. Todavia, enquanto se trata da continuidade de velhas formas sociais, o papel principal não é desempenhado pelas intelecções, mas pelos modos humanos de reação que se consolidaram em ação recíproca com um sistema de instituições culturais na base do processo de vida da sociedade. A elas pertence a capacidade, consciente ou inconsciente, codeterminadora de cada passo do indivíduo, de se adaptar e subordinar, a virtude de responder afirmativamente a situações existentes como tais no pensar e no agir, de viver na dependência de ordens dadas e vontade alheia, em suma a autoridade como uma marca da existência inteira. Fortalecer no íntimo dos próprios dominados o necessário domínio dos homens pelos homens que determina a forma da história até agora, foi uma das funções de todo o mecanismo cultural das diversas épocas; o resultado é que a fé na autoridade, como condição sempre renovada deste mecanismo, constitui na história um motor humano, em parte produtivo, em parte obstrutivo.

Autoridade

A autoridade aparece como uma categoria dominante no mecanismo conceitual histórico com tanto mais clareza quanto mais se encarar o simples recolhimento e narração dos fatos mais como um trabalho preparatório do que como um objetivo do estudo da história, e quanto mais resoluta for a pretensão, diante da concepção positivista da ciência, de ver na exposição não a soma dos fatos isolados que em essência permanece entregue às qualidades subjetivas, ao gosto e à "visão de mundo" do historiador, mas como aplicação do consciente trabalho metódico, baseado no conhecimento teórico. De fato, ela é, como diz Hegel[17], "muito mais importante do que somos inclinados a admitir", e se a grande atenção que esta circunstância encontra no momento pode ser condicionada pelas situações históricas especiais, sobretudo pela transição para as chamadas formas autoritárias de governo no período contemporâneo, apresenta-se, entretanto, nesta situação histórica, uma realidade decisiva para toda a história vivida até agora. Em todas as formas de sociedade que se desenvolveram a partir

---

17. Hegel, "Vorlesungen über die Philosophie der Geschichte", *Sämtliche Werke*, Glockner, vol. II, p. 528.

das indiferenciadas comunidades primitivas do passado, ou poucas pessoas governam, como em situações relativamente primitivas e simples, ou, como nas formas mais evoluídas de sociedade, grupos de pessoas governam o resto da população, isto é, todas estas formas se caracterizam pela dominação ou subordinação de classes. A maioria dos homens sempre trabalhou sob a direção e o comando da minoria, e esta dependência sempre se expressou numa piora da existência material. Já dissemos acima[18] que não era apenas a coação imediata que mantinha essas ordens, mas os próprios homens aprenderam a acatá-las. No entanto, em todas as diferenças fundamentais pelas quais os tipos humanos se distinguem entre si nas diversas épocas da história, é comum serem determinados, em todos os aspectos essenciais, pela relação de dominação específica de cada sociedade. Se há mais de cem anos foi posta de lado a opinião de que o caráter se pode explicar a partir do indivíduo totalmente isolado e se concebe o homem como uma entidade já socializada, isto significa, ao mesmo tempo, que os impulsos e paixões, as disposições de caráter e modos de reação foram cunhados pela respectiva relação de poder na qual se desenvolve o processo social de vida. Não só no espírito, nas idéias, nos conceitos e julgamentos fundamentais, mas também no íntimo do indivíduo, nas suas preferências e desejos se reflete a classe na qual decorre seu destino externo. O fato de ela desempenhar um papel tão decisivo na vida de grupos e indivíduos nos mais diferentes campos e em todos os tempos baseia-se na estrutura atual da sociedade humana. Durante todo o período de tempo abrangido pela historiografia – salvo aqueles casos liminares em que escravos amarrados eram empurrados com o chicote para os campos e nas minas – o trabalho era executado com obediência mais ou menos voluntária a ordens e instruções. E já que o agir que mantinha viva a sociedade e em cujo processo, portanto, os homens haviam sido formados se desenvolvia na submissão a uma instância alheia, todas as relações e formas de reação se achavam sob o signo da autoridade.

A sua definição geral seria necessariamente vazia ao extremo, como todas as definições conceituais que tentam fixar elementos isolados da vida social numa forma que abranja toda a história. Uma definição dessas pode ser mais ou menos hábil, mas ela permanece por tanto tempo não só abstrata, mas também equívoca e inverídica, até que seja posta em relação com todas as outras definições da sociedade. Os conceitos gerais que constituem o fundamento da teoria social podem ser compreendidos no seu significado correto apenas em conexão com os outros conceitos gerais e específicos da teoria, ou seja, como momentos de uma determinada estrutura teórica. Além disso, já que agora as relações de todos esses conceitos entre si, assim como as co-

---

18. Veja acima, pp. 181 e ss.

AUTORIDADE E FAMÍLIA

nexões de toda a estrutura lógica com a realidade, mudam continuamente, a definição concreta, ou seja, verdadeira, de semelhante categoria afinal é sempre a própria teoria social exposta, assim como ela atua na sua unidade com determinadas tarefas prático-históricas num momento histórico. Definições abstratas contêm os elementos contraditórios que o conceito adquiriu em conseqüência de mudanças históricas, imediatamente próximas, da mesma forma, por exemplo, que o conceito não-histórico, teoricamente não-desenvolvido, de religião abrange ao mesmo tempo conhecimento e superstição. Isto é válido também para a autoridade. Se considerarmos por enquanto como autoritários aqueles modos de atuar internos e externos nos quais os homens se sujeitam a uma instância alheia, salta imediatamente aos olhos o caráter contraditório desta categoria. A ação autoritária pode residir no interesse real e consciente de indivíduos e grupos. Os cidadãos de uma cidade antiga que se defende do ataque de conquistadores estranhos, toda comunidade que procede de acordo com um plano, age autoritariamente porque os indivíduos, a cada momento, não reemitem um juízo próprio, mas confiam num pensamento superior que, sem dúvida, pode ter-se formado com a sua cooperação. Durante períodos inteiros, a subordinação era do próprio interesse do subordinado, tanto quanto o é a submissão da criança a uma boa educação. Era ela uma condição do desenvolvimento das faculdades humanas. Todavia, mesmo nas épocas em que a relação de dependência era indubitavelmente adequada ao nível das forças humanas e seus recursos, isto, no período histórico, implicou privações para os dependentes e, nos períodos de estagnação e retrocesso, a afirmação, pelos dominados, das relações de dependência existentes, necessária para a manutenção das respectivas formas sociais, significou não só a eternização da sua incapacidade material, mas também de sua incapacidade espiritual e se tornou um freio para o desenvolvimento humano em geral.

Portanto, a autoridade como dependência aceita pode significar tanto condições progressistas, favoráveis ao desenvolvimento das forças humanas, correspondentes ao interesse dos participantes, quanto um conjunto de relações e idéias sociais sustentadas artificialmente e há muito falseadas que contrariam os interesses reais da comunidade. Baseia-se na autoridade tanto a submissão cega e servil, que subjetivamente resulta de indolência psíquica e incapacidade de tomar uma decisão própria e objetivamente contribui para a continuação de condições limitadoras e indignas, quanto a disciplina consciente de trabalho em uma sociedade em ascensão. E mesmo assim as duas maneiras de viver se distinguem, como sono e vigília, como prisão e liberdade. Se a aceitação factual de uma relação de dependência que costuma manifestar-se não só no reconhecimento em si, mas também muito mais na subordinação da vida diária ao sentimento mais íntimo, de fato corresponde, e portanto é objetivamente adequada, às forças humanas diversamente desenvolvidas no período em questão; se os homens, ao aceitarem instintivamente ou em plena consciência sua existência dependente, se privam da força e da felicidade que lhes é possível alcançar, ou ajudam a obtê-la para si ou para a humanidade; se a submissão incondicional a um líder político ou a um partido conduz historicamente para frente ou para trás, somente a análise da respectiva situação social em sua totalidade pode responder. A este respeito não existe nenhum parecer que valha de modo geral. O reconhecimento das relações hierárquicas do absolutismo, como a subordinação da burguesia à burocracia principesca, foi, nos séculos XVI, XVII e parte do XVIII, de acordo com a situação nos diversos países, um fator produtivo do desenvolvimento social; no século XIX este comportamento tornou-se uma característica de grupos atrasados. Conforme a relação de dependência que se está admitindo se baseie no papel objetivo da classe dominante ou tenha perdido sua necessidade racional, os tipos humanos que lhe correspondem, em comparação com outros da mesma época, também parecerão conscientes, ativos, produtivos, livres, perspicazes ou submissos, de índole preguiçosa, amargurados e desleais. Entretanto, esta classificação não deve ser aplicada de forma mecânica. O papel de uma relação de autoridade na sua época e seu teor específico, além do grau de diferenciação dos indivíduos que ela abrange, exerce sua influência sobre o significado psíquico da aceitação da autoridade. Além disso, a afirmação e negação na consciência ainda quer dizer muito pouco sobre a eficácia da relação na vida íntima do indivíduo. Categorias isoladas de escravos romanos podiam aceitar sua escravidão sem que seu pensamento se tornasse servil. No entanto, para a massa de seus senhores no império, o recurso ao sistema de tiranos militares e sua covarde tolerância quando estes se revelavam ruins constitui a expressão de uma impotência histórica. De qualquer modo, o fortalecimento e enfraquecimento de autoridades apresenta um daqueles traços da cultura pelos quais ela mesma se torna um elemento da dinâmica do evento histórico. O afrouxamento de relações de dependência que se acham arraigadas na vida consciente e inconsciente da massa se inclui entre os maiores perigos para uma estrutura social e revela a sua fragilidade. A glorificação consciente do existente indica um período crítico da sociedade e transforma-se, por sua vez, "numa fonte da sua ameaça"[19]. Esforços enérgicos no sentido de renová-la e fortificá-la, tal como as cruzes na arena romana e as fogueiras da Inquisição, anunciam ou a queda de uma ordem social ou um período de estagnação na evolução humana.

O pensamento burguês tem início como luta contra a autoridade da tradição e contrapõe-lhe a razão de cada indivíduo como fonte legítima de direito e verdade. Ele termina por divinizar a mera autori-

---

19. H. J. Laski, *Authority in the Modern State*, New Haven, 1927, p. 387 (tradução minha).

AUTORIDADE E FAMÍLIA

dade como tal, que é tão vazia de conteúdo como o conceito de razão, desde que justiça, felicidade e liberdade deixaram de ser para a humanidade palavras de ordem históricas. Se observarmos não tanto o propósito pessoal quanto a influência histórica de Descartes, então este pensador, que é considerado o criador do primeiro sistema da filosofia burguesa, aparece como o precursor na luta contra o princípio da autoridade no pensamento em geral.

A posteridade [escreve Buckle sobre Descartes, ele mesmo um historiador extremamente consciente e marcante da burguesia] lhe deve não tanto por aquilo que ele construiu, mas por aquilo que arrasou. Toda a sua vida foi uma única campanha grande e feliz contra os preconceitos e tradições dos homens. Ele era grande como criador, mas, de longe, maior ainda como destruidor. Nisto ele foi o fiel sucessor de Lutero, de cujas obras as suas formam a complementação adequada. Concluiu o que o grande reformador alemão deixara inacabado. Tinha com os antigos sistemas filosóficos exatamente a mesma relação que Lutero mantinha com os sistemas religiosos; foi ele o grande reformador e libertador do pensamento europeu[20].

Por esta libertação entende-se, sobretudo, a luta contra a fé nas autoridades. Na grande filosofia burguesa até o começo do século XIX, apesar de todas as contradições internas, sempre retorna esta recusa do comportamento autoritário. O ataque do Iluminismo inglês e francês à teologia, nas suas tendências mais poderosas, não se dirige absolutamente contra a hipótese da existência de Deus em geral. O deísmo de Voltaire não era, certamente, insincero. Ele não pôde compreender a monstruosidade de ter de conformar-se com a injustiça terrena; a bondade de seu coração pregou uma peça ao mais agudo raciocínio do século. O Iluminismo não combatia a afirmação de Deus, mas seu reconhecimento com base na mera autoridade. "A revelação deve ser julgada pela razão", diz Locke, o mestre filosófico do Iluminismo. "A razão deve ser nosso supremo juiz e condutor em todas as coisas... A fé não é nenhuma prova da revelação"[21]. Em última instância, o homem deve usar suas próprias faculdades intelectuais e não depender de autoridades.

Neste sentido, Kant também se relacionava com o Iluminismo. "*Sapere aude*! Tenha a coragem de servir-se de sua *própria* razão!" é seu lema.

Preguiça e covardia são os motivos por que uma parte tão grande dos homens, muito depois que a natureza os libertou da tutela alheia (*naturaliter maio-*

---

20. Henry Thomas Buckle, *Geschichte der Zivilisation in England*, trad. alemã de Arnold Huge, vol. 1, 2ª parte, Leipzig e Heidelberg, 1865, p. 72.

21. John Locke, *Über der menschlichen Verstand*, vol. II, 4º livro, cap. 19, §§ 14 e 15, Leipzig, 1911-13.

196 TEORIA CRÍTICA

rennes), sempre prefere permanecer irresponsável; e por que se torna tão fácil que outros se convertam em seus tutores[22].

A lei moral, no sentido de Kant, não exprime "outra coisa senão a autonomia da pura razão prática, isto é, da liberdade..."[23] Em Fichte, todo o conteúdo de sua filosofia, se o aceitarmos ao pé da letra, aparece como um apelo à independência interior, à supressão das meras opiniões e atitudes baseadas na autoridade. O que é válido para todos os escritores burgueses, de que a caracterização mais desprezível de um homem seria a de escravo, tem, em Fichte, uma proporção especial. Seu acentuado orgulho pela liberdade interior, que nele mesmo ainda estava ligada ao anseio mais veemente, embora utópico, de mudança do mundo, corresponde, especialmente na Alemanha, àquela atitude muito freqüente que se resignava à opressão externa, por julgar a liberdade encerrada no próprio peito e sublinhar tanto mais a independência da pessoa espiritual quanto mais subjugada estava a pessoa real. Então, quando a contradição entre interior e exterior aflorava à consciência com demasiado incômodo, existia a possibilidade de reconciliá-la, harmonizando o próprio íntimo com a realidade, em vez de sujeitar a dura realidade à vontade. Se liberdade consiste na concordância formal entre existência externa e decisão própria, então ela nada tem a temer; o que importa é apenas que cada um aceite o evento histórico e seu lugar dentro dele, o que, então, de acordo com a mais moderna filosofia, passa a ser de fato a verdadeira liberdade: "Dizer sim àquilo que acontece de qualquer forma"[24].

Na consciência de Fichte, porém, a recusa do pensamento autoritário não se converteu em aceitação da realidade dada. Para ele a razão se define essencialmente como um antagonismo à autoridade. Sua declaração de não querer dobrar-se, em comparação com Kant e os franceses, lembra certamente uma simples proclamação, e seu antagonismo ao existente já é demasiado principial para ser totalmente irreconciliável. Tanto mais nítido aparece – ao menos nos seus primeiros escritos – o ideal do pensamento burguês. "Quem age de acordo com a autoridade", segundo Fichte, "age necessariamente sem escrúpulos". É esta "uma sentença muito importante, cuja colocação em todo o seu rigor é extremamente necessária"[25]. O círculo de homens ao qual se dirige o cientista se elevou, segundo ele, "da convicção geral de sua época à descrença absoluta na autoridade".

---

22. Kant, *Beantwortung der Frage: Was ist Aufklärung?*, ed. da Academia, col. VIII, p. 35.

23. Kant, *Kritik der praktischen Vernunft*, 1ª parte, 1º livro, 1º fragmento, § 8, ed. da Academia, vol. V, p. 33.

24. Arnold Gehlen, *Theorie der Willensfreiheit*, Berlim, 1933, p. 133.

25. J. G. Fichte, "Das System der Sittenlehre von 1798", 3ª seção, § 15, in *Werke*, Medicus, vol. II, Leipzig, s.d., p. 179.

AUTORIDADE E FAMÍLIA

O caráter típico do público instruído é a liberdade e a autonomia absolutas de pensamento; o princípio da sua constituição é o axioma de não submeter-se absolutamente a nenhuma autoridade, de apoiar-se no próprio raciocínio sempre e de recusar simplesmente tudo o que não é confirmado pelo mesmo. O instruído se distingue do não-instruído da seguinte maneira: certamente o último também acredita ter sido convencido pela própria reflexão e o foi: mas quem enxerga mais longe do que ele descobre que seu sistema de Estado e Igreja é o resultado da opinião mais corrente da sua época... Assim como a pesquisa científica é absolutamente livre, o acesso a ela também tem de ser franqueado a qualquer um. Para aquele que intimamente não pode mais acreditar na autoridade é contrário à sua consciência continuar acreditando nela e para ele é um dever de consciência juntar-se ao público instruído... O Estado e a Igreja devem tolerar os cientistas; além disso, eles iriam coagir as consciências, e ninguém poderia viver num tal Estado e numa tal Igreja com consciência tranqüila; pois, no caso de começar ele a duvidar da autoridade, não veria nenhum auxílio diante de si... Ambos devem tolerar os cientistas, ou seja, devem tolerar tudo aquilo em que consiste sua essência: comunicação total e ilimitada das idéias. Tudo aquilo de que alguém acredita ter-se convencido deve ser publicado, por mais perigoso e desesperado que possa parecer[26].

Fichte estabeleceu a relação entre razão e autoridade como critério do grau de evolução da raça humana. Em *Grundzügen des gegenwärtigen Zeitalters*, ele declara a "finalidade da vida terrena do gênero humano: estabelecer todas as suas relações com liberdade através da razão"[27]. Nesta obra ele reconhece também que seu próprio princípio no mundo burguês, embora de forma errônea, é o dominante. A falta de autoridade da burguesia parece-lhe um declínio das opiniões então em voga. Portanto, na sua terminologia, ela adquire um caráter duplo. O contraste entre razão e autoridade, inicialmente agudo, é crescentemente atenuado pelo desejo de explicar esta por aquela. Tem início a era do romantismo, e o próprio pensamento de Fichte concede espaço às polaridades, ou seja, às inconciliadas contradições do espírito burguês; ele se torna mais e mais contemplativo. Mesmo assim, em 1813, ele ainda definiu "a evolução da história" de tal maneira

que a razão sempre ganha supremacia sobre a fé, até que a primeira tenha destruído totalmente a última e tenha incorporado seu conteúdo à forma mais nobre da clara consciência; que aquela conquiste cada vez mais as fortificações desta e a obrigue a se retirar para o interior, de acordo com uma direção e regra definidas... Compreendemos uma era histórica quando somos capazes de declarar até que ponto ela é determinada pela razão, até que ponto o é pela fé, e em que ponto determinado os dois princípios entram em luta... A luta só pode chegar ao fim pela razão absolutamente purificada, ou seja, pela razão expurgada de toda a fé... No entanto, aquela evolução é a história, composta, por isso, de fé e razão, da luta entre ambas e da vitória da última sobre a primeira[28].

26. *Ibid.*, 3ª seção, § 18, pp. 253 e ss.

27. *Ibid.*, vol. IV, 5ª lição, p. 70.

28. J. G. Fichte, *Die Staatslehre oder über das Verhältnis des Urstaates zum Vernunftreich*, 1813, *ibid.*, vol. VI, pp. 539 e ss.

198 TEORIA CRÍTICA

Já se pode discernir em sua origem que a luta contra a dependência de autoridade nas épocas mais recentes podia transformar-se de repente no enaltecimento da autoridade como tal. Mesmo assim, o libertar-se do poder papal e o retorno à palavra aconteceram no protestantismo, em nome da autoridade. Segundo o calvinismo,

a obstinação é o grande pecado do homem, e todo o bem de que o homem é capaz está encerrado na palavra obediência. Vocês não têm escolha; têm que agir assim e não de outro modo: "o que não é dever é um pecado"... Para um seguidor desta concepção de vida a destruição e aniquilamento de qualquer faculdade humana, de qualquer poder ou sensibilidade espiritual não é um mal...[29].

Também na literatura mundial a independência exigida era formulada de maneira essencialmente negativa: como independência do pensamento e da atividade em geral em relação a uma tradição convertida em algemas. A insustentabilidade das relações de propriedade e legais da Idade Média evidenciava-se na crescente desproporção entre as insuficientes realizações do regime de produção feudal e as crescentes necessidades das massas populares na cidade e no campo e, em conexão com isto, na incapacidade da correspondente burocracia religiosa e civil que se ia degenerando em virtude de seus interesses não corresponderem às exigências de uma vida social em ascensão. O princípio de prestígio que dominava neste mundo em decadência originava-se da simples tradição, ou seja, do nascimento, do costume e da antiguidade; mas foi negado pelo espírito burguês em ascensão e, em contrapartida, a realização individual no trabalho prático e teórico foi elevada a critério social. No entanto, já que eram desiguais os pressupostos da realização, a vida sob este princípio, apesar do enorme crescimento da produtividade operacional, era dura e oprimente. A miséria das massas no período absolutista e no liberal, a fome diante da riqueza social fantasticamente aumentada em matérias-primas e métodos de produção mostram que a libertação foi, de fato, particular.

Na filosofia, isto se expressa na abstratividade da categoria do indivíduo, este conceito fundamental do pensamento dos tempos modernos. Foi enunciado com clareza pela primeira vez por Leibniz: um centro metafísico de força, fechado em si mesmo, dissociado do resto do mundo, uma mônada absolutamente solitária, reduzida a si mesma por Deus. Seu destino, segundo Leibniz, está instalado nela mesma, seu grau de desenvolvimento, sua felicidade e infelicidade remontam à dinâmica de seu próprio interior. Ela própria é responsável por si; o que ela é e o que lhe acontece depende da sua própria vontade e do juízo divino. Mediante esta separação entre o indivíduo, a sociedade e a natureza, separação intimamente ligada às outras dualidades filosóficas de

29. John Stuart Mill, "Die Freiheit", in *Gesammelte Werke*, vol. I, Leipzig, 1869, p. 63.

AUTORIDADE E FAMÍLIA

pensar e ser, essência e aparência, corpo e espírito, sensibilidade e razão o conceito de indivíduo livre que o pensamento burguês contrapõe à Idade Média foi concebido como entidade metafísica fixa. O indivíduo tem de atuar por conta própria. Passando por cima de sua dependência das reais condições existenciais da sociedade, ele já é considerado soberano no absolutismo e mais ainda após a sua queda. Já que o indivíduo, desta forma, foi considerado meramente isolado e perfeito em si, podia parecer que a necessária abolição das antigas autoridades lhe bastasse, porquanto ele seria capaz de tudo por seus próprios meios. Na realidade, a libertação, para a maioria dos atingidos, significava em primeiro lugar que eles foram abandonados ao terrível mecanismo de exploração das manufaturas. O indivíduo entregue a si mesmo se via diante de uma força alheia à qual ele tinha de conformar-se. Segundo a teoria, ele não deveria reconhecer como obrigatório para si o julgamento de alguma instância humana sem exame racional; no entanto, em contrapartida, ele agora se encontrava só no mundo e tinha que sujeitar-se se não quisesse perecer. As próprias condições se tornaram autoritárias. A Idade Média relacionara a ordem terrena com o juízo divino e desta forma via sentido nela. No novo tempo, todas as circunstâncias da realidade aparecem como simples fatos que não cumprem nenhum fim, mas têm de ser aceitos. Torna-se evidente que as diferenças de classes não emanam de Deus; ainda não se percebeu que elas resultam do processo de trabalho humano. Elas mesmas e as circunstâncias relacionadas com isto geralmente aparecem como algo alheio ao indivíduo soberano, algo estranho à substância metafísica do pensamento burguês, como uma realidade própria, existente por si mesma, e se contrapõem ao sujeito pensante e atuante como um princípio diferente. A filosofia burguesa é dualista pela sua essência, também lá onde se apresenta como panteísta. Se ela se esforça para superar a divisão entre o Eu e o mundo no campo do pensamento, e para apresentar natureza e história como expressão, personificação, símbolo do ser ou do espírito humanos, temos aí exatamente o reconhecimento da realidade como um princípio que, tal como ele é, tem seu direito e não deve ser visto como dependente e mutável, mas como um ente cheio de significado, a ser interpretado, a ser lido como um "código"[30]. As autoridades aparentemente são derrubadas e reaparecem filosoficamente na forma de conceitos metafísicos. Nisto, a filosofia é apenas um reflexo daquilo que aconteceu socialmente. Das barreiras das velhas relações de propriedade sancionadas por Deus os homens estão livres. As novas valem como natureza, como manifestação de algo em si, que não se discute, que se subtrai à influência humana. Justamente neste fato filosófico, de que o indivíduo não é compreendido na sua interligação com sociedade e natureza, mas abstratamente e é alçado a um ser puramente espiritual, um ser que agora deve pensar e

---

30. Cf. Karl Jaspers, *Philosophie*, vol. III, Berlim, 1932, pp. 128 e ss.

aceitar o mundo como princípio eterno, mesmo que seja como expressão de sua própria essência verdadeira, reflete-se a imperfeição de sua liberdade: a impotência do indivíduo numa realidade anárquica, dilacerada por contradições e desumana.

Se o orgulho em não admitir qualquer autoridade, a não ser que ela possa justificar-se pela da razão, se evidencia frágil a uma análise imanente das categorias desta consciência, então esta manifestação pode desenvolver-se de duas maneiras a partir da realidade social básica. Ela tem sua raiz uniforme na não-transparência do processo de produção. O empresário autônomo passa por independente nas suas decisões no livre intercâmbio econômico. Que mercadorias ele produz, que maquinaria quer empregar, como coordena operários e máquinas, que lugar escolhe para sua fábrica, tudo isto aparece como conseqüência de sua livre decisão, como produto de sua visão e sua força criativa. O grande papel que gênio e qualidades de liderança costumam desempenhar na mais recente literatura econômica e filosófica resulta, em parte, desta circunstância. "Enfatizo esta alta importância do gênio e a necessidade de lhe reservar campo livre no mundo do pensamento e no da ação"[31], diz John Stuart Mill, e alia a isto a queixa geral de que o público não lhe deixa suficiente espaço. Este entusiasmo pelo gênio, que desde então se tornou quase que uma característica da consciência mediana, podia ajudar tão bem a aumentar a influência dos grandes industriais, porque no sistema econômico atual os projetos econômicos estão, de fato, ligados em larga escala à adivinhação, isto é, aos pressentimentos. Para o pequeno empresário, as circunstâncias ainda hoje continuam iguais às do período liberal para a classe inteira. Em suas decisões ele certamente pode usar experiências anteriores, seu talento psicológico e o conhecimento da situação econômica e política podem auxiliá-lo, mas a decisão sobre o valor que seus produtos e, assim também, sua própria atividade só se produz mais tarde no mercado e, como resultante das forças divergentes, intrincadamente atuantes, contém necessariamente um elemento irracional. O diretor de fábrica que toma decisões depende tanto da necessidade social quanto qualquer artesão da Idade Média; neste ponto ele de modo nenhum é mais livre, só que isto não se anuncia através dos desejos de um círculo distinto e fixo de clientes, ou como exigência da competência de um senhor feudal. Isto encontra expressão na venda fácil das mercadorias e no lucro alcançado e manifesta sua força no saldo de balanço do final do ano. No valor de troca do produto inclui-se também o valor utilitário, pois a qualidade material das mercadorias vendáveis é até certo ponto fixada com base nas matérias-primas necessárias para seu manejo; portanto, no valor das mercadorias exprimem-se relações materiais identificáveis. Mas esta ligação entre valor e

31. John Stuart Mill, *ibid.*, p. 67.

AUTORIDADE E FAMÍLIA

necessidade social é, na presente ordem, proporcionada não só por elementos psíquicos e políticos previsíveis, mas também pela soma de inúmeros acontecimentos imponderáveis.

O período clássico desta situação expirou, de fato, com o liberalismo, e a capacidade individual de boas previsões quanto às condições do mercado, cálculo e especulação, numa época como a atual, que não se caracteriza mais pela concorrência de inúmeras vidas independentes, mas pela luta de gigantescos trustes monopolistas, se transformaram na ampla mobilização de nações inteiras para conflitos violentos. Contudo, o pequeno comerciante sempre transfere suas próprias dificuldades para os dirigentes do truste industrial. Se ele próprio, na sua posição apertada, já tem de operar contínuas manobras para não afundar, estes, na sua opinião, têm na verdade de ser gênios para agüentar-se em cima. Mesmo que eles próprios possam comprovar com certeza que foram menos aquelas qualidades de seus pais que eles deveriam continuar a desenvolver do que, ao contrário, a firmeza brutal que exige o moderno domínio das massas mediante uma oligarquia econômica e política, de qualquer modo a realidade social não lhes parece clara e compreensível. De um lado, apresentam-se como perigosas as forças naturais, a população do próprio país, bem como os grupos inimigos de poder que se precisa subjugar ou manobrar habilmente para os próprios fins, de outro os mecanismos do mercado mundial não provocam perplexidade menor do que uma concorrência mais estreitamente limitada; e não só propagam a ideologia segundo a qual a atividade dos grandes da economia precisa de instinto genial, como também acreditam nela. A realidade social também é experimentada por eles como um princípio estranho, existente por si, e a liberdade para eles consiste essencialmente em submeter-se a este destino através de métodos ativos e passivos, em vez de determiná-lo segundo um plano uniforme. Sob o regime econômico atual, a sociedade parece tão cega quanto a natureza inconsciente; pois os homens regulam o processo através do qual ganham a vida na coletividade social, não por deliberações e decisões coletivas, mas a produção e distribuição de todos os bens se processa por inúmeros atos e discussões não-coordenados de grupos e indivíduos. Sob o signo dos Estados totalitários, a exacerbação dos contrastes externos só aparentemente diminuiu os internos; ao contrário, estes são apenas sobrepostos por todos os meios e, expulsos da consciência, continuam a dominar a política européia de guerra e paz, se bem que dentro dos problemas econômicos a preocupação com o sistema como tal ressalta no sentido mais estrito dentro de motivos econômicos e empresta temporariamente à política um aspecto mais conseqüente e homogêneo. Na era burguesa, a história não parece uma luta conscientemente travada da humanidade com a natureza e o desenvolvimento permanente de todas as suas faculdades e potencialidades, mas um destino sem sentido, perante o qual o indivíduo pode comportar-se com maior ou menor habilidade, de acordo com sua situação de classe. Na liberdade e aparente

202   TEORIA CRÍTICA

genialidade do empresário, cuja fama contribui para reforçar sua autoridade, esconde-se qual núcleo a assimilação a uma condição social na qual a humanidade não tomou em mãos o seu destino; a sujeição a um evento cego em vez de seu ordenamento racional; a dependência de uma condição irracional da sociedade que é preciso explorar em vez de plasmá-la em sua totalidade; em suma, nesta liberdade esconde-se uma renúncia à liberdade decerto originalmente necessária, mas hoje retrógrada, o reconhecimento do poder cego do acaso, uma autoridade há muito desacreditada. Esta dependência do empresário, que resulta da irracionalidade do processo econômico, manifesta-se em toda a parte na impotência diante das crescentes crises e na perplexidade também dos círculos dirigentes da economia. A consciência dos banqueiros, donos de fábrica e comerciantes, tal como encontrou expressão na literatura característica dos últimos séculos, ao afastar de si a humildade, vivenciou ao mesmo tempo os fatos sociais como uma instância cega superior e fez que sua relação com os próximos, em contraste com a Idade Média, se estabelecesse através da necessidade econômica anônima. Encontra, assim, uma nova e poderosa autoridade. Na decisão sobre a sorte das pessoas, sobre recrutamento e demissão das massas operárias, arruinamento dos camponeses de comunas inteiras, desencadeamento de guerras etc., o lugar do despotismo não foi eventualmente ocupado pela liberdade, mas pelo cego mecanismo econômico, um Deus anônimo que escraviza os homens e a quem invocam aqueles que, se não têm poder sobre ele, têm pelo menos o benefício dele. Os donos do poder cessaram de agir como representantes de uma autoridade mundana e celeste e tornaram-se, portanto, funções da legitimidade de suas fortunas. Os empresários, aparentemente livres, são motivados por uma dinâmica econômica desalmada e não por seu íntimo, como se afirma, e não têm meios de se opor a este estado de coisas, a não ser pela renúncia à existência. A mais completa adaptação possível do sujeito à autoridade efetiva da economia é, ao mesmo tempo, a forma da razão na realidade burguesa.

Assim como a manifestação da recusa filosófica de autoridade se baseia na posição do empresário no processo de produção, ela também o é na vida do trabalhador. É fato conhecido que este só muito tarde chegou a conhecer formalmente a liberdade exterior, no sentido de liberdade de estabelecer-se e decidir-se por uma determinada profissão, e assim mesmo na forma extremamente limitada pela pobreza. Quando, na primeira metade do século XVI, na transição para a economia de pastoreio, os senhores de terras expulsaram dos seus campos os seus arrendatários, "mediante a força e o ardil" e, deste modo, os libertaram no sentido negativo, ou seja, privaram-nos de todos os meios de subsistência, como se deduz da famosa descrição da *Utopia*, isto, na história da Europa, não significou decerto a possibilidade de escolher lugar e tipo de trabalho. As execuções maciças de vagabundos neste período iniciam a longa história da miséria dos trabalhadores livres. Quando as

AUTORIDADE E FAMÍLIA

manufaturas, que na Itália remontam ao século XIII, aos poucos ganharam importância no fim do século XVII, ao lado da indústria caseira, ou seja, do sistema por tarefa, elas representavam antros de horror. Se na sua maioria estavam ligadas a orfanatos, manicômios e hospitais, isto não significa absolutamente que o local de trabalho era ao mesmo tempo um hospital, mas, ao contrário, que o hospital era um local de trabalho e os homens morriam mais do trabalho que de outra doença qualquer. A teoria de que o indivíduo seria, ele mesmo, o autor do seu destino, que sem dúvida só nos anos 30 do século XIX na Inglaterra liberal revelou inteiramente seu conteúdo social, encontrou, já nos séculos anteriores, sua expressão adequada na falta de piedade com que os pobres eram comprimidos nas minas e manufaturas. A Antiguidade e a incipiente Idade Média eram cruéis, mas, com a crescente necessidade de homens no livre comércio que se ampliava, a coação ao trabalho mortífero foi racionalizada junto às massas como exigência ética. Procedia-se da mesma forma não apenas com os pobres, mas também com todos os deserdados em geral, crianças, doentes e velhos. O edito de 1618 do Grande Eleitor sobre a instituição de penitenciárias, casas de correção e manufaturas, nas quais também teriam de ser alojados todos os desempregados e seus filhos, à força se fosse preciso, deveria contribuir não só para o florescimento da indústria têxtil, mas também para educar os preguiçosos para o trabalho[32]; isto caracteriza o pensamento da época. Ele estendeu-se também até o século XVIII. "Frederico, o Grande", escreve Kulischer, "considera tão importante o emprego de crianças que, durante sua estada em Hirschberg, na Silésia, em 1766, ofereceu aos comerciantes uma remessa de mil crianças entre dez e doze anos de idade, para empregá-las na fiação; a recusa desta oferta desperta seu extremo desagrado"[33]. A um empresário que se queixava da qualidade dos operários da Holanda e Dinamarca, ele cedeu crianças órfãs. Crianças de orfanatos de Potsdam são remetidas, em 1748, a um outro produtor. França, Inglaterra e Holanda consideram perfeitamente admissível o trabalho de crianças de 4 anos, e obviamente dos anciãos e enfermos, na indústria e nas manufaturas em geral. Raras vezes se encontra um decreto que afasta as crianças das minas. O horário de trabalho nunca é inferior a 13 horas diárias, e muitas vezes superior. De liberdade de residência nem se fala; aos trabalhadores não era permitido trabalhar no sistema de tarefas para empreiteiros estranhos, nem os operários das manufaturas podiam abandonar a fábrica sem permissão do amo. Quando as crianças, com ou sem o consentimento da família, eram colocadas à força nas diversas oficinas e fugiam, eram recapturadas

---

32. Cf. Josef Kulischer, *Allgemeine Wirtschaftsgeschichte des Mittelalters und der Neuzeit*, vol. II, Berlim, 1929, p. 151.

33. *Ibid.*, pp. 187 e s.; cf. também pp. 113-197, além de outras obras de história econômica como as de Herkner, Gothein e Cunow.

com o auxílio das autoridades. As greves eram punidas severamente, e os salários eram mantidos intencionalmente em níveis baixos, com o apoio e mesmo por força de expressa determinação dos governos. De Witt, o amigo e comitente de Spinoza, exigia das autoridades que baixassem os salários. Era convicção geral que, enquanto o trabalhador tivesse uma moeda no bolso ou o mínimo crédito, ele se entregaria ao vício da ociosidade, ou seja, na verdade ele não queria em hipótese alguma sujeitar-se às sangrentas condições de trabalho. No pensamento econômico representativo do século XVIII, para criticar severamente o fato de trabalhadores serem mantidos contra a vontade numa manufatura, foram necessárias as idéias avançadas de um Turgot, e para constatar que o trabalho pode ser, em vez de uma necessidade, um flagelo, precisou-se de toda a experiência de vida de um Voltaire. "L'homme est né pour l'action", escreve ele nos anos 20, "comme le feu tend en haut et le pierre en bas. N'être point occupé et n'exister pas est la même chose pour l'homme. Toute la différence consiste dans les occupations douces ou tumultueuses, dangereuses ou utiles". E cincoenta anos mais tarde ele acrescenta a estas linhas: "Job a bien dit: L'homme est né pour le travail comme l'oiseau pour voler, mais l'oiseau en volant peut être pris au trébuchet"[34].

Contudo, não é a contradição entre a existência dessas massas que certamente não foram chamadas servos, mas foram exploradas da maneira mais terrível, e não é a teoria da liberdade e da dignidade do homem que, desde os tempos de Pico della Mirandola, domina a filosofia, que se discute aqui, mas tão-somente um elemento da relação trabalhista dos tempos modernos, ou seja, o mascaramento da autoridade, tal como ela resulta para o trabalhador. No sistema de trabalho que, no século XIX, chegou a predominar em geral na Europa e tem nas cidades uma longa pré-história, a relação entre patrão e trabalhadores está fundamentada no chamado contrato livre. Mesmo que os últimos se tenham unido em sindicatos e delegado a seus funcionários – com uma renúncia parcial à própria liberdade de movimento – a conclusão de contratos, no final das contas estes são baseados na decisão dos próprios trabalhadores. "A fixação das relações entre os industriais independentes e os trabalhadores na indústria é, salvo as limitações estabelecidas por lei imperial, objeto de livre acordo", rezava o *Código Industrial do Império Alemão* (§ 105). No entanto, esta liberdade tinha outras limitações mais importantes que a lei imperial, limitações que não resultam, de forma

---

34. Voltaire, "Remarques sur les pensées de M. Pascal" in *Oeuvres*, Garnier Frères, vol. XXII, Paris, 1883-85, pp. 41 e s. Em francês no original: "O homem nasceu para a ação, como o fogo tende a subir e a pedra a cair. Não ter ocupação e não existir é a mesma coisa para o homem. A diferença toda está nas ocupações agradáveis ou tumultuosas, perigosas ou úteis. (...) Jó já o disse bem: O homem nasceu para o trabalho, assim como o pássaro para voar, mas o pássaro ao voar pode ser preso no alçapão".

AUTORIDADE E FAMÍLIA

nenhuma, da natureza ou do baixo nível de desenvolvimento das faculdades humanas, mas da singularidade do regime social reinante e, ainda assim, aparecem como instância insuperável, a ser pura e simplesmente respeitada. Se ambas as partes da relação trabalhista parecem livres, abstrai-se daí sub-repticiamente que a obrigação de entrar nesta relação atua de forma diferente. O trabalhador é pobre e tem contra si toda a concorrência de sua própria classe, na escala nacional e na internacional. Atrás de cada indivíduo estão diretamente a fome e a miséria. Seu parceiro de contrato, ao contrário, dispõe não só de meios de produção, de visão, de influência sobre o governo e de todas as possibilidades da propaganda, mas também de crédito. Esta diferença entre rico e pobre é condicionada socialmente, imposta e mantida pelos homens e mesmo assim apresenta-se como se fosse necessária por natureza, como se os homens em nada pudessem modificá-la. O trabalhador isolado depende com mais premência da conclusão do contrato do que seu parceiro e, em geral, já encontra prontas as condições a que deverá sujeitar-se. De certo, elas não são inventadas e ditadas arbitrariamente pelo empresário. Ao contrário, ele podia determinar rapidamente os limites aos delegados do sindicato que propugnavam certas melhorias: sua capacidade de concorrência diante de outros empresários no mercado interno e externo. Nesta indicação, diante da qual aquelas organizações também tinham de curvar-se, expressava-se o traço característico do sistema vigente, o de que o trabalho, de acordo com seu gênero e conteúdo, não é determinado pela vontade consciente da própria sociedade, mas pelo concurso cego de forças dispersas – a mesma característica que coincide também com a falta de liberdade do empresário. A diferença está em que esta necessidade inconsciente, na qual certamente se inclui, como elemento importante, todo o esforço consciente dos indivíduos e nações, bem como o mecanismo político e cultural, representa, para um lado, a condição de seu domínio, para o outro o rigor do destino. A sujeição às condições econômicas dadas que o trabalhador aceita no contrato livre é, ao mesmo tempo, a sujeição à vontade particular do empresário; o trabalhador, ao admitir a autoridade dos fatos econômicos, reconhece de fato a posição de mando e a autoridade do empresário. Enquanto ele dava crédito às teorias idealistas de liberdade e igualdade e à soberania absoluta da razão, tal como reinavam no último século, enquanto ele se sentia livre sob as próprias circunstâncias dadas, na realidade a sua consciência era ideológica; pois as autoridades não eram derrubadas, apenas se ocultavam atrás do poder anônimo da necessidade econômica ou, como se costuma dizer, atrás da linguagem dos fatos.

O empenho em justificar, mediante circunstâncias aparentemente naturais, e em apresentar como inevitável a dependência dos homens na sociedade burguesa, cuja ideologia condenava a autoridade irracional de pessoas e outros poderes até o começo da fase mais recente, constitui o motivo consciente e inconsciente de uma parte da literatura científico-moral. Na verdade, a submissão à vontade alheia não mais resulta

206   TEORIA CRÍTICA

da simples aceitação da tradição, mas de aparentes apercepções de fatos eternos.

Enquanto que a natureza objetiva do trabalho de execução, [lê-se num texto característico de economia política[35]], possui um efeito que é sentido como desgraça ou é realmente malévolo, o último é inevitável. Como salientamos acima, o trabalho de execução exige, em todo caso, uma subordinação pessoal, uma sujeição da própria vontade a uma vontade dirigente, condutora, e por isso traz consigo uma divisão das situações sociais que jamais poderá ser evitada. Visto que uma grande parcela do trabalho de execução está associada a perigos para a vida e para a saúde, a uma perda maior de prazer e bem-estar do que em outros campos de trabalho, existem – pressuposta a necessidade dos trabalhos para o fornecimento de bens aos homens – alguns males que são inevitáveis e têm de ser suportados por alguma parte da sociedade. Não podem ser eliminados da terra por nenhum sistema de trabalho.

Mesmo que descrições como a acima citada demonstrem, de resto, traços favoráveis aos trabalhadores, elas costumam acentuar que "muitos elementos de configuração desfavorável da relação trabalhista (condições externas do trabalho, local, horário, salário)" podem ser decididamente melhorados. No entanto, presume-se serem inalteráveis a associação das funções de direção com uma vida agradável e das funções de execução com uma vida difícil, e a fatal repartição dos dois modos de existência nos determinados grupos da sociedade. Na verdade, uma relação histórica é assim elevada a uma relação super-histórica; pois esta repartição do trabalho e da participação nas riquezas da vida é adequada a um determinado nível de evolução das forças humanas e seus recursos e perde no curso da história o seu significado produtivo. O regime burguês de trabalho, no qual a subordinação não mais se fundamenta no nascimento, mas no livre contrato entre indivíduos e no qual não é diretamente o empresário, mas as condições econômicas que conduzem obrigatoriamente à submissão, teve, de fato, uma importância extremamente produtiva e favorável. Eram justificadas objetivamente a dependência do empresário e a das forças sociais ligadas a ele, que era proporcionada pela adequação a uma necessidade aparentemente apenas natural, a obediência àquela pessoa que por sua fortuna estava destinada a ser dirigente da produção. Esta situação correspondia à diferença entre as capacidades das massas incultas e as da camada superior, assim como à mal-racionalizada técnica da gerência e decisão em conseqüência de uma maquinaria insuficiente e um mecanismo de comunicação ainda a desenvolver. O fato de os homens aprenderem a se sujeitar à hierarquia foi uma das condições para o fabuloso impulso que a produtividade do trabalho tomou desde então, e mais ainda para o desenvolvimento da consciência individual. Por isso, esta autoridade disfarçada e

35. E. von Philippovich, *Grundriss der politischen Oekonomie*, vol. I, Tübingen, 1919, p. 155.

AUTORIDADE E FAMÍLIA 207

mediada foi, durante longo tempo, impiedosa, porém historicamente racional. No entanto, a forma irracional sob a qual aparece significa que ela não foi de maneira nenhuma o fruto desta situação histórica, portanto da relação entre as capacidades humanas e as funções prescritas pelo regime de produção, mas da necessidade anônima independente. Esta parece subsistir mais ainda quando há muito tempo se tornou problemática a direção da produção por interesses e grupos de interesses particulares, concorrentes entre si, que foi uma condição do progresso cultural.

Por conseguinte, nos tempos modernos, a posição diante da autoridade não se apresenta tão simples quanto quer parecer de acordo com o modo claro e definido de expressão de alguns pensadores. A liberdade defendida na filosofia é uma ideologia, ou seja, uma aparência necessária pela forma específica do processo social de vida. A razão pela qual os dois grupos sociais marcantes podiam ser iludidos por ela é que a cada um deles sua própria servidão bem como a do outro lhes era velada de uma forma determinada, correspondente à sua posição no processo de produção. Servidão não significa aqui a dependência, racionalmente fundamentada, de idéias, decisões, atos de outras pessoas, ou seja, exatamente aquilo que os pensadores burgueses rejeitam da Idade Média. A gente se sujeita às circunstâncias, amolda-se à realidade. A afirmação da relação de autoridade entre as classes não procede diretamente do reconhecimento de um direito herdado, da classe superior, mas do fato de os homens admitirem como fatos naturais ou imediatos certos dados econômicos, como, por exemplo, as avaliações subjetivas dos bens, preços, formas legais, relações de propriedade etc., e julgam corresponder àqueles quando se sujeitam a estes.

Esta complicada estrutura de autoridade teve seu apogeu no liberalismo. Também no período do Estado totalitário, ela constitui uma chave para a compreensão das formas humanas de reação. As relações de dependência na economia, que são fundamentais para a vida social, podem ser derivadas mentalmente outro tanto do Estado; que este seja aceito de modo absoluto pelas massas da população, só é possível enquanto aquelas não se tornarem realmente um problema para elas. Por isso, a tentativa de identificar a atual estrutura de autoridade com as relações entre líder e sequazes e de unilateralmente tornar fundamental a aceitação desta hierarquia, deve necessariamente fracassar. Ao contrário, a própria relação nova de autoridade, que hoje se situa no primeiro plano do pensamento e do sentimento, só é possível porque aquela outra, mais comum e ao mesmo tempo mais profunda, ainda não perdeu seu poder, um poder que, por outro lado, é certamente apoiado por ela. A liderança política é eficaz, pois grandes massas reconhecem consciente e inconscientemente ser necessária sua dependência econômica ou, pelo menos, não a compreendem totalmente, e esta situação é consolidada retroativamente pela relação política. Com a negação da efetiva relação de dependência na economia, com o recuo para a necessidade

208 TEORIA CRÍTICA

econômica aparentemente incondicional através de conhecimento teórico, com o colapso da autoridade no sentido burguês, esta nova autoridade também perderia sua base ideológica mais forte. Portanto, o julgamento indiscriminado dos governos autoritários, sem levar em conta a estrutura econômica em que se baseiam, deixa de lado o essencial.

Que a configuração e a existência de relações irracionais de autoridade de forma aberta estão entre os fatores que reforçam a relação econômica mais profunda e se encontram em ação recíproca com ela já se evidencia a partir da propagação do protestantismo. Toda a literatura política, religiosa e filosófica da época moderna está permeada de elogios à autoridade, à obediência, à abnegação, ao duro cumprimento do dever. Por mais que estas admoestações, que assumem, com a decrescente situação financeira do destinatário, um sentido algo mais duro, sucumbam mais ou menos artificial e engenhosamente com os argumentos da razão, da liberdade, da felicidade para o maior número possível, da justiça para todos, no entanto manifesta-se aí o lado obscuro da situação reinante. Desde os primórdios do novo regime econômico, tornou-se obrigatório reforçar a linguagem, aliás convincente, dos fatos econômicos, que conduziam à subordinação às relações de produção, não só através de coação política, religiosa e moral, mas também mediante o calafrio reverente, embriagador e masoquista perante pessoas e poderes sacros e profanos. Se, com isso, a filosofia, após a Primeira Guerra Mundial, ajudou a preparar a vitória das formas autoritárias de governo, ela podia reportar-se a uma longa tradição. Max Scheler criticou até pensadores burgueses como Hobbes, porque eles queriam "fundamentar o valor e essência de 'bom' e 'mau' em normas e comandos de uma autoridade"[36]. Ele mesmo protesta contra o favorecimento desta "chamada ética autoritária" e, em vez disto, glorifica diretamente "o valor moral da autoridade". Ele afirma, sem dúvida, que "em problemas do conhecimento teórico não existe nenhuma 'autoridade', e suas eventuais exigências efetivas contêm, com toda a justiça, o princípio da 'liberdade de investigação' ", mas já pressupõe que as "valorizações morais e as exigências delas derivadas" só podem ser compreendidas com base na autoridade autêntica, "quando elas, na prática, são executadas *antes de tudo* sem uma intelecção das meras ordens desta"[37]. Seu pensamento faz parte da transição da forma de governo liberal para a totalitária. Conteúdo e estrutura da relação fundamental de autoridade não são incluídos como tema na filosofia característica dos dois períodos.

---

36. Max Scheler, "Der Formalismus in der Ethik und die materiale Wertethik" in *Jahrbuch für Philosophie und phänomenologische Forschung*, vol. II, Halle an der Saale, 1916, p. 197.

37. *Ibid.*, p. 189.

AUTORIDADE E FAMÍLIA   209

E, mesmo assim, isso marca o aspecto da época e a natureza dos tipos humanos que predominam nela. A forma atual da sociedade baseia-se, tanto quanto as anteriores, na relação de dependência característica dela mesma. Além disso, as relações profissionais e particulares, sujeitas aparentemente à sua própria lei, são determinadas pela dependência, que se baseia no modo de produção e é expressa diretamente na existência das classes sociais. O seu produto é o próprio indivíduo, que se sente livre, mas reconhece serem inalteráveis os fatos socialmente condicionados, e persegue seus próprios interesses com base na realidade dada. Antes que a burguesia ganhasse participação no poder político, situavam-se neste pensamento, em primeiro plano, liberdade e confiança na própria razão, a partir da qual deveriam ser construídas como equação matemática a forma do regime e a moral. Sob o próprio domínio burguês, no liberalismo, este traço racionalista recua diante do traço empirista. Contudo, ambos os elementos, espontaneidade da razão e heteronomia, liberdade e obediência cega, autonomia e senso da impotência, falta de respeito e admiração sem crítica, intransigência no principial e desorientação na realidade, teoria formalista e tola soma de dados, encontram-se mais ou menos arbitrariamente lado a lado, tanto na vida pública de toda a época, quanto também nos seus produtos ideológicos. As instituições culturais e os ramos de atividade, igreja, escola, literatura etc., reproduzem estas contradições no caráter dos homens; sua insuperabilidade sob as circunstâncias dadas resulta do fato de que os indivíduos acreditam agir livremente, enquanto que os traços fundamentais da própria ordem social se subtraem à vontade destas existências isoladas e, por isso, os homens apenas reconhecem e constatam o local onde elas poderiam dar forma, e carecem daquela liberdade de que necessitam com urgência cada vez maior, ou seja, podem regular e dirigir o processo social de trabalho e, com isso, as relações humanas em geral de forma racional, isto é, de acordo com um plano uniforme no interesse da comunidade. Um bom exemplar daquele liberal, tal como ainda aparece em comunidades civis relativamente fortes, oferece um quadro de liberdade, abertura e boa vontade. Ele se reconhece como o oposto do escravo; mas seu senso de justiça e a segurança de suas decisões permanecem sempre circunscritos a limites determinados, impostos pelo mecanismo econômico e não chegam a adquirir expressão na ordem da totalidade social. Estes limites, que ele reconhece, podem para ele e para qualquer outro mudar a cada instante e de tal maneira que ele mesmo e os seus se transformam, sem culpa própria, em mendigos. Mesmo na sua liberdade, bondade e amizade se fazem sentir estas barreiras. Ele é menos seu próprio senhor do que pode parecer de início. A consciência da própria independência e o correspondente respeito pela liberdade e dignidade do próximo são, apesar de toda a sinceridade, abstratos e ingênuos.

Aquele fato social cujo reconhecimento como fato natural sanciona da maneira mais direta possível as relações de dependência existentes é a diferença da propriedade. Quem é pobre tem de trabalhar duro para poder viver, tem mesmo de considerar este trabalho, na medida em que cresce o exército estrutural da reserva da indústria, um grande benefício e um favor, o que quer que ele faça, desde que pertença ao tipo burguês-autoritário. A venda de sua força de trabalho "por livre e espontânea vontade" resulta no contínuo aumento do poder dos dominantes; a diferença entre ganho e fortuna das duas classes chega às raias do fantástico. Já que, com a crescente irracionalidade do sistema, aquelas aptidões, de resto especiais e isoladas, que antes ainda ofereciam certas chances de progresso e fundamentavam mal a *fable convenue* do justo acordo entre prazer e trabalho, se tornam cada vez mais indiferentes aos fatores externos do destino pessoal, é cada vez mais evidente a desproporção entre a vida confortável e a escala de qualidades humanas. Enquanto, no quadro de uma sociedade justa, a parte de cada um naquilo que ela consegue adquirir da natureza baseia-se em princípios racionais, aqui ele está entregue ao acaso, e o reconhecimento deste acaso é idêntico à idolatria do mero sucesso, este Deus do mundo moderno. Ele não tem qualquer conexão lógica com um esforço que ultrapassa o dos outros em vigor, inteligência e progresso; o simples fato de alguém o ter alcançado, de alguém ter dinheiro, poder, relações que o elevam acima dos outros, é que coage os outros ao seu serviço. A realização consciente da justiça social se recolheu à sala de audiências e aí parece, tirante a luta política, ocupar-se essencialmente com ladrões e assassinos. A sentença cega da economia, esta instância social mais poderosa, que condena a maior parte da humanidade à miséria absurda e faz sufocarem inúmeras vocações, é aceita como inevitável e reconhecida objetivamente nos atos dos homens. Esta injustiça geral, que está envolta numa auréola de necessidade e que, de acordo com a moderna religiosidade filosofante, não mais é corrigida nem pelo inferno realmente vulgar, nem pelo céu real dos bem-aventurados, decerto exerce um efeito retroativo sobre aquela justiça douta e deprecia até mesmo sua boa vontade – não só porque seus objetos já eram comumente condenados por aquela instância econômica antes de terem cometido seu crime, mas também nos pensamentos e sentimentos dos próprios juízes. Todavia, se no período ascendente desta ordem, como expusemos acima, se encontrava bom senso nesta distribuição de felicidade e prestígio, hoje ela carece de toda necessidade lógica, pois o nivelamento das funções no trabalho e a boa disposição do mecanismo de produção progrediram muito e, ligado a isso, cresceram as capacidades humanas tanto quanto a riqueza social.

Ninguém, porém, é responsável, os limites da liberdade são ao mesmo tempo os limites da consciência. Cada um tem de cuidar de si mesmo. *Sauve qui peut*: este princípio da massa brutal e anárquica diante da decadência se acha na base da cultura burguesa em geral. Se a história do mundo em geral é o tribunal do mundo, seus veredictos especiais consistem na escolha dos pais, na situação do mercado de trabalho

AUTORIDADE E FAMÍLIA 211

e nas cotações de bolsa. A ordem hierárquica nesta sociedade que se reproduz desta forma não é reconhecida expressamente como justificada, mas como necessária, e assim, no final das contas, é aceita como justificada. É uma autoridade insípida e ao mesmo tempo aparentemente racional. A fé ingênua nela expressa-se na imagem de um Deus sábio, cujos caminhos são milagrosos e obscuros. Reflete-a a teoria da predestinação, segundo a qual nenhum homem sabe se é por que foi escolhido ou condenado para a vida eterna. No entanto, esta autoridade, a dependência afirmada, está contida não apenas na religião, mas também em todas as imagens artísticas e cotidianas dos homens. Também a pura autoridade objetiva, como, por exemplo, o saber de um médico, é atingida por ela. A sorte que ele teve de se formar em virtude de uma série de constelações fortuitas e de adquirir influência parece a ele mesmo e ao seu paciente o resultado de uma maior capacidade e de um valor humano mais alto, em suma, mais uma qualidade natural, que uma condicionada socialmente; e esta consciência se exprime com uma força tanto maior quanto menos o paciente lhe tem a oferecer devido à sua posição, à sua riqueza ou, finalmente, devido pelo menos à sua doença interessante. O traço característico desta ordem, de que o trabalho se cumpre sob a direção de autoridades, que o são por causa de seus bens ou de outros acasos da sorte e podem reportar-se cada vez menos a outros do que ao fato de que as coisas são como são, este traço dá o tom a tudo o que hoje se chama razão, moral, honra e grandeza. Mesmo o mérito verdadeiro, o conhecimento extraordinário e capacidade prática são atingidos por isso e desfigurados. Eles parecem menos o bem da comunidade do que o direito legal ao poder e à exploração; quanto ao respeito que recebem, nota-se que ele também é prestado igualmente à conta bancária, cujo proprietário ele ainda enaltece retroativamente, quando não se detém também diante do "gênio" e reveste os dois com o mesmo brilho.

Ninguém viu com mais clareza do que Nietzsche a concatenação desta condição geral com a filosofia idealista. Hegel, assim diz ele[38],

plantou nas gerações que ele fermentou aquela admiração pelo "poder da história", que na prática se transforma a todo momento numa admiração nua pelo sucesso e leva à idolatria do real: serviço para o qual foi cunhada de maneira geral a locução muito mitológica e ademais bastante boa: "levar em conta os fatos". Quem, porém, já aprendeu a curvar o dorso e inclinar a cabeça diante do "poder da história", acena mecanicamente à moda chinesa com seu "sim" a todo poder, seja um governo ou uma opinião pública ou uma maioria numérica, e movimenta seus membros exatamente naquele ritmo em que algum "poder" puxa os cordões. Se cada sucesso contém em si mesmo uma necessidade racional, cada acontecimento é a vitória do lógico ou da "idéia" – então de joelhos depressa e absolva toda a escala dos "sucessos"! Como, não existiriam mais mitologias dominadoras? O quê, as re-

38. Nietzsche, "Zweite unzeitgemässe Betrachtung", in *Gesammelte Werke*, ed. Musarion, vol. VI, pp. 298 e ss.

ligiões estariam em extinção? Vejam só a religião do poder histórico, prestem atenção nos sacerdotes da mitologia ideológica e seus joelhos esfolados! Não estão todas as virtudes no séquito desta nova fé? Ou não é abnegação o homem histórico poder extinguir-se em espelho objetivo? Não é generosidade renunciar a todo poder no céu e na terra por ter adotado em cada poder o poder em si? Não é justiça segurar sempre na mão os pratos da balança e olhar sutilmente para que lado se inclina, por ser mais forte e mais pesado?

O fato simples de que, nos tempos modernos, o homem ter posses devido a uma circunstância externa lhe confere uma ascendência sobre os outros reduz a uma posição secundária todas as outras ordens de valores que são cotadas na vida pública e nela desempenham um papel. Os grupos sociais que se devem arranjar com a realidade existente e esperam melhorar sua posição dentro dela mantêm a fé na necessidade desta relação fundamental, mesmo que ela há tempos se tenha transformado numa algema. Deve haver uma autoridade "qualquer", e com isso se referem não tanto à verdadeira autoridade que se baseia nos bens pessoais, mas à autoridade pública, que os força à subordinação ao Estado e lhes tira a decisão. O esforço para manter esta convicção e estendê-la tanto quanto possível à população inteira ocupa todas as esferas da vida espiritual. Seu resultado, a afirmação da hierarquia social estabelecida e do modo de produção no qual ela se esteia, assim como todos os impulsos psíquicos e formas de consciência ligados a esta afirmação se incluem entre aqueles elementos espirituais pelos quais a civilização se mostra como argamassa de um edifício social com fortes rachaduras.

A grande força psíquica, que é necessária para se afastar da maneira de pensar vigente, não coincide nem com a falta anárquica de autoridade, nem com a cultura do entendido que sabe distinguir o verdadeiro saber do charlatanismo. Na medida em que o parecer inteligente se limita ao objeto isolado, ele não lhe faz justiça, quando não torna visível o contraste da verdadeira realização na arte e na ciência com as condições reinantes. A atitude do anarquista, fundamentalmente contra a autoridade, é, no entanto, um exagero da autoconfiança burguesa na própria liberdade que seria possível realizar agora e em qualquer lugar, apenas querendo: uma conseqüência da opinião idealista de que as condições materiais não são importantes. No entanto, o processo social de trabalho tem necessidade dos mais diversos conhecimentos, e a renúncia a separar as funções de direção e de execução não é apenas uma utopia, mas significaria um retorno aos tempos primitivos. A verdadeira contradição ao conceito burguês de autoridade encontra-se no seu desprender-se do interesse egoísta e da exploração. Esta contradição está ligada à idéia da mais elevada forma social que é possível hoje. Somente quando as funções de direção e de execução no trabalho não estiverem associadas à vida boa ou ruim, nem forem atribuídas a classes sociais fixas, é que a categoria da autoridade assume um outro significado. Na sociedade individualista, as aptidões também constituem um bem que se transforma em capital – e comumente elas também resultam em parte

AUTORIDADE E FAMÍLIA 213

do capital, ou seja, de uma boa formação e do encorajamento ao sucesso. Entretanto, se algum dia os bens de que os homens precisam para viver não mais resultarem numa economia de produtores aparentemente livres, dos quais uns, por causa de sua pobreza, são obrigados a servir aos outros, e estes, em vez de produzir para as necessidades humanas, são forçados a produzir apenas para a sua parte "solvente"; em vez disso, se resultarem de um esforço humano dirigido segundo um plano, então a liberdade do indivíduo abstrato que realmente era comprometida se transformará em trabalho solidário de homens concretos, cuja liberdade é limitada verdadeiramente apenas pela necessidade natural. Na disciplina do seu trabalho, eles se subordinam, de fato, a uma autoridade, mas esta mesma cuida apenas dos seus próprios planos levados à decisão, que decerto não são fruto de interesses de classe divergentes. Ao contrário, esses perderam sua base e passam a se integrar ao esforço comum. A ordem vinda de fora é apenas a expressão do interesse próprio, pois ele é simultaneamente comum a todos em geral. Na disciplina e na obediência daqueles que lutam por esta condição já se esboça a idéia de uma outra autoridade. Portanto, o simples fato da subordinação absoluta não produz qualquer critério para a estrutura de uma relação de autoridade. O formalismo de opor razão e autoridade, de se confessar adepto de uma e desdenhar a outra, o anarquismo e a convicção autoritária do Estado pertencem ambos à mesma época cultural.

Família

A relação dos indivíduos com a autoridade, relação preestabelecida pela forma especial do processo de trabalho na época moderna, requer uma contínua interação das instituições sociais com a criação e consolidação dos tipos característicos que lhe correspondem. Esta eficiência não se esgota em providências conscientes de igreja, escola, associações esportivas e políticas, teatro, imprensa etc., porém muito mais do que pelos atos conscientemente orientados para a formação humana, esta função é exercida pela constante influência das próprias condições reinantes, pela força criadora da vida pública e particular, pelo exemplo de pessoas que desempenham um papel no destino do indivíduo; em suma, por causa da consciência de processos não-controlados. Considero o homem, diz Helvétius[39], "um aluno de todos os objetos que o rodeiam, de todas as situações em que o coloca o acaso, enfim de todos os fatos que lhe acontecem". Se a fome e o medo de uma existência miserável obriga os indivíduos a trabalhar, então todas as forças econômicas e culturais devem empenhar seu trabalho de novo em cada geração, para habilitá-la a este trabalho em suas formas respectivas. "Intelecto e ha-

---

39. Claude Adrien Helvétius, "De l'homme" in *Oeuvres complètes*, vol. V, London, 1778, p. 188 (tradução minha).

214   TEORIA CRÍTICA

bilidade dos homens sempre são apenas o produto dos seus desejos e de sua situação especial"[40]. E mesmo os desejos são plasmados de forma precisa pela situação social e todas as diversas forças de formação que nela se encontram. Entre as circunstâncias que influenciam de modo decisivo a formação psíquica da maior parte de todos os indivíduos, tanto pelos mecanismos conscientes quanto pelos inconscientes, a família tem uma importância predominante. O que ocorre nela plasma a criança desde a sua mais tenra idade e desempenha um papel decisivo no despertar de suas faculdades. Assim como a realidade se reflete no meio deste círculo, a criança que cresce dentro dele sofre sua influência. A família cuida, como uma das componentes educativas mais importantes, da reprodução dos caracteres humanos tal como os exige a vida social, e lhes empresta em grande parte a aptidão imprescindível para o comportamento especificamente autoritário do qual depende amplamente a sobrevivência da ordem burguesa.

Esta função da família foi destacada como atitude consciente, especialmente na época da Reforma e do Absolutismo. Acostumar o indivíduo a não se desesperar naquele duro mundo da nova disciplina de trabalho que se propagava, mas fazer boa figura exigia que a fria impiedade contra si e contra os outros se convertesse para ele em natureza. A tarefa da família de educar para o comportamento autoritário na sociedade foi, sem dúvida, descoberta muito antes pelo cristianismo. Santo Agostinho já ensinava

que a paz doméstica tem relação com a felicidade da coletividade, ou seja, que a concórdia organizada dos membros da família no mandar e no obedecer é proporcional à harmonia organizada dos cidadãos no mandar e no obedecer. É por isso que o pai de família tem que tirar da lei da comunidade os preceitos pelos quais deve dirigir sua casa de modo a adaptar-se à paz da comunidade[41].

No entanto, esta recomendação de Santo Agostinho tem um sentido mais genérico do que o rigor que mais tarde era recomendado ao pai como dever. Santo Agostinho queria que o cristão fosse educado fundamentalmente para ser um bom cidadão, ele procurava fundamentar a harmonia do Estado e da Igreja. O protestantismo ajudou o sistema social em preparação a introduzir aquele sentimento pelo qual trabalho, lucro e poder de dispor do capital como um fim em si mesmo substituíssem uma vida centralizada numa felicidade terrena ou também celeste. O homem não deve curvar-se perante a Igreja, como acontecia no catolicismo; deve apenas aprender a curvar-se, a obedecer e a trabalhar. Por isso, a obediência não é mais essencialmente um meio de conseguir a salvação ou não é apenas delimitada firmemente pela ordem terrena, e

40. *Ibid.*, vol. III, p. 137.
41. Augustinus, *De civitate Dei*, XIX, cap. 16, trad. por Alfred Schröder, Bibliothek der Kirchenväter, vol. XXVIII, Kempten e München, 1916, p. 237.

AUTORIDADE E FAMÍLIA

215

divina, mas, sob o absolutismo, ela se transforma crescentemente numa virtude que carrega em si mesma o seu valor. A teimosia da criança tem de ser quebrada, e o desejo primitivo de um desenvolvimento livre de seus impulsos e faculdades deve ser substituído pela obrigação interior de cumprir o dever incondicionalmente. A sujeição ao imperativo categórico do dever foi, desde o início, um objetivo consciente da família burguesa. Se o benefício da educação humanística no Renascimento, que com poucas exceções[42] aproveitava principalmente aos filhos de nobres italianos, parecia indicar um feliz prelúdio da nova época, então nos países para os quais, após a descoberta da passagem marítima para as Índias Orientais, se transferiu a hegemonia econômica, especialmente na Holanda e na Inglaterra, a infância tornou-se progressivamente mais sombria e mais opressiva.

Na história do desenvolvimento da família, desde o período absolutista até o liberal, emerge cada vez mais forte um novo elemento na educação para a autoridade. Não mais se exige a obediência diretamente, mas, ao contrário, o uso da razão. Quem apenas contempla o mundo friamente há de reconhecer que o indivíduo deve sujeitar-se e subordinar-se. Quem pretender chegar a algo, sim, em geral, quem não quiser soçobrar, deve aprender a ajustar-se a outros. Por isso, esta educação para a justiça da realidade, na qual se resume toda boa vontade pedagógica nas faces mais desenvolvidas da sociedade burguesa, está presente na concepção protestante da família. Ela está no

pensamento fundamental mais genuíno do Luteranismo, que vê a superioridade física instituída pela natureza como expressão de uma relação da superioridade desejada por Deus e a ordem firmemente estabelecida como a finalidade principal de todas as organizações sociais. O pai de família é o procurador da lei, o dono incontrolado do poder, o provedor, o cura de almas e o sacerdote de seu lar[43].

Este fato natural, a força física do pai, aparece ao mesmo tempo, no protestantismo, como uma relação moral a respeitar. O pai, sendo mais forte *de facto*, o é também *de jure*; a criança não deve apenas levar em conta esta superioridade, mas deve ao mesmo tempo respeitá-la ao levá-la em conta. Nesta situação familiar, que é decisiva para o desenvolvimento da criança, já é antecipada em ampla escala a estrutura de autoridade da realidade fora da família: as diferenças existentes nas condições de vida que o indivíduo encontra no mundo têm de ser simplesmente aceitas, ele deve fazer seu caminho sob essa hipótese e não mexer nisso. Conhecer fatos significa reconhecê-los. Diferenças impostas pela natureza são desejadas por Deus, e na sociedade burguesa a

---

42. Uma delas é, por exemplo, a atuação do excelente Vittorino Rambaldoni em benefício das crianças pobres. Veja *Handbuch der Pädagogik*, vol. I, Langensalza, 1928, p. 190.

43. Ernst Troeltsch, *Die Soziallehren der christlichen Kirchen und Gruppen*, Tübingen, 1923, pp. 557 e ss.

216 TEORIA CRÍTICA·

riqueza e a pobreza aparecem também como fatos naturais. A criança, ao respeitar na força paterna uma relação moral e, assim, aprender a amar no seu coração aquilo que ela, com a sua inteligência, constata como existente, aprende a primeira lição na relação burguesa de autoridade. O pai tem direito moral à submissão ao seu poder, não porque ele se mostre digno, mas ele se mostra digno porque é o mais forte. No início da ordem burguesa, o poder pátrio era, sem dúvida, uma condição inevitável do progresso. A autodisciplina do indivíduo, o senso de trabalho e de disciplina, a capacidade de perseverar em idéias definidas, a lógica na vida prática, o uso da razão, a perseverança e alegria em atividades construtivas, tudo isso, em dadas circunstâncias, podia ser desenvolvido sob o ditame e a direção do pai que, por sua vez, havia experimentado em si mesmo a escola da vida. Contudo, desde que este utilitarismo não é reconhecido em seus verdadeiros motivos sociais, mas é obscurecido por ideologias religiosas ou metafísicas e permanece necessariamente impenetrável, ele ainda pode parecer ideal numa época em que, na maioria dos casos, a família pequena, igualada nas possibilidades pedagógicas da sociedade, oferece certas condições miseráveis para a educação humana. Isto vale também para as outras funções da família. No curso da história, ela cumpriu funções extremamente diversificadas e numerosas. Em comparação com os tempos em que era a entidade principal de produção, ela não só perdeu inteiramente algumas daquelas funções, como também as restantes foram atingidas pelas mudanças gerais. Em 1911, Müller-Lyer[44] enumera, entre elas, a procriação, criação e educação dos filhos, o planejamento do número de pessoas, da seleção, a sociabilidade, o cuidado com os doentes e velhos, a posse e transmissão do capital e outros bens, bem como a definição da opção profissional. A literatura sociológica registra inúmeros casos em que a família se tornou uma forma problemática também para estes processos sociais, embora a possibilidade de uma adaptação, via de regra, é e deve ser indiscutível, pois seus traços principais estão indissoluvelmente ligados à existência do sistema social. "Pelo visto, impõe-se cada vez mais a idéia de que a família como unidade social ou processo social pode mudar de modo considerável, de que, entretanto, a base da vida familiar, especialmente seu lugar no processo de evolução, não irá talvez sofrer grande mudança, nem em intensidade, nem em extensão"[45]. Na verdade, a família representa uma das formas sociais que, como elementos da atual estrutura cultural, devido às contradições e crises cada vez mais acentuadas, execu-

---

44. F. Müller-Lyer, *Die Familie*, München, 1921, pp. 320 e s.

45. E. C. Lindemann, "The Family in Transition", citado segundo Reuter e Runner, *The Family, Source Material for the Study of Family and Personality*, New York e London, 1931, p. 27 (tradução minha).

AUTORIDADE E FAMÍLIA 217

tam de forma cada vez pior as funções em si necessárias, sem que, no entanto, possam ser alteradas fora do contexto social geral. Toda tentativa de melhorar o todo a partir deste ponto permanece, pelo menos no presente, necessariamente sectário e utópico e apenas se afasta das tarefas históricas urgentes. Todavia, o sucesso em áreas sociais mais centrais, tal como toda reação geral, reage à vida na família; pois esta, com relativa autonomia e capacidade de resistência, se mostra em todos os momentos dependente da dinâmica de toda a sociedade. Uma repressão violenta na vida social implica a dureza da autoridade educacional, e a limitação do poder e domínio na vida pública reflete-se na suportabilidade do regime doméstico. Para a criança burguesa, no entanto, nos últimos séculos, a sua dependência do pai, dependência condicionada socialmente, parecia o fruto de fatos religiosos ou naturais, e a experiência de que o poder paterno não é imediato via de regra se lhe apresentava apenas em caso de conflito externo: quando o pai dispunha dos poderes públicos para curvar a vontade rebelde e sufocar a teimosia infantil.

A objetivação da autoridade encontra sua expressão imediata na concepção protestante de Deus. Não é porque Deus é sábio e bondoso que os homens lhe devem veneração e obediência. Interpretada dessa maneira, entender-se-ia a autoridade como uma relação na qual um se subordina racionalmente ao outro em virtude de sua superioridade objetiva; ela compreenderia a tendência a anular-se a si próprio, porque a obediência afinal libertaria o inferior de sua inferioridade. Todavia, esta opinião contradiz a prática social reinante, na qual, ao contrário, a aceitação da dependência conduz ao seu contínuo aprofundamento. Na consciência da atualidade, a autoridade também não aparece absolutamente como uma relação, mas como uma qualidade inevitável do superior, como uma diferença qualitativa. Já que o modo de pensar burguês não reconhece o valor de bens materiais e espirituais com que os homens se ocupam diariamente como uma forma de relações sociais, mas como qualidades naturais dos objetos ou, em contrapartida, os subtrai da análise racional como estimativas puramente arbitrárias, ele compreende a autoridade como qualidade fixa, na medida em que, em geral, não é negada anarquicamente. "De um rei", diz Kierkegaard, numa reflexão fundamental sobre a autoridade[46], "se pode supor que tenha autoridade. Como se explica então que nos cause choque se um rei é espirituoso, é um artista etc.? Isto acontece, provavelmente, porque nele se acentua de maneira essencial a autoridade real e, em comparação com esta, definições mais gerais de diferença humana são sentidas como algo não-importante, algo inessencial, um acaso que perturba. De uma junta de governo pode-se su-

---

46. S. Kierkegaard, *Der Begriff des Auserwählten*, trad. de Theodor Haecker, Innsbruck, 1926, p. 74; cf. também p. 324.

por que goze de autoridade no seu círculo definido. Como se explica, então, que nos cause choque se uma tal junta é, nos seus decretos, por exemplo, realmente espirituosa, engraçada, profunda? Porque muito acertadamente se acentua a autoridade de forma qualitativa. Perguntar se um rei é um gênio – para neste caso querer obedecer-lhe é, no fundo, um crime de lesa-majestade; pois a pergunta contém uma dúvida no sentido da submissão à autoridade. Querer obedecer a uma junta, quando ela sabe fazer piadas, significa, no fundo, fazer troça da junta. Honrar seu pai porque ele tem uma excelente cabeça é impiedade". Se Kierkegaard, de resto, chama a atenção energicamente para o fato de que a autoridade terrena seria apenas algo "ínfimo" e é abolida pela eternidade, então sua idéia, seu ideal de autoridade se manifesta de modo um tanto mais claro na própria concepção de Deus. "Se alguém que tem a autoridade de dizê-lo diz a uma pessoa: vá!, e se alguém que não tem a autoridade diz: vá!, então a declaração (vá!) e seu conteúdo são idênticos; falando esteticamente isto é, se assim se pode dizer, igualmente bem dito; mas a autoridade faz a diferença. Se a autoridade não é o outro (*tò héteron*); se ela, de alguma forma, deve indicar apenas uma potenciação dentro da identidade, então não existe autoridade... Se Cristo diz 'há uma vida eterna'; e se o estagiário de teologia Petersen diz 'há uma vida eterna', então ambos dizem a mesma coisa; na primeira afirmação, não há mais sedução, evolução, profundidade, plenitude de idéias que na última; ambas as afirmações, esteticamente falando, são igualmente boas. E mesmo assim, existe aí, certamente, uma diferença qualitativa, eterna! Cristo, como Deus-homem, está de posse da qualidade específica da autoridade que nenhuma eternidade pode mediar, tão pouco quanto ela pode colocar Cristo no mesmo nível da igualdade humana essencial. Por isso, Cristo ensina com autoridade. Perguntar se Cristo é profundo é blasfêmia e uma tentativa de destruí-lo perfidamente (seja consciente ou inconscientemente), pois na pergunta oculta-se uma dúvida acerca de sua autoridade e faz-se uma tentativa de querer apreciá-lo e censurá-lo de uma forma impertinentemente direta, como se ele existisse para ser examinado e devesse ser indagado, em vez de ser ele aquele a quem é dado todo o poder no céu e na terra"[47]. Justamente este conceito objetivado de autoridade é aplicado, na moderna teoria política da autoridade, ao chefe político. O fato de ele, no protestantismo, ficar reservado para a transcendência – o que, sem dúvida, é religiosamente decisivo – não anula a verdade de que ele, como conceito religioso e político, emana da mesma prática social e de que a sinceridade para ele, como uma categoria fundamental da interpretação do universo, é produzida necessariamente pelas condições da mesma pequena família patriarcal.

47. *Ibid.*, pp. 170-175; cf. também pp. 321-326.

AUTORIDADE E FAMÍLIA

Não só a coesão imediata da força natural e da respeitabilidade atuam na família burguesa como fato educativo com vistas à estrutura de autoridade característica desta sociedade, mas também uma outra qualidade do pai, aparentemente também inata. Ele é o senhor em casa, porque ganha o dinheiro ou, pelo menos, o possui. Na teoria do Estado, Oppenheimer chamou a atenção para o equívoco do termo família. Ele queria combater o erro, como se a origem do Estado a partir da família fosse idêntica à diferenciação pacífica. Família antiga e moderna foram impropriamente equiparadas, pelo quê foi encoberto o fato de que a família, da qual, segundo Aristóteles, se originou o Estado, "pressupõe a diferença de classes na sua forma mais crassa de escravidão". A "casa completa" se compunha de escravos e homens livres, e mesmo estes, diante do amo, eram tudo menos livres[48]. Oppenheimer sublinha a diversidade dos conceitos, não a sua identidade. De fato, os "liberi" da família moderna não podem mais ser vendidos pelo pai, o filho adulto e seus filhos não permanecem sujeitos à soberania do avô[49]; porém, a circunstância de que na família burguesa normal o homem possui dinheiro, este poder em forma substancial, e decide sobre seu uso, torna "seus" mulher, filhos e filhas, também nos tempos modernos, deixa a vida destes amplamente em suas mãos, força-os à sujeição à sua liderança e comando. Assim como, na economia dos últimos séculos, o poder direto cada vez menor obriga os homens a aceitar a relação de trabalho, assim também, dentro da família, a agitação racional, a obediência espontânea substituem a escravidão e a submissão. Mas a racionalidade também aqui é a do indivíduo isolado e impotente que tem de curvar-se às circunstâncias, sejam elas corruptas ou racionais. O desespero de mulheres e crianças, o roubo da sua felicidade, a exploração material e psíquica por causa da posição preponderante do pai fundamentada na economia, apenas em períodos extremamente limitados, regiões e camadas sociais pesou nos últimos séculos menos sobre a humanidade do que na Antiguidade. O mundo espiritual, no qual a criança, devido a esta dependência, se engrena, bem como a fantasia com que ela anima o real, seus sonhos e desejos, suas imaginações e juízos são dominados pelo pensamento no poder dos homens sobre os homens, do em-cima e do em-baixo, do mandar e do obedecer. Este esquema é uma das formas do entendimento desta época, uma função transcendental. A necessidade de uma hierarquia e divisão da humanidade, baseadas em princípios naturais, fortuitos e irracionais, se torna tão familiar e automática para a criança que ela

---

48. Cf. Franz Oppenheimer, *System der Soziologie*, vol. II, Jena, 1926, pp. 89 e ss.

49. Sobre a servidão dos filhos menores em Roma, cf. Eduard Westermarck, *Ursprung und Entwicklung der Moralbegriffe*, trad. de L. Katscher, vol. I, Leipzig, 1913, p. 501.

220   TEORIA CRÍTICA

também pode experimentar, apenas sob este aspecto, o mundo e o universo, mesmo o além; cada nova impressão já é pré-formada por ele. As ideologias de realização e mérito, harmonia e justiça têm seu lugar nesta concepção do universo, pois a contradição não penetra na consciência pela objetivação das diferenças sociais. As relações de propriedade, de acordo com a estrutura, passam por fixas e eternas; como objetos de atividade social e mudança, elas não se manifestam, portanto não podem causar qualquer prejuízo à aparente funcionalidade da estrutura social. No entanto, o caráter autoritário desenvolvido pela criança burguesa, devido a estas contradições frente ao antigo, conforme sua posição específica de classe e seu destino individual, manifestam um traço mais ou menos interesseiro, obsequioso, moralizador, ou seja, racionalizador. Submeter-se aos desejos do pai porque este tem dinheiro é a única coisa racional, totalmente independente de qualquer idéia sobre suas qualidades humanas. Em todo caso, estes pensamentos se mostram infrutíferos, pelo menos nos períodos mais recentes deste sistema.

Devido à aparente naturalidade do poder patriarcal, que se origina da dupla raiz de sua posição econômica e sua força física juridicamente secundada, a educação na família pequena constitui uma excelente escola para o comportamento especificamente autoritário nesta sociedade. Por isso, nos séculos XVII e XVIII, quando as idéias de liberdade e justiça ainda não eram relativizadas de uma forma também perceptível à criança, ou eram abertamente consideradas secundárias pelos pais, os filhos e filhas burgueses, apesar de todo o discurso destes ideais que eles absorveram em seu próprio íntimo, aprendem que a realização de todos os desejos depende, na realidade, de dinheiro e posição.

Se desde a minha infância [pergunta Helvétius] a idéia de riqueza estava relacionada, na minha lembrança, com a de felicidade, onde então estaria o meio de separá-las de novo numa velhice posterior? Por acaso não se sabe do que é capaz a associação de determinadas idéias? Se, em virtude de uma determinada forma de governo, tenho de temer muito os grandes, irei eu respeitar ainda mais mecanicamente a grandeza de um senhor estranho que não tem qualquer poder sobre mim?[50]

Os caminhos que levam ao poder são traçados, no mundo burguês, não pela realização de juízos de valor morais, mas pela hábil adaptação às circunstâncias. Disto o filho fica sabendo muito convincentemente a partir das condições da sua família. Pense ele do seu pai o que quiser: se não quiser provocar pesadas recusas e conflitos, tem de subordinar-se e conquistar a sua satisfação. Para ele, enfim, o pai sempre tem razão; ele representa poder e sucesso, e a única possibili-

---

50. Helvétius, *ibid.*, vol. II, pp. 213 e s. (tradução minha).

AUTORIDADE E FAMÍLIA

dade de o filho manter no seu íntimo a harmonia entre os ideais e a ação obediente, abalada às vezes até o término da puberdade, é atribuir ao pai, isto é, ao forte e rico, todas as qualidades julgadas positivas. Porque, então, o poder econômico e educativo do pai é, de fato, nas circunstâncias dadas, indispensável para os filhos, porque na sua função educativa e administrativa, mesmo na sua rigidez, até a transformação da sociedade inteira, se impõe uma real necessidade social, embora de maneira problemática, assim também no respeito dos seus filhos não se pode separar o elemento racional do irracional, e a infância, na família pequena, converte a autoridade num hábito, que une de forma imperceptível a execução de uma função social qualificadora com o poder sobre as pessoas.

As medidas educacionais conscientes que promovem o espírito do respeito ao existente e a capacidade de adaptar-se são, assim, complementadas pela eficácia sugestiva da situação na família pequena[51]. Se, onde a família ainda é uma comunidade de produção, o chefe se apresenta diretamente em sua função social produtiva, então sua posição na família reduzida a uma comunidade de consumo é facilitada essencialmente pelo dinheiro com que ele contribui e é muito mais decisiva para os seus. Graças à divisão espácio-temporal entre vida profissional e familiar, todo pai burguês, mesmo que na vida social ocupe uma posição mesquinha e tenha de curvar o espinhaço, pode agora aparecer em casa como senhor e exercer a função sumamente importante de acostumar os filhos à humildade e obediência. Assim, é possível que, não só das camadas de alta burguesia, mas também de muitos grupos de trabalhadores e empregados, surjam sempre novas gerações que não questionem a estrutura do sistema econômico e social, mas o aceitem como natural e eterno e deixem ainda que seu descontentamento e rebelião se transformem em forças executantes da ordem vigente.

Os diversos mecanismos que atuam na formação do caráter autoritário na família foram pesquisados especialmente pela moderna psicologia das profundezas. Ela demonstrou como, de um lado, a falta de iniciativa, o profundo sentimento de inferioridade da maioria dos homens, a concentração de toda a vida psíquica em torno dos conceitos de ordem e subordinação e, de outro lado, também as realizações culturais dos homens, são determinados pelas relações da criança com os pais, ou seus representantes, e com os irmãos. Os conceitos de repressão e sublimação, como frutos dos conflitos com a realidade social, ajudaram amplamente a compreensão destes processos. Para a formação do caráter autoritário é especialmente decisivo que as crianças sob a pressão do pai aprendam a não atribuir cada insucesso a suas

---

51. Sobre o conceito de sugestão social em geral, cf. Ludwig Gumplowicz, *Die soziologische Staatsidee*, Innsbruck, 1902, pp. 205 e ss.

222   TEORIA CRÍTICA

causas sociais, mas a deter-se nas razões individuais e a hipostasiar estas, ou religiosamente como culpa, ou naturalisticamente como falta de vocação. A má consciência formada na família capta inúmeras energias que, de outra forma, poderiam ser contrárias às circunstâncias sociais que influenciam o próprio fracasso. O resultado da educação paterna são pessoas que desde o princípio procuram a falha em si mesmas. Em outros tempos, isto era uma qualidade produtiva, isto é, na medida em que o destino dos indivíduos e o bem-estar de todos dependiam, pelo menos em parte, de sua capacidade. Atualmente, o coercivo sentimento de culpa, na forma de uma permanente predisposição ao sacrifício, impede a crítica da realidade, e o princípio mostra essencialmente seu lado negativo até tornar-se, corretamente, num princípio geral: como a consciência viva, em cada membro da sociedade humana autodeterminadora, de que toda felicidade é fruto do trabalho comunitário. Os tipos humanos que predominam hoje não foram educados para chegar à raiz das coisas e tomam a aparência pela essência. Por meio do pensamento teórico, eles não são capazes de ir, por conta própria, além da mera constatação, ou seja, a inclusão da matéria em conceitos convencionais: também as categorias religiosas e outras às quais se ousa chegar já se encontram prontas; aprendeu-se a servir-se delas sem crítica. A crueldade, o "remédio do orgulho ferido"[52], segundo Nietzsche, flui para outros canais que não os do trabalho e do conhecimento, aonde certamente poderia levá-la uma educação racional.

Mesmo que a vida, sob o atual regime de produção em geral, no qual o resultado de cada resolução depende de mil acasos e a livre decisão se resume num mero adivinhar entre tantas possibilidades impenetráveis, já pudesse por si só estragar totalmente a alegria no agir, então esta aversão à própria ação espontânea é, sem dúvida, preparada da forma mais eficiente possível pela educação na família unicelular. Por conseguinte, para os membros da classe superior, o resultado desta escola da autoridade se evidenciou, no empirismo e no relativismo da era liberal, mais como objetividade, receptividade a todas as idéias e eventos em arte e história, mesmo os mais contraditórios, entusiasmo pela grandiosidade em si. No entanto, para as massas pequeno-burguesas, nas quais a pressão sobre o pai se reproduzia na pressão sobre os filhos, ela teve como conseqüência aumentar diretamente, além da crueldade, a tendência masoquista a abandonar-se voluntariamente a qualquer chefia, desde que esta seja classificada como poderosa. O homem dos tempos modernos é quase inimaginável sem esta herança. Comte, o fundador da sociologia moderna, sabe-o por experiência própria.

---

52. Nietzsche, *ibid.*, vol. XI, p. 251.

AUTORIDADE E FAMÍLIA

Por mais imoderada que possa ser hoje em dia a ambição geral de dominar, em virtude da nossa anarquia intelectual, não existe, sem dúvida, ninguém que, num exame pessoal íntimo e consciencioso, não tenha sentido com maior ou menor profundidade quão doce é obedecer, quando podemos realizar a felicidade, quase impossível em nossos dias, de sermos devidamente libertos, por líderes sábios e dignos, da pesada responsabilidade pela condução geral dos nossos atos; um sentimento desses talvez tenham experimentado, principalmente, aqueles que melhor sabem mandar[53].

McDougall diz que a repreensão e a reprovação poderiam afugentar o impulso de auto-afirmação e despertar o "impulso de submissão";

a atitude daí resultante oscila, de acordo com o predomínio de um ou de outro efeito, entre o rancor irado, ao qual falta o sentimento negativo de dignidade, e a vergonha e pudor de variada intensidade, até chegar a uma condição de remorso, no qual o sentimento negativo de dignidade se torna um elemento principal, que, no entanto, pela totalidade da submissão ao poder que nos corrige, pode estar acompanhado de um certo prazer, um prazer que só a satisfação do impulso de submissão pode explicar[54].

O próprio exercício da ciência, em muitos casos, é motivado pela necessidade de encontrar uma instrução firme como meta e caminho, de descobrir um sentido e finalidade da ação. "Pensais que procurais a 'verdade'?", lê-se num trecho de Nietzsche[55]. "Procurais um líder e quereis deixar-vos ser comandados com prazer!" Contudo, o impulso de submissão não é uma grandeza eterna, mas um fenômeno originado essencialmente na família unicelular burguesa. Se na educação prevalecem a benevolência ou a coerção, não vem ao caso aqui; pois o caráter infantil é formado muito mais pela própria estrutura da família do que pelas intenções e métodos conscientes do pai. Em vista do poder de que ele dispõe, sua amabilidade – não só na permuta das experiências infantis com as de outras crianças, mas já por causa da situação na própria família – aparece também menos como comportamento adequado do que como generosidade obrigatória. Por mais racional que seja seu comportamento subjetivo, sua posição social diante da criança implica que cada medida educativa, por mais racional que ela seja, deve lembrar pão doce ou chicote. Na verdade, desta alternativa nenhuma educação imaginável pode prescindir hoje; pois o desenvolvimento de cada ser humano, partindo do ser primitivo até chegar ao membro da sociedade, é a repetição muito abreviada, embora mudada, de um processo civilizatório milenar, do qual não se pode abstrair a

53. Auguste Comte, *Soziologie*, trad. por Valentine Dorn, vol. I, Jena, 1907, p. 450.
54. William McDougall, *Grundlagen einer Sozialpsychologie*, trad. de G. Kautsky-Brunn, Jena, 1928, p. 169.
55. Nietzsche, *Gesammelte Werke*, ed. Musarion, vol. XIV, p. 95.

224 TEORIA CRÍTICA

coerção. Todavia, faz diferença se esta coerção representa a reprodução cega das contradições sociais vigentes na relação pai-filho, ou se ela se apresenta no decurso de cada existência individual como relação dominada na sociedade.

Enquanto não se alterarem de forma decisiva a estrutura básica da vida social e a cultura da época atual que depende desta estrutura, a família, como geradora de determinados tipos de caráter autoritários, irá exercer sua indispensável influência. Ela constitui um elemento importante do contexto regular que domina este período histórico. Todos os movimentos políticos, morais e religiosos conseqüentes, cuja finalidade era o fortalecimento e renovação desta unidade, não tinham dúvidas sobre a função fundamental da família como produtora de mentalidade autoritária, e consideraram um dever o fortalecimento da família com todos os seus pressupostos como a proibição de relações sexuais extramatrimoniais, a propaganda de concepção e criação de filhos, a restrição da mulher ao governo da casa. Além disso, também a concepção da política social é condicionada essencialmente pela apercepção da indispensabilidade da família. O significado social da obediência na família patriarcal foi exposto por Le Play, talvez da forma mais convincente possível. Os últimos volumes de sua grande obra sobre os trabalhadores europeus indicam, já no frontispício, que este sociólogo e político social totalmente voltado para o passado atribui à decadência da autoridade paterna a responsabilidade por todos os males dos tempos modernos. Os grupos sociais que ele pesquisou são divididos, logo no início, entre os que são mais e os que são menos fiéis ao "Decálogo e à autoridade paterna". A fé num Deus único e a submissão à autoridade paterna são, segundo ele, "os dois princípios eternos de toda sociedade"[56]. O espírito da obediência é para ele, de certa forma, "o elemento material da paz social"[57], e a autoridade paterna como origem desta obediência é tão fundamental para ele que, deste ponto de vista, mesmo a instrução, o aprendizado da leitura e da escrita lhe parecem às vezes perigosos.

Em todas as sociedades incultas, os pais de família são sensíveis a este perigo, e isso os move a recusar o benefício deste ensino primário para a geração jovem. Não desconhecem de modo algum a sua utilidade, mas temem perder, sob a influência desta inovação, o respeito e a obediência de seus filhos... Este meio (a instrução) é crítico, quando é introduzido rápido demais em sociedades incultas às custas da autoridade paterna. É decididamente perigoso quando isso dá à população a oportunidade de se cercar de inimizade contra as instituições tradicionais da humanidade. Em todos os países em que este impulso que é dado ao espí-

---

56. F. Le Play, *Les ouvriers européens*, 2ª ed., Paris, 1877-79, vol. VI, p. XII (tradução minha).

57. *Ibid.*, p. XLI.

AUTORIDADE E FAMÍLIA

rito da geração jovem coincide com o enfraquecimento da fé religiosa e da autoridade paterna, produz-se uma perturbação da constituição social[58].

Do seu ponto de vista antiliberal, Le Play entendeu muito bem as conexões. Algo parecido vale para os Estados totalitários da atualidade. Críticos superficiais tendem a supervalorizar a incorporação de pais e filhos às organizações nacionais; de fato, uma tal tendência existe e tem causas extremamente urgentes e profundas. Entretanto, em vista da decomposição da vida familiar que há muito se processa na maior parte do mundo ocidental desde o desenvolvimento da grande indústria e do crescente desemprego e alcança também amplas camadas da burguesia, este aumento das funções educativas do Estado totalmente pró-familiar, segundo a sua consciência, não significa certamente um perigo maior de dissolução. Abstração feita ao fortalecimento geral das relações sociais que mantêm a família em funcionamento e são, por sua vez, fomentadas por elas, estes Estados procuram também regulamentar diretamente aquelas tendências antifamiliais e limitá-las à medida necessária à manutenção do sistema no jogo de forças nacional e internacional[59].

Tanto quanto os outros elementos do atual contexto cultural, encontra-se a família diante deles como do todo numa relação não só fomentadora, mas também antagonista. Se, mesmo no auge da ordem burguesa, a vida social se renovou apenas sob as maiores privações para a maioria dos homens, então a família era um lugar onde o sofrimento livremente manifestado e o interesse lesado dos indivíduos encontrava um refúgio para a resistência. A transformação do homem na economia em mera função de uma grandeza econômica, do capital, ou de um trabalho manual ou intelectual exigido pela técnica, de fato continua também na família, na medida em que o pai se converte num provedor, a mulher num objeto sexual ou numa escrava doméstica e os filhos em herdeiros da fortuna ou em garantes vivos dos quais se espera que devolvam mais tarde com juros todos os trabalhos despendidos. No entanto, ao contrário do que acontece na vida pública, o homem, dentro da família onde as relações não se processam por intermédio do mercado e os indivíduos não se enfrentam como concorrentes, sempre teve a possibilidade de atuar não só como função, mas também como pessoa. Enquanto na vida burguesa o interesse comum,

---

58. *Ibid.*, vol. IV, pp. 361 e ss.

59. A importância que se dá, por exemplo, na Alemanha atual, à família no seu papel de fator insubstituível da formação do caráter é mostrada, entre outros, pelo informe sobre o XIV Congresso da Sociedade Alemã de Psicologia (*Psychologie des Gemeinschafstlebens*, editada por Otto Klemm, Jena, 1935; cf. nele, sobretudo, as exposições sobre 'A estrutura da família no seu significado para os adultos' de Oskar Kutzner, pp. 254 e ss., além de uma série de outras contribuições do mesmo volume).

226 TEORIA CRÍTICA

mesmo quando não é mediado por acordo, como em catástrofes naturais, guerras ou o abafamento de revoluções, ostenta um caráter essencialmente negativo e se manifesta na defesa contra perigos, ele adquire uma forma positiva no amor sexual e, sobretudo, no carinho materno. Nesta unidade o propósito é o desenvolvimento e a felicidade do outro. Resulta daí o contraste entre ele e a realidade hostil e, nesse caso, a família leva não à autoridade burguesa, mas à idéia de uma condição humana melhor. Na saudade que sentem alguns adultos pelo paraíso de sua infância, no modo como uma mãe pode falar de seu filho, mesmo que ele tenha entrado em conflito com o mundo, no amor protetor de uma esposa para com seu marido, estão vivas idéias e forças que não estão ligadas por certo à existência da família atual e são até ameaçadas de murcharem sob esta forma, mas raramente têm, no sistema do regime burguês de vida, outro lugar que não justamente a família.

Hegel reconheceu e expôs este contraste entre família e comunidade. Era, para ele, "o mais ético e, portanto, o mais trágico"[60]. Para Hegel, à lei humana, "manifesta", ou seja, à lei que vigora na sociedade e no Estado, segundo a qual os homens concorrem entre si como "sistemas que se isolam"[61], opõe-se "a lei eterna", pela qual as individualidades são valiosas por causa delas mesmas.

A aquisição e manutenção de poder e riqueza resulta parcialmente apenas da necessidade e faz parte da cobiça; em parte, ela, na sua mais alta destinação, se converte em algo apenas indireto. Esta destinação não tem como alvo a própria família, mas o verdadeiramente geral, a coisa pública; antes, ela é negativa para a família e consiste em isolar dela o indivíduo, em subjugar sua naturalidade e individualidade e atraí-lo para a virtude, para a vida na e para a comunidade. A finalidade positiva própria da família é o indivíduo como tal[62].

Já que Hegel absolutiza a sociedade burguesa, ele decerto não pode desenvolver realmente a dialética implantada nesta contradição, se bem que ele, sendo o mais realista da filosofia, não adquire a reconciliação precipitada através de um embelezamento da realidade. Embora relacione com a hipostasiação da sociedade atual o conhecimento de que o homem é real apenas como entidade socializada, ele sempre falou do destino do indivíduo dentro dela como "da longa série de sua dispersa existência" e "da inquietude da vida fortuita"[63], enquanto que na família se abarca "o indivíduo total". No entanto, como Hegel não consegue imaginar a realização de uma sociedade verdadeira-

---

60. Hegel, *Grundlinien der Philosophie des Rechts*, § 166.

61. Hegel, "Phänomenologie des Geistes", in *Sämtliche Werke*, Glockner, vol. 2, p. 347.

62. *Ibid.*, pp. 342 e s.

63. *Ibid.*, p. 343.

AUTORIDADE E FAMÍLIA

mente uniforme e racional, onde "o indivíduo como tal", da forma como ele é nutrido e entendido na família, alcança seu direito, este indivíduo concreto, o homem como um todo, deve aparecer já na própria família apenas como "a irreal sombra incorpórea"[64], e "a ação..., que abarca toda a existência do parente consangüíneo e a ele... tem para seu objeto e conteúdo como um ser geral, excluído da realidade sensual, ou seja, da individual, não mais concerne ao vivo mas ao morto"[65]. Se, de fato, a sociedade e o Estado de sua época, que não respeitam a personalidade do indivíduo, mas se mantêm totalmente indiferentes a ela, personificam a justiça, então a redução dos indivíduos a meros representantes de uma função econômica é filosoficamente enaltecida e eternizada. O indivíduo, tal como ele de fato vive e sofre, ou seja, "a singularidade de uma natureza que se torna finalidade e conteúdo", não vale apenas na sua limitação atual, mas pura e simplesmente como "algo impotente e irreal"[66], e a satisfação dos homens específicos, naturais, isto é, dos homens realmente existentes, constitui, em vez de meta da política, a tarefa puramente espiritual do espírito absoluto, a realização da arte, religião, e metafísica. Se os indivíduos não se mantiverem unidos com base nessas forças espirituais e não fizerem os sacrifícios necessários, então

o governo tem de sacudi-los às vezes no seu íntimo através das guerras, tem de ferir e complicar com isto a ordem que eles construíram para si e o direito à autonomia, fazendo, porém, que os indivíduos que se... libertam do todo e aspiram ao isolamento inviolável e à segurança pessoal sintam neste trabalho imposto o seu senhor, a morte[67].

A transição para uma forma mais elevada de comunidade é supostamente impossível. No entanto, naquela que Hegel diz ser a definitiva, os indivíduos são representantes, aliás insubstituíveis, de funções econômicas, casos e exemplos intercambiáveis, correspondentes inteiramente aos exemplares do conceito de lógica discursiva que também Hegel, como idealista objetivo, não pode anular aqui. Nesta filosofia, assim como na sociedade que corresponde a ela, o indivíduo "não é *este* homem, não é *esta* criança, mas *um homem, crianças em geral*"[68], e contra as tensões e tendências da decomposição, resultantes das reivindicações lesadas de certos homens, a guerra se converte, de fato, numa última, se bem que perigosa, sabedoria. Todavia, a única coisa que resta à família desesperada, quando o marido amado, a mulher, a criança são destruídos por este mecanismo desumano, "sua

64. *Ibid.*, p. 344.
65. *Ibid.*, p. 343.
66. *Ibid.*, p. 378.
67. *Ibid.*, p. 347.
68. *Ibid.*, p. 349.

228 TEORIA CRÍTICA

atuação positiva e moral contra o indivíduo"[69], ela se realiza no velório e no enterro e não, por exemplo, no trabalho em prol da melhoria das péssimas condições. A família, ao casar "o parente com o regaço da terra"[70], desfaz aquela injustiça "de tal maneira que aquilo que *aconteceu* é antes uma *obra*, a fim de que *o ser, o último*, seja também algo *desejado* e, assim, agradável"[71]. Hegel viu o conflito entre a família e a autoridade reconhecida publicamente sob a figura de Antígone, que luta pelo cadáver do irmão. A relação entre irmão e irmã era, para ele, a coisa mais pura na família. Se ele tivesse descoberto que esta relação humana, na qual pode "o elemento do *ego individual* cognoscente e reconhecido... afirmar seu direito"[72], não só é obrigada a submeter-se ao presente no luto pelo morto, mas também pode adquirir uma forma mais ativa no futuro, então sua dialética, com sua forma fechada e idealista, teria certamente rompido seus limites socialmente condicionados.

Hegel representou pela "feminilidade" o princípio do amor ao homem total, tal como vigora na comunidade sexual, e pela "masculinidade" o princípio da submissão política e, ao fazê-lo, de certa forma baseou no problema do matriarcado o interesse ligado a Bachofen e Morgan. A escala futura da civilização, Morgan caracteriza "como uma revitalização... – porém numa forma mais elevada – da liberdade, igualdade e fraternidade dos antigos nobres"[73], e, da mesma maneira, o matriarcado que caracteriza a antiga sociedade baseada em associações sexuais Engels considera sob o aspecto de uma sociedade, sem dúvida não-evoluída, sem contrastes de classe e objetivação do homem[74]. A transição para o sistema patriarcal, ele a chama revolução, "uma das mais incisivas que os homens experimentaram"[75]. Com o sistema patriarcal, aparece no mundo o contraste entre as classes, a divisão entre vida pública e familiar, e também na própria família passa a ser usado o princípio da autoridade brutal. "A queda do sistema matriarcal foi a derrota histórico-mundial do sexo feminino"[76]. Na medida em que, na família moderna, reina um outro princípio que não o da submissão, mantém-se vivo, por meio do amor materno e fraterno da

69. *Ibid.*, p. 345.

70. *Ibid.*

71. *Ibid.*, p. 353.

72. *Ibid.*, p. 350.

73. Lewis Henry Morgan, *Die Urgesellschaft*, trad. de W. Eichhoff, Stuttgart, 1921, p. 475.

74. Cf. Erich Fromm, "Die sozialpsychologische Bedeutung der Mutterrechtstheorie" in *Zeitschrift für Sozialforschung*, III, 1934, pp. 196 e ss.

75. Friedrich Engels, *Der Ursprung der Familie, des Privateigentums und des Staats*, Zürich, 1934, p. 40.

76. *Ibid.*, p. 41.

AUTORIDADE E FAMÍLIA

mulher, um princípio social que remonta à Antiguidade histórica, e que Hegel interpreta "como a lei dos antigos deuses, do subterrâneo"[77], ou seja, do pré-histórico.

Se com isso a família atual, por força das relações humanas determinadas pela mulher, constitui um reservatório de forças de resistência contra a total desumanização do mundo e contém em si mesma um elemento antiautoritário, certamente a mulher, graças à sua dependência, mudou sua própria maneira de ser. Ao se colocar social e juridicamente sob a tutela do homem e ao depender dele, experimentando, portanto, em si própria a lei desta sociedade anárquica, sua própria realização está sendo continuamente bloqueada. O homem, e nomeadamente aquele marcado pelas circunstâncias vigentes, domina-a de duas maneiras: porque a vida social é gerida essencialmente pelos homens e porque é o homem quem preside a família. Esta relação de dependência não foi interrompida nos países civilizados desde aquela revolução primitiva. Por isso, as épocas dos cavaleiros e trovadores não constituem exceção.

A jovem fidalga e a dama, que eram o mais belo ornamento das festas e torneios [segundo Bühler] permaneceram inteiramente subordinadas ao domínio do pai e do esposo, sendo não raro maltratadas fisicamente e guardadas ciosamente como mulheres de harém[78].

A igreja protestante vê, na submissão da mulher ao homem, a penitência pelo pecado de Eva[79] e, nisto, ela apenas segue as doutrinas da Igreja medieval. Esta também representa "a mulher... inteiramente como a parte que – consciente ou inconscientemente – seduz ao pecado; os encantos que ela exerce sobre o homem são interpretados ao mesmo tempo como sua culpa moral"[80]. Por isso, a crença nas bruxas, que foi a racionalização do terror mais formidável que jamais se exerceu contra um grupo sexual, era debitada à perversidade da natureza feminina. Na era burguesa, a dependência adquiriu, de fato, outras formas, de acordo com o novo regime de produção, mas o princípio em si se altera tão pouco quanto a influência radical sobre a psiquê da mulher. Por isso, na América do Norte, onde lhe é dedicada uma grande admiração que lembra a dos trovadores medievais, o princípio não se rompe de modo algum. Dois grandes críticos dramáticos da sociedade moderna, Ibsen e Strindberg, descreveram, o primeiro, o fato da subjugação e exploração da mulher e, o segundo, as conseqüências desta relação, a mulher do casamento burguês impedida de realizar-se, insatisfeita e sem alma.

---

77. Hegel, *Grundlinien der Philosophie des Rechts*, § 166.

78. J. Bühler, *Die Kultur des Mittelalters*, Leipzig, 1931, pp. 303 e ss.

79. Cf. Troeltsch, *ibid.*

80. Bühler, *ibid.*, p. 304.

230 TEORIA CRÍTICA

De duas maneiras o papel familiar da mulher reforça a autoridade do estabelecido. Dependente da posição e do salário do marido, ela não pode prescindir do fato de que o pai de família se adapta às condições, sob certas circunstâncias se rebela contra o poder vigente, mas emprega todos os meios para progredir no presente. Um profundo interesse econômico, fisiológico mesmo, liga a mulher à ambição do marido. Todavia, ela está preocupada sobretudo com a própria segurança econômica e a dos seus filhos. A introdução do direito de voto da mulher trouxe, também nos países onde se esperava um fortalecimento dos grupos operários, vantagens para os poderes conservadores.

O senso de responsabilidade econômica e social para com mulher e filhos, que no mundo burguês se converte necessariamente num traço característico do homem, faz parte das mais importantes funções aglutinadoras da família nesta sociedade. Se adaptar-se às relações vigentes de autoridade se torna aconselhável para o esposo e pai por causa do amor aos seus, a simples idéia de resistência já o coloca diante do mais penoso conflito de consciência. De um fato de coragem pessoal a luta contra determinadas circunstâncias históricas se transforma num sacrifício das pessoas amadas. A existência de alguns Estados na história moderna, especialmente daqueles mais rigidamente autoritários, está ligada intimamente a estas profundas inibições e sua constante reprodução. Sua extinção, ou apenas a sua diminuição, significava para estes Estados o perigo mais iminente. O marido é preso ao estabelecimento não só pela preocupação com a própria família, mas também pela advertência continuamente expressa e muda da mulher, e os filhos, na educação materna, experimentam diretamente a influência de um espírito dedicado à ordem vigente, se bem que, por outro lado, o amor à mãe dominada pelo pai possa plantar neles a semente de um traço oposicionista permanente. Mas a mulher não só exerce desta forma direta uma função fortalecedora da autoridade, mas também toda a sua posição dentro da família unicelular tem necessariamente, como conseqüência, um aprisionamento de importantes energias psíquicas, que poderiam beneficiar a reestruturação ativa do mundo. A monogamia na sociedade masculina burguesa pressupõe a desvalorização do prazer oriundo da mera sensualidade. Por isso, não só a vida sexual dos esposos é envolta em mistério perante as crianças, mas de todo o carinho dispensado à mãe pelo filho tem de ser banido estritamente qualquer elemento sensual. Ela e as irmãs têm o direito a sentimentos puros, a uma imaculada devoção e estima. A forçosa distinção, exigida pela própria mulher e, mais ainda, defendida enfaticamente pelo pai, entre a entrega idealista e o desejo sexual, entre o pensamento amoroso e o simples interesse, entre o afeto etéreo e a paixão terrena, constitui uma raiz psíquica na existência cindida por contradições. Se o indivíduo sob a pressão das relações familiares não aprende a reconhecer e respeitar a mãe na sua existência concreta, ou

AUTORIDADE E FAMÍLIA

seja, como este ser social e sexual determinado, ele não só é educado para dominar seus impulsos socialmente nocivos, o que tem um significado cultural imenso, mas também, por se processar esta educação de maneira problemática, velada, via de regra o indivíduo considera perdido para sempre o uso de uma parte de suas forças psíquicas. A razão e o prazer nele são restringidos, e a inibida dedicação à mãe retorna na receptividade exaltada e sentimental a todos os símbolos de forças obscuras, materiais, conservadoras[81]. Pelo fato de a mulher curvar-se diante da lei da família patriarcal, ela mesma se torna um elemento reprodutor da autoridade nesta sociedade. Hegel indica com entusiasmo as derradeiras palavras de Antígone na tragédia de Sófocles: "Se isto compraz aos deuses, confessemos que, ao sofrermos, nós falhamos"[82]. Ao renunciar assim a qualquer resistência, ela aceita ao mesmo tempo o princípio do mundo masculino burguês: aquele que é escolhido pelo destino também é culpado.

O papel das instituições culturais na manutenção de uma determinada sociedade costuma ser muito bem conhecido instintivamente, e afinal também conceitualmente, daqueles cuja existência está intimamente ligada a ela. Eles se apegam com paixão àquelas formas de vida cuja validez constitui um elemento da ordem universal favorável a eles. Mas a força da auto-reprodução destas instituições origina-se, apenas numa parte muito íntima, da promoção intencional de cima. Enquanto eles extraem uma nova vida da estrutura fundamental da sociedade, para cuja consolidação eles mesmos contribuem, além disso fortalecem diretamente as forças orientadas para a sua manutenção. As idéias religiosas, por exemplo, nascem, por assim dizer de maneira natural, do destino de vida dos homens na sociedade atual. Por outro lado, a própria religião fortalece a tendência à assimilação religiosa das vivências, ao pré-formar o indivíduo para elas desde a infância e oferecer os métodos adequados às necessidades do momento. Do mesmo modo, a função da família como promotora de autoridade reage duplamente a ela mesma: a estrutura econômica da sociedade, estrutura condicionada por ela, converte o pai em patrão e produz espontaneamente nos descendentes a disposição a fundar uma nova família. Na família burguesa, até tempos mais recentes, o homem era o patrão e o assalariado. Já que a emancipação da mulher era tardia e se processava apenas em etapas, a atividade dela na vida profissional significava, por um lado, nesta ordem das coisas, desde o início, um mero substituto. A "profissão" da mulher, para a qual é orientada intima-

---

81. Cf. as pesquisas da moderna psicologia das profundezas, sobretudo o capítulo de Freud "Über die allgemeinste Erniedrigung des Liebeslebens", in *Gesammelte Werke*, vol. VIII, Frankfurt am Main, 1967, pp. 78 e ss.; e os trabalhos de Wilhelm Reich.

82. Hegel, "Vorlesungen über die Geschichte de Philosophie" in *Sämtliche Werke*, Glockner, vol. 18, p. 114.

232 TEORIA CRÍTICA

mente através da educação e formação burguesa de caráter, não a empurra para trás do balcão da loja ou para a máquina de escrever, mas para um casamento feliz, no qual é sustentada pelo marido e pode cuidar dos seus filhos. Por outro lado, esta emancipação chega tarde demais. Ocorre num período da sociedade atual em que o desemprego já se tornou estrutural. Aqui a mulher é sumamente malquista, e as leis de alguns Estados que limitam o trabalho feminino mostram que, a este respeito, as suas perspectivas não são as melhores. Da influente posição do homem na família depende, essencialmente, o efeito em prol da autoridade, sua posição doméstica de poder emana de seu papel de provedor. Se ele deixa de ganhar ou de ter dinheiro, se perde sua posição social, seu prestígio na família também periclita. Então, a lei do mundo burguês exerce seu efeito sobre ele. Não só porque respeito e amor costumam orientar-se pelo sucesso, mas também porque a família chega então à beira do desespero e da decomposição e se torna incapaz daqueles sentimentos positivos. A estrutura de autoridade de uma dada família pode, no entanto, ser forte o bastante para que o pai mantenha seu papel, mesmo que tenha desaparecido a base material para isso, do mesmo modo que, na sociedade, determinados grupos podem continuar dominando, por pouco que tenham a oferecer no total. Os poderes psíquicos e físicos que procederam do econômico demonstram, então, sua capacidade de resistência. De fato, eles resultam originariamente da base material da sociedade, da posição do homem neste regime de produção, mas as conseqüências desta dependência geral ainda podem, num caso isolado, ser atuantes num momento em que o pai já tenha perdido há tempos a posição, seja porque ele conseguiu infiltrar tão profundamente seu poder na alma dos seus quando ainda era de fato o provedor, seja porque a convicção geral e firmemente arraigada do papel de pai faz a sua parte para ajudar mulher e filhos. A dependência não é mecânica, mas atua pela totalidade das circunstâncias, por um mútuo relacionamento de tensões e contradições. O andamento e as inúmeras formas pelas quais o fator econômico se torna efetivo nos diversos tipos de família, são sumamente diferentes; os fatores que se lhe opõem constituem um tema principal das pesquisas em curso[83]. De fato, os poderes culturais intermitentes determinam a maneira como a regra se impõe nos casos específicos, quais os obstáculos que se lhes opõem; eles não diminuem seu efeito histórico geral. A idealização da autoridade paterna, como se emanasse de um decreto divino, da natureza das coisas ou da razão, se revela, a um exame mais acurado, como a glorificação de uma instituição economicamente condicionada.

A diversidade no ser dos grupos sociais, condicionada pelo tipo de rendimento, exerce sua influência sobre a estrutura das famílias.

---

83. Para tanto, cf. os estudos sobre *Autoridade e Família, ibid.*, pp. 231 e ss.

AUTORIDADE E FAMÍLIA 233

Mesmo que a grande massa das famílias proletárias, especialmente nas épocas de condições razoavelmente suportáveis no mercado de trabalho, seguisse o padrão da família burguesa, mesmo que a autoridade, sobretudo nos primórdios do capitalismo, tenha atingido formas atrozes em conseqüência da obrigação de fazer as crianças trabalharem, ainda assim outras relações também são aplicadas a estas famílias. Aqui a lei da grande indústria destrói o lar aconchegante, impele não apenas o homem, mas também, em muitos casos, a mulher a uma vida difícil fora de casa. Afinal, não se pode mais falar de um valor próprio satisfatório da existência privada. No caso extremo, a família constitui a maneira realizável de satisfação sexual e, aliás, uma multiplicação das preocupações. No entanto, nesta base em que desaparece amplamente o interesse original pela família, é possível que surja nela o mesmo sentimento de comunidade que une essas pessoas com os seus semelhantes também fora da família. O esforço, ligado à idéia de uma sociedade possível hoje, sem pobreza e injustiça, para torná-la melhor e construí-la domina neste caso antes as relações que o motivo individualista. Dos sofrimentos pela realidade, que sob o signo da autoridade burguesa oprimem a existência, pode nascer uma nova comunidade de casais e filhos, que por certo não está fechada, à moda burguesa, contra outras famílias do mesmo tipo ou contra os indivíduos do mesmo grupo. Os filhos não são educados como futuros herdeiros e, portanto, também não são sentidos como próprios naquele sentido específico. Enquanto que, para eles, o trabalho, se ainda for possível de modo geral, não se refere apenas à comida diária, ele vai transformar-se na realização da tarefa histórica de criar um mundo em que eles e os outros terão vida melhor. A educação prevista por esta convicção ensina – talvez menos por uma instrução consciente do que pela expressão involuntária de voz e atitude – a distinguir claramente entre o conhecimento dos fatos e a sua aceitação. Com o desemprego, que não só torna incerto o trabalho livre, mas também o converte, afinal, num privilégio de grupos de população relativamente limitados e cuidadosamente escolhidos, torna mais raro, sem dúvida, este tipo de família progressista; a desmoralização total, a submissão a qualquer amo resultante do absoluto desespero afeta também as famílias. Impotência e falta de oportunidade de trabalho produtivo desfizeram, em larga escala, as iniciativas de novos tipos de educação. "A estima da autoridade aumenta na proporção da diminuição de forças criativas"[84].

A reprodução da família burguesa a partir da economia é suplementada pelo mecanismo a ela imanente de sua própria renovação. Este aparece sobretudo na influência dos pais sobre o casamento do filhos. Onde o interesse puramente material num casamento vantajoso financeira e socialmente entra em conflito com o sentimento erótico

---

84. Nietzsche, *Gesammelte Werke*, ed. Musarion, vol. XVI, p. 247.

234 TEORIA CRÍTICA

da juventude, os pais, e principalmente o pai, costumam usar de todo o seu poder. Em círculos burgueses e feudais, ao lado dos meios de repressão morais e físicos, ainda existia o recurso do deserdamento. Além disso, na luta contra os livres impulsos do amor, a família ainda tinha ao seu lado a opinião pública e a proteção dos poderes públicos.

Os homens mais pusilânimes, mais brandos, se tornam irredutíveis tão logo possa fazer valer a autoridade paterna absoluta. O abuso desta é como que a mais rude compensação da vasta humilhação e dependência a que eles, com ou sem vontade, se submetem na sociedade burguesa[85].

Quando originariamente, na Holanda progressista do século XVII, se hesitava em perseguir Adrian Koerbagh, o destemido precursor e mártir do Iluminismo, devido às suas idéias teóricas, acusava-se-lhe, em primeiro lugar, o convívio extramarital com mulher e filho[86]. A literatura crítico-social da era burguesa, romance e drama, está repleta de descrições da luta do amor contra a sua forma familiar; pode-se dizer mesmo que, no momento histórico em que as forças humanas acorrentadas não mais consideram sua oposição à ordem vigente, essencialmente, um conflito com instituições particulares como a igreja e a família, mas atacam a totalidade desta ordem de vida na sua base, também a literatura especificamente burguesa chega ao seu fim. A tensão entre a família e o indivíduo resistente à sua autoridade encontra expressão não só na pressão contra filhos e filhas, mas também no problema do adultério e da mulher infanticida. Este tema se estende de *Kabale und Liebe (Cabala e Amor)* e *Frühlings Erwachen (Despertador da Primavera)* até a tragédia de Margarida e as *Wahlverwandtschaften (Afinidades Eletivas)*. O período clássico e romântico, o Impressionismo e o Expressionismo têm, a este respeito, uma e mesma censura: a inadequação do amor à sua forma burguesa.

Por mais decisivo que seja o poder que o casamento monógamo representa na história milenar da evolução humana e por mais longo e importante que seja o futuro que lhe pode ser reservado numa forma mais alta na sociedade, em todo caso nele é que se tornam visíveis as contradições entre a vida que evolui e as circunstâncias. No Renascimento surgiram duas lendas, que encontraram sua expressão imortal em obras de arte: *Romeu e Julieta* e *Don Juan*. Ambas glorificam a rebelião do elemento erótico contra a autoridade da família: Don Juan *contra* a moral aprisionadora da fidelidade e da exclusividade, Romeu e Julieta *em nome* dessa moral. A mesma relação se manifesta nestas figuras apesar do seu contraste; no fundo, elas se encontram na mesma situação. O abraço de Romeu traz para Julieta a felicidade que somente Don Juan

---

85. Karl Marx, num ensaio sobre Peuchet: "Vom Selbstmord" in *Gesamtausgabe*, 1ª parte, vol. III, Berlim, 1932, p. 396.

86. Cf. Fritz Mauthner, *Der Atheismus und seine Geschichte im Abendlande*, Leipzig, 1922, vol. II, pp. 342 e ss.

AUTORIDADE E FAMÍLIA   235

proporciona à mulher, e este vê em toda moça uma Julieta. Ambas deveriam renegar a força criativa que é ao mesmo tempo física e psíquica e desistir de todos os princípios masculinos, se quiserem se subordinar. Tais figuras da lenda exprimem o abismo entre o direito do indivíduo à felicidade e a exigência soberana da família. É um dos antagonismos entre as formas da sociedade e as forças vivas, que estas criações artísticas refletem. Contudo, nas exceções se confirma a regra. Geralmente, a autoridade domina o homem burguês também no amor e determina seu destino. Na consideração pelo dote, pela posição social e pela capacidade de trabalho dos cônjuges, na especulação quanto ao proveito e honra por meio dos filhos, no respeito pela opinião dos vizinhos e, sobretudo, na dependência interior a conceitos arraigados, a costumes e convenções, neste empirismo do homem do tempo moderno, criado e transformado em natureza, se escondem impulsos fortíssimos de respeitar a forma da família e confirmá-la na própria existência.

A família é na época burguesa tão pouco uma unidade quanto, por exemplo, o homem ou a nação. A família muda sua estrutura e sua função tanto de acordo com períodos isolados quanto também segundo os grupos sociais. Em especial, ela se transforma de maneira decidida, sob as influências do desenvolvimento industrial. As conseqüências do tecnicismo do lar para as relações dos membros da família são amplamente discutidas na literatura sociológica. Apesar disso, podem ser assinalados traços e tendências da família burguesa, que são indissolúveis do fundamento da sociedade burguesa. A educação de caracteres autoritários para a qual ela é qualificada com base em sua própria estrutura autoritária não pertence às manifestações passageiras, mas à estabilidade relativamente permanente. No entanto, quanto mais esta sociedade, em conseqüência de suas leis imanentes, se aproxima de um estado crítico, tanto menos a família pode fazer justiça a este respeito à sua tarefa. Já mencionamos acima a necessidade, daí resultante, de que o Estado se ocupe da educação para a autoridade em maior grau que antes e que ele pelo menos encurte o tempo de que dispunha tanto a família quanto também a igreja. Todavia, esta nova condição obedece, tanto quanto o tipo de Estado autoritário que o produz, a um movimento mais profundo e certamente irresistível. É a tendência originária da própria economia para a dissolução de todos os valores e instituições culturais que a burguesia criou e manteve vivos. Os meios de proteger e desenvolver este todo cultural entram cada vez mais em contradição com seu próprio conteúdo. Embora a forma da família seja afinal consolidada pelas novas medidas, ela perde, no entanto, com a decrescente importância da média burguesia, todo o seu poder espontâneo, apoiado no livre trabalho profissional do homem. No fim, tudo tem que ser mais artificialmente apoiado e conservado. As próprias forças culturais aparecem finalmente diante deste esforço de conservação como forças contrárias a serem reguladas. Enquanto no apogeu do período burguês havia uma fecunda interação entre família e sociedade, no sentido de

236 TEORIA CRÍTICA

que a autoridade do pai era fundamentada pelo seu papel na sociedade e a sociedade renovada com auxílio da educação patriarcal para a autoridade, a família naturalmente imprescindível torna-se agora um problema de mera técnica governamental. A totalidade das relações na época atual, esta generalidade, era fortalecida e consolidada por algo especial dentro dela, a autoridade, e este processo se desenrolava essencialmente no unitário e concreto, a família. Ela constituía o "embrião" da cultura burguesa, que tanto quanto a autoridade era viva nela. Este todo dialético de generalidade, especialidade e particularidade[87] se mostra agora uma unidade de forças divergentes. O elemento destrutivo da cultura ressalta com maior força sobre o elemento conservador.

---

87. Cf. Hegel, *Enzyklopädie der philosophischen Wissenschaften im Grundrisse*, § 164.

FILOSOFIA NA PERSPECTIVA

O Socialismo Utópico
Martin Buber (D031)

Filosofia em Nova Chave
Susanne K. Langer (D033)

Sartre
Gerd A. Bornheim (D036)

O Visível e o Invisível
M. Merleau-Ponty (D040)

Linguagem e Mito
Ernst Cassirer (D050)

Mito e Realidade
Mircea Eliade (D052)

A Linguagem do Espaço e do Tempo
Hugh M. Lacey (D059)

Estética e Filosofia
Mikel Dufrenne (D069)

Fenomenologia e Estruturalismo
Andrea Bonomi (D089)

A Cabala e seu Simbolismo
Gershom Scholem (D128)

Do Diálogo e do Dialógico
Martin Buber (D158)

Visão Filosófica do Mundo
Max Scheler (D191)

Conhecimento, Linguagem, Ideologia
Marcelo Dascal (org.) (D213)

Notas para uma Definição de Cultura
T. S. Eliot (D215)

Dewey: Filosofia e Experiência Democrática

Maria Nazaré de C. Pacheco Amaral (D229)

Romantismo e Messianismo
Michel Löwy (D234)

Correspondência
Walter Benjamin e Gershom Scholem (D249)

Isaiah Berlin: Com Toda a Liberdade
Ramin Jahanbegloo (D263)

Existência em Decisão
Ricardo Timm de Souza (D276)

Metafísica e Finitude
Gerd A. Bornheim (D280)

O Caldeirão de Medéia
Roberto Romano (D283)

George Steiner: À Luz de Si Mesmo
Ramin Jahanbegloo (D291)

Um Ofício Perigoso
Luciano Canfora (D292)

O Desafio do Islã e Outros Desafios
Roberto Romano (D294)

Adeus a Emmanuel Lévinas
Jacques Derrida (D296)

Platão: Uma Poética para a Filosofia
Paulo Butti de Lima (D297)

Ética e Cultura
Danilo Santos de Miranda (D299)

Emmanuel Lévinas: Ensaios e Entrevistas
François Poirié (D309)

Preconceito, Racismo e Política
Anatol Rosenfeld (D322)

Razão de Estado e Outros Estados da Razão
Roberto Romano (D335)

Lukács e Seus Contemporâneos
Nicolas Tertulian (D337)

Homo Ludens
Joan Huizinga (E004)

Gramatologia
Jacques Derrida (E016)

Filosofia da Nova Música
T. W. Adorno (E026)

Filosofia do Estilo
Gilles Geston Granger (E029)

Lógica do Sentido
Gilles Deleuze (E035)

O Lugar de Todos os Lugares
Evaldo Coutinho (E055)

História da Loucura
Michel Foucault (E061)

Teoria Crítica I
Max Horkheimer (E077)

A Artisticidade do Ser
Evaldo Coutinho (E097)

Dilthey: Um Conceito de Vida e uma Pedagogia
Maria Nazaré de C. P. Amaral (E102)

Tempo e Religião
Walter I. Rehfeld (E106)

Kósmos Noetós
Ivo Assad Ibri (E130)

História e Narração em Walter Benjamin

Jeanne Marie Gagnebin (E142)

Cabala: Novas Perspectivas
Moshe Idel (E154)

O Tempo Não-Reconciliado
Peter Pál Pelbart (E160)

Jesus
David Flusser (E176)

Avicena: A Viagem da Alma
Rosalie Helena de S. Pereira (E179)

Nas Sendas do Judaísmo
Walter I. Rehfeld (E198)

Cabala e Contra-História: Gershom Scholem
David Biale (E202)

Nietzsche e a Justiça
Eduardo Rezende Melo (E205)

Ética contra Estética
Amelia Valcárcel (E210)

O Umbral da Sombra
Nuccio Ordine (E218)

Ensaios Filosóficos
Walter I. Rehfeld (E246)

Filosofia do Judaísmo em Abraham Joshua Heschel
Glória Hazan (E250)

A Escritura e a Diferença
Jacques Derrida (E271)

Mística e Razão: Dialética no Pensamento Judaico. De Speculis Heschel
Alexandre Leone (E289)

A Simulação da Morte
Lúcio Vaz (E293)

Judeus Heterodoxos: Messianismo, Romantismo, Utopia
Michael Löwy (E298)

Estética da Contradição
João Ricardo Carneiro Moderno (E313)

Pessoa Humana e Singularidade em Edith Stein
Francesco Alfieri (E328)

Ética, Responsabilidade e Juízo em Hannah Arendt
Bethania Assy (E334)

Arqueologia da Política: Leitura da República Platônica
Paulo Butti de Lima (E338)

A Presença de Duns Escoto no Pensamento de Edith Stein: A Questão da Individualidade
Francesco Alfieri (E340)

Ensaios sobre a Liberdade
Celso Lafer (EL038)

O Schabat
Abraham J. Heschel (EL049)

O Homem no Universo
Frithjof Schuon (EL050)

Quatro Leituras Talmúdicas
Emmanuel Levinas (EL051)

Yossel Rakover Dirige-se a Deus
Zvi Kolitz (EL052)

Sobre a Construção do Sentido
Ricardo Timm de Souza (EL053)

A Paz Perpétua
J. Guinsburg (org.) (EL055)

O Segredo Guardado
Ili Gorlizki (EL058)

Os Nomes do Ódio

Roberto Romano (EL062)

Kafka: A Justiça, O Veredicto e a Colônia Penal
Ricardo Timm de Souza (EL063)

Culto Moderno dos Monumentos
Alois Riegl (EL064)

A Filosofia do Judaísmo
Julius Guttmann (PERS)

Averróis, a Arte de Governar
Rosalie Helena de Souza Pereira (PERS)

Testemunhas do Futuro
Pierre Bouretz (PERS)

Na Senda da Razão: Filosofia e Ciência no Medievo Judaico (PERS)
Rosalie Helena de Souza Pereira (org.) (PERS)

O Brasil Filosófico
Ricardo Timm de Souza (K022)

Diderot: Obras I – Filosofia e Política
J. Guinsburg (org.) (T012-I)

Diderot: Obras II – Estética, Poética e Contos
J. Guinsburg (org.) (T012-II)

Diderot: Obras III – O Sobrinho de Rameau
J. Guinsburg (org.) (T012-III)

Diderot: Obras IV – Jacques, o Fatalista, e Seu Amo
J. Guinsburg (org.) (T012-IV)

Diderot: Obras V – O Filho Natural
J. Guinsburg (org.) (T012-V)

Diderot: Obras VI (1) – O Enciclopedista – História da Filosofia I
J. Guinsburg e Roberto Romano (orgs.) (T012-VI)

Diderot: Obras VI (2) – O Enciclopedista – História da Filosofia II
J. Guinsburg e Roberto Romano (orgs.) (T012-VI)

Diderot: Obras VI (3) – O Enciclopedista – Arte, Filosofia e Política
J. Guinsburg e Roberto Romano (orgs.) (T012-VI)

Diderot: Obras VII – A Religiosa
J. Guinsburg (org.) (T012-VII)

Platão: República – Obras I
J. Guinsburg (org.) (T019-I)

Platão: Górgias – Obras II
Daniel R. N. Lopes (intr., trad. e notas) (T019-II)

Protágoras de Platão – Obras III
Daniel R. N. Lopes (intr., trad. e notas) (T019-III)

Hegel e o Estado
Franz Rosenzweig (T021)

Descartes: Obras Escolhidas
J. Guinsburg, Roberto Romano e Newton Cunha (orgs.) (T024)

Spinoza, Obra Completa I: (Breve) Tratado e Outros Escritos
J. Guinsburg; N. Cunha e R. Romano (orgs.) (T029)

Spinoza, Obra Completa II: Correspondência Completa e Vida
J. Guinsburg; N. Cunha e R. Romano (orgs.) (T029)

Spinoza, Obra Completa III: Tratado Teológico-Político
J. Guinsburg; N. Cunha e R. Romano (orgs.) (T029)

Spinoza, Obra Completa IV: Ética e Compêndio de Gramática da Língua Hebraica
J. Guinsburg; N. Cunha e R. Romano (orgs.) (T029)

Comentário Sobre a República
Averróis (T30)

Lessing: Obras
J. Guinsburg (org.) (T34)

Políbio (História Pragmática)
Breno Battistin Sebastiani (T35)

As Ilhas
Jean Grenier (LSC)

Este livro foi impresso em Cotia,
nas oficinas da Meta Brasil,
para a Editora Perspectiva.